"KOTRA 해외전시팀장이 알려주는
성공적인 전시회 참가를 위한 실무서"

전시마케팅기법

해외전시마케팅 중심으로

조 기 창 著

수출을 원하십니까?
전시회에 길이 있습니다.
그러나 그 노하우를 알고 참가하셔야 합니다.

도서출판 두남

머리말

해외전시회 참가는 수출시장 개척을 위한 많은 해외마케팅 수단 중 가장 효과적인 방안으로 알려져 있습니다. 짧은 시간에 한 장소에서 많은 바이어들과 상담할 수 있으며 다양한 시장정보를 얻을 수 있고 인적 네트워크도 강화할 수 있기 때문입니다.

이런 이유로 중앙정부는 물론이고 거의 모든 지자체에서 국내 중소기업들의 신흥시장 또는 전략시장 진출을 위해 해외전시회 참가를 지원하고 있으며 많은 국내기업들도 해외전시회에 적극 참가하고 있습니다.

최근 들어 전 세계적으로 연간 3만 건이 넘는 전시회가 개최되고 있으며 전시장 규모도 매년 큰 폭으로 늘어나고 있습니다. 특히, 우리나라를 포함하여 중국을 비롯한 아시아지역에서의 전시산업 발전 속도는 세계 전시업계를 선도하고 있습니다. 아무리 요즘이 인터넷시대라 하지만 오프라인 비즈니스의 場인 전시회는 여전히 세계 비즈니스맨들이 한 자리에서 만나 상거래를 할 수 있는 중추적 역할을 하고 있습니다.

필자는 25년 넘는 KOTRA 근무 중, 해외전시팀을 운영하면서 많은 국내기업들의 해외전시회 참가지원을 위한 전략을 수립하였을 뿐 아니라 해외무역관에 근무하면서 해외전시회에 참가한 국내기업들을 수차례 직접 현장 지원한 바 있습니다.

그러나 아직도 국내기업들 중에는 해외전시회에 대한 정보부족과 준비 및 사후관리 소홀로 많은 인력과 시간 그리고 예산을 투입하면서도 소기의 성과를 올리지 못하고 있습니다. 남이 참가하니까 나도 참가한다는 단순한 생각 또는 많은 바이어들이 방문하는 전시회에 참가하면 우리 부스로도 바이어들이 당연히 몰려들 것이라는 안이한 생각으로 전시회에 참가하는 한, 결코 기대했던 만큼의 성과를 올릴 수 없을 것입니다. 당연히 해외전시회 참가도 철저한 사전준비와 함께 전략적으로 접근해야 할 것입니다.

이와 같은 생각에서 필자는 전시회를 통해 수출마케팅을 기획하고 있는 국내 기업들과 앞으로 사회에 나와 수출전선에서 활약할 대학생들을 위해 실무 위주의 지침서를 써보고 싶었습니다. 본 책자 서두에서는 우리나라 무역·투자 진흥기관인 KOTRA가 수행하고 있는 다양한 마케팅 프로그램을 소개하였고 본격적으로 전시회의 기본개념과 유망 전시회 선정방법 그리고 전시회 준비단계, 전시기간 및 참가 후 활동 방향과 효율적인 마케팅기법이 무엇인지를 체크 포인트 위주로 평이하게 설명하였습니다. 특히, 전시장 현장에서의 필자 경험을 토대로 한 명의 바이어라도 더 확보할 수 있는 노하우와 전시회 참가 시 유념해야 할 사항을 사례 위주로 제시하였습니다. 그리고 여기에 더해 우리나라의 해외전시회 참가지원제도도 소개하였습니다.

아무쪼록 이 책자가 해외전시회를 통해 수출활로를 개척하려는 우리 중소기업 수출역군들에게 조그마한 가이드가 되기를 바라며, 이 책자를 발간하기까지 많은 조언과 정보를 제공해 주신 KOTRA 조상재 차장, 송연 과장과 교정에 도움을 준 아내에게 감사의 말을 전합니다.

2013년 2월

조 기창

차 례

제 1 장 해외마케팅 방안

제 2 장 전시회 관련 기초 지식

제 3 장 전시회 참가 목적과 기대 효과

제 4 장 좋은 전시회 찾는 방법

제 5 장 전시회 참가 절차 및 준비

Chapter 01

해외마케팅 방안

수출기업에게 해외마케팅은 기업의 성패를 좌우한다. 가격, 품질, 디자인, 브랜드, A/S, 납기 및 최소 주문량 등에서 경쟁력을 갖추었다 하더라도 판로 개척이 미흡하면 그 기업은 당장 어려움에 빠지게 된다. 효과적인 해외마케팅을 위해서는 목표시장이 제대로 선정되어야 한다. 이를 위해 철저한 사전 시장조사와 분석이 필수적이다.

우리나라 무역·투자진흥기관인 KOTRA에서는 중소기업들의 해외마케팅을 위해 다양한 사업을 실시하고 있다. 각 사업의 특성과 장단점을 잘 파악하여 자사에 가장 유리한 방안을 찾아내 활용하는 것이 무엇보다 중요하다. 사업별 자세한 정보는 KOTRA 홈페이지 초기화면 중간 「사업신청하기」 세부 메뉴를 클릭하여 방문하면 된다.

▶ KOTRA 홈페이지(www.kotra.or.kr) 초기화면

1 해외시장조사

전 세계에 약 120개 해외조직망을 보유하고 있는 KOTRA에서는 고객의 요청에 따라 해외무역관을 활용하여 현지 바이어 및 시장동향, 유통구조 등 다양한 정보를 유료로 제공하고 있다. 고객은 인터넷[1]을 통해 해외시장조사를 의뢰 신청할 수 있으며 KOTRA라는 본사 상담원 및 해외무역관의 사전 검토[2]를 거쳐 조사 가능 여부를 결정한다. 조사가 가능할 것으로 판정되면 신청 고객은 소정의 수수료를 납부한 후 통상 3주안[3]에 해외무역관이 조사를 거쳐 작성한 결과보고서(1개 무역관 당 잠재 바이어 5개사)를 전달받게 되며 A/S도 제공된다.

수출희망품목의 잠재 바이어 발굴을 목적으로 해외시장조사를 의뢰하는 고객들은 해외무역관이 보다 정확한 바이어들을 발굴할 수 있도록 해당 무역관에 영문 e-Catalogue, 홈페이지 정보를 제공하고 미보유시에는 제품 이미지나 설명서를 반드시 제출하여야 한다. KOTRA가 소개한 바이어와 접촉하였으나 반응이 없거나 지연되는 경우 해당 무역관에 A/S를 신청한다.

신규 바이어 발굴을 목적으로 KOTRA 해외시장조사를 활용하는 국내 기업들은 이 서비스를 통해 현지 바이어를 쉽고 간편하게 발굴할 수 있다. 그러나 처음부터 바이어와 대면하지 않고 수출하고자 하는 상품을 직접 보여주지 않은 상태에서 무역관을 통해 해당 상품을 취급하는 바이어 관련 단순 정보[4]만 제공받게 되는 관계로 실제 성약까지는 많은 어려움이 따를 수 있으며 시간도 오래 걸릴 수 있다.

---

1) KOTRA 홈페이지 (http://www.kotra.or.kr)를 방문하여 회원가입 후, 로그인을 한다. 초기 화면 중간 사업메뉴 아이콘 중 → 〈해외시장조사〉를 클릭한다.

2) 신청한 품목이 해당 무역관의 지사화 사업 참가업체의 품목과 동일하거나 3개월 내 이미 조사가 진행된 경우, 해당국가의 수입제한 품목이거나 시장성이 없고 거래의사를 보유한 바이어가 없는 경우, 해당 무역관의 업무 과부하로 조사 작성이 어려운 경우, 조사가 불가능 할 수도 있다.

3) 현지 무역관 사정에 따라 보고기한이 연장, 취소될 수도 있다.

4) 수출희망품목의 잠재 바이어 발굴시 〈담당자, 연락처, 취급품목, 바이어 반응〉 정보가 기본적으로 제공된다.

kotra

Korea Trade-Investment Promotion Agency

Date: 2011. 08. 01

Buyer Search Report

통일기업(주)

Product	Laser Marking Machine		
KBC	【 Dubai Korea Business Center 】 Tel: (971-2) 333-3333 / Fax: (971-2) 333-3333 Add: P.O. Box 1234, Sheikh Zaid Road, Dubai, UAE www.kotra.or.kr/dubai		
	Section	Chief Searcher	Searcher
	Name	김길동 차장	Mr. Terry John
	E-mail	gildong@kotra.or.kr	terry@kotra.or.kr
	Tel	(971-2)333-6666	(971-2)333-6666
Export Advisor	Name	O O O(@kotra.or.kr)	
	Contact Points	Tel: (02)3460-OOOO / Fax: (02)3460-XXXX Address: 1st Fl. KOTRA, 13 Heoneung-ro, Seoch-gu, Seoul, Korea	
Comment	Inform	The Buyers we introduce are the company dealing with same/similar product of your company. Please be informed that the buyers did not place or confirm the order. For your successful approach to the local market, please contact them directly to have better attention from buyers	
	Followup	Our KBC in charge will support you in the early stage of follow-up to the buyer search such as communicating with potential buyers and finding out their reaction to your products. Thus, your earliest contact with buyers is appropriate. For further assistance, contact the KOTRA's XXX KBC or export advisers. We are readily available to support you.	
	Local Time	9 AM~6 PM = KST OO Ohr~OO Ohr	

Kotra 바이어찾기조사 서비스를 이용해 주신 고객님께 감사드립니다!

1	Dubai Plastic Company		
President	Mr. Joseph Peter	Title	Managing Director
Contact person	Mr. Tery Jones	Title	Purchasing Manager
Contact Tel	(971-2)333-5555	Contact Fax	(971-2)333-6666
Mobile1	(971-50)555-8888	Mobile2	-
Email1	Peter@yahoo.com	Email2	-
Date of Establishment	1995.2.1	Number of Employees	200명(사무 50, 생산 150)
Web site	www.emiratesglass.com		
Address	P.O.Box 12345, Sheikh zaid Road, Dubai, UAE		
Business Line	Manufacture, Trade		
Products	Glass for Building		
Annual Revenue	U$ 100,000천불	Annual Imports	U$ 50,000천불
Major importing countries	이태리, 프랑스, 중국		
Major imports	Laser Marking Machine, Chemical, Plastic Moulding M/C		
Business experience with Korea	Yes(No)	Communication	English, Arabic
Buyer reference	▸동종 제품 현지 최대 규모 바이어 ▸두바이 대행 건축장비 제조업체로 수년전 마킹 장비 구입하였고, 향후 교체수요 발생시 발주 예상 ▸현지 경쟁사로 C사, D사가 있음. ▸자체 유통망을 활용한 영업이 일반적이나 최근 정부조달에도 관심을 보이고 있음.		
Buyer requirements to Korean exporters	▸향후 신규 공급선 발굴에 참고하고자 하니 카탈로그, 제품설명서 등 자료를 송부해 주기 바람. ▸과거 한국의 A사로부터 수입경험 있음. 품질관리문제로 거래 중단 경험 있음. 품질 유지를 철저히 할 수 있는 한국회사와 거래 원함. ▸수입을 위한 선결조건으로 품질인증을 받아야 함. 세부사항은 직접 교신 협의 요망		

인터넷을 통한 A/S 요령

고객님의 성공적인 마케팅을 기원합니다 !!!

① KOTRA 홈페이지 (www.kotra.or.kr) 로그인 한다.

② 홈페이지 상단 "My Kotra " 를 클릭하고, "사업참여이력"에서 "기업완료이력" 을 선택한다

③ 해당 무역관 AS 신청버튼을 누르고 AS 신청내용을 입력한다

④ 입력된 내용은 바로 해외 무역관으로 접수되어 결과는 1주일 이내에 메일로 송부된다

수출전문위원을 통한 마케팅 및 A/S 요령

1. 보고서 표지에 기재된 담당 수출전문위원
2. 신청요령 : 유선 및 E-mail 접촉(별도 양식 없음)
3. 서비스 : 바이어 반응 확인, 교신지원

* 고객 필요시 고객이 요청한 기초 마케팅 지원

2 비즈니스 출장지원

기존 거래를 하고 있는 바이어로부터 추가 오더를 받기 위해 수출 기업들이 개별적으로 세일즈 출장을 가는 경우에는 큰 어려움이 따르지 않는다. 기존 바이어가 호텔 예약에서부터 공항 출영과 현지 교통편의를 제공하는 경우도 많으므로 사전에 약속만 잘하면 된다. 그러나 신규 바이어를 발굴하기 위해 개별 출장을 가는 것은 이와 크게 다르다. 출장 전에 만날 바이어들과의 약속, 통역 확보, 호텔 예약 및 현지 교통편 이용등도 출장자가 직접 수행하거나 해결해야 한다. 특히 처음 방문하는 지역이라면 더 많은 어려움이 따를 수 있다.

▶ 무역관 소개로 상담중인 국내 수출기업

이를 위해 KOTRA는 해외출장을 계획하고 있는 국내 수출기업들에게 현지에서의 상담 주선, 호텔 예약, 공항 출·영송[5] 및 통역 알선 등 출장에 따른 제반 활동을 지원한다. 이러한 서비스를 받고자 원하는 고객이 인터넷으로 비즈니스 출장지원을 신청하면 해당 무역관은 지원 가능 여부를 확인한 후, 지원 가능 시 고객에게 견적서를 송부한다. 고객은 서비스 수수료를 납부한 후, 해당 기간 중 현지를 방문하여 무역관으로부터 출장 지원을 받게 된다. KOTRA 해외무역관을 통해 통역을 알선 받는 경우에는 출장 전, 직접 통역원을 접촉하여 수출 상품에 대한 정보를 제공해서 통역원이 해당 상품을 확실하게 이해할

[5] 공항 출·영송 가능 무역관은 오클랜드, 과테말라, 산토도밍고, 뉴욕, 뱅쿠버, 부크레슈티, 브뤼셀, 자그레브, 블라디보스톡, 알마티, 노보시비르스크, 다마스커스, 무스카트, 알제, 트리폴리, 나이로비, 라고스, 아디스아바바, 카르툼, 선양, 시안, 우한, 칭샤, 청두, 항조우 등 26개 무역관임.

수 있도록 한다. 또한 가능하면 현지 지리에 밝은 통역원을 소개 받아 출장 기간 중 바이어를 방문하거나 시장 조사 시 통역원이 운전하여 안내할 수 있도록 렌트카를 대여 받는 것도 바람직하다.

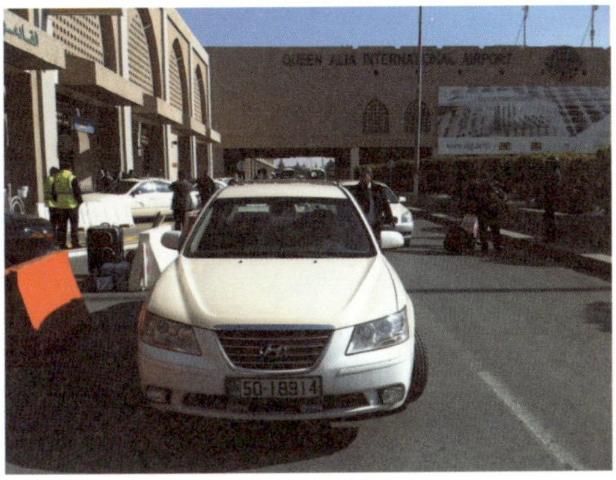

▶ 대부분의 후진국은 대중교통이 열악하지만 렌트카 대여료가 저렴하므로 출장 시 통역원이 운전토록 하는 것도 좋은 방법이다.

비즈니스 출장지원을 의뢰한 국내 기업은 해당 무역관이 사전에 제공하는 바이어 상담 일정을 확인한 후, 출장을 떠나기 전 해당 바이어에게 이메일이나 팩스를 통해 KOTRA 주선으로 상담을 하게 되어 반갑다는 편지와 함께 상담 예정 품목에 대한 영문설명서나 사진 혹은 샘플을 미리 보내 바이어의 관심을 끌어 놓는 것도 상담 성과를 높일 수 있는 좋은 방법이다.

보통 비즈니스 출장 시, 상담 장소는 바이어 사무실, 출장자 투숙 호텔 또는 무역관 상담실에서 이루어지는데 대부분 바이어의 의사를 반영하여 결정한다. 따라서 출장자는 상담 장소와 시간을 명확하게 숙지하고 있어야 한다. 비즈니스 출장지원 서비스는 출장자가 바이어 또는 지원을 요청한 무역관과 사전 약속을 통해 원하는 시간과 장소에서 바이어를 소개 받거나 상담할 수 있다는 장점이 있는 반면, 개별 출장인 관계로 출장비가 많이 들고 경우에 따라서는 일일이 바이어를 직접 찾아다녀야 하기 때문에 출장기간이 길어질 수도 있다는 단점이 있다.

바이어
상담일정표

☞ 회사명 (국문) :

☞ 회사명 (영문) :

2000. 00. 00

kotra

Korea Trade-Investment Promotion Agency

(★영문명으로 무역관명★)

Meeting Schedule

No.	기업명 (중문)	기업명 (영문)	미팅 시간
1			
2			
3			
4			
5			
6			
7			

* 상기 자료는 KOTRA ㅇㅇㅇ무역관(KBC)에서 현지 유관품목 취급 기업들을 대상으로 참가기업 안내자료 발송, 회신 접수, 담당자 확인 및 상담 등 일련의 현지 마케팅 활동을 실시하여 각 바이어의 참가 희망사항을 최대한 반영해 작성되었습니다.
따라서, 일부 기업의 경우 취급품목이 일치하지 않는 상황이 발생할 수 있으며, 바이어들의 사정 및 현장 상담진행상황에 따라 일정 또한 변경 가능함을 양해바랍니다. 감사합니다.

□ 업체 정보

1. 바이어 연락처
   - 회사명 :
   - 담당자 :

Address 주소		
Homepage 홈페이지		
Year of Establishment 설립연도		
Number of Employees 직원수		
Registration Capital 등록자본금		
Type of Business 회사유형		
Main Products(Items) 주요제품		
Contact Point	Name/Status 이름/직위	
	E-mail 이메일	
	Telephone/Fax 연락처	
	Language 언어	
Degree of Interest 관심정도		
Detailed Information on the company 회사 세부사항		

3 수출상담회

수출상담회란 한국 상품 수입을 희망하는 구매단 또는 개별 바이어들을 국내로 초청하여 국내 기업들과의 수출 상담 기회를 제공하는 프로그램으로 모든 품목을 대상으로 대규모 해외 바이어들을 유치하는 「종합품목 수출상담회」와 특정 품목의 바이어로 국한하여 실시하는 「전문품목 수출상담회」, 해외 주요 지역별로 유력 바이어를 유치하는 「지역별 수출상담회」로 구분된다.

수출상담회는 KOTRA가 단독으로 개최하기도 하고 지자체나 전시주최자의 의뢰를 받아 국내전시회와 병행 개최하기도 한다. 특히, 지자체가 KOTRA에 의뢰하여 개최되는 수출상담회의 경우에는 관내 기업에게만 참가 자격을 부여한다. 의뢰 기관은 참가 바이어에 대해 차별적으로 항공임, 숙박비를 제공한다. 전시장, 호텔 상담장 또는 체육관에 상담데스크를 설치하여 바이어와 국내 수출기업들이 약속된 시간에 만나 상담을 한다. 주최 측에서는 사전에 바이어와 국내기업간의 미팅 스케줄을 수립하여 해당 시간에 맞추어 상담을 하게 된다. 여기에서 가장 중요한 것은 바이어가 수입을 희망하는 품목과 국내기업의 수출 품목이 서로 일치하여야 한다는 점이다. 서로간의 정보 부족으로 품목이 mismatching 되는 경우도 종종 있으니 이를 최소화하는 것이 중요하다.

수출상담회는 시간대별로 상담 일정이 수립되어 있으므로 국내 기업들은 시간에 맞추어 상담장에 도착하고 주어진 시간 내에 상담을 마쳐야 한다. 추가 상담이 필요한 경우, 바이어와 개별 약속을 하여 서로 합의한 장소(바이어 체류 호텔 또는 수출 기업 사무실 등)에서 상담을 계속할 수 있다.

수출상담회는 작은 예산으로 국내 수출기업들에게 짧은 시간 내에 많은 바이어들과 상담할 수 있는 기회를 제공한다는 장점이 있는 반면, 수출 기업의 품목과 바이어가 구입하려고 하는 품목 간 mismatching 될 수도 있고 바이어는 한 자리에서 여러 국내 수출 기업들과 상담하게 되므로 국내 수출기업간 과당경쟁이 유발될 수도 있다는 단점이 있다.

▶ 대표적인 종합품목 수출상담회인 〈Buy Korea〉 ▶ 성남 비즈니스플라자

4 사이버 상담회

최근 인터넷의 발달로 화상을 통해 바이어들과 실시간 상담을 할 수 있는 사이버 상담회가 확산되고 있다. 바이어는 해외 현지에서, 국내기업은 지방에서, 통역은 서울에서 상담을 하는 3차원적 사이버 사업이 진행되기도 한다. 사이버 상담은 비용이 거의 들지 않고 통역 지원 하에 바이어들과 대면하면서 상담을 할 수 있기 때문에 거리와 언어 장벽을 뛰어 넘을 수 있는 장점이 있다. 특히, 중남미나 아프리카와 같이 거리가 멀고 치안이 불안하며 비용도 많이 들어 직접 출장을 가기가 어려운 지역의 바이어들과도 상담을 할 수 있다.

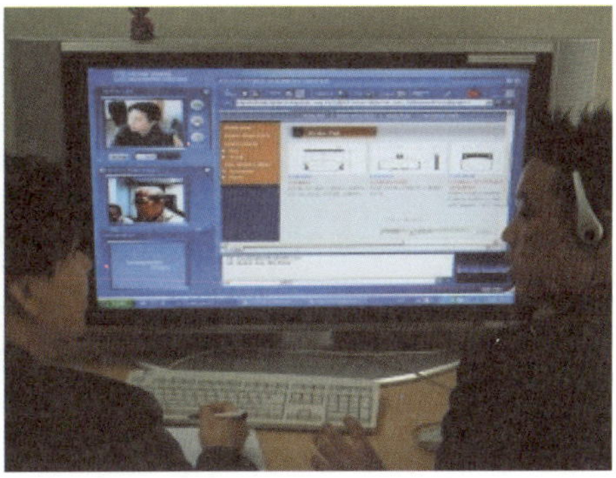

▶ 국내 수출기업과 사이버 상담중인 현지 바이어(요르단)

또한 화면을 통해 상품을 직접 보여줄 수 있고 실시간 상담이 이루어지므로 성약까지 진행도 비교적 빠른 편이다. 따라서 사이버 상담회를 『저비용·고효율 비즈니스』라고 평하기도 한다. 그러나 한국과 멀리 떨어져 있는 국가의 바이어들과 사이버 상담을 하기 위해서는 시차의 어려움을 극복해야하고 화면을 통해 상품을 설명해야 하는 관계로 실제 상품을 현지에서 보여주며 하는 대면 상담보다는 효과가 많이 떨어지는 것이 사실이다. 또한 인터넷 사정이 양호하지 못하면 화질이 떨어지고 통화도 끊기는 경우가 있다. 아울러 바이어들이 찾는 품목을 공급할 수 있는 국내 수출기업들을 정확하게 찾아 연결해 주는 것이 가장 중요하다.

KOTRA는 연간 계획에 따라 15회 내외 사이버 상담회를 실시하고 있으며 참가를 희망하는 국내 기업은 소정의 참가비를 납부하여야 한다. 통상 1개 국내업체당 1~5개 가량 상담을 주선해주며 종합품목, 전문품목, 지역별 사이버 상담회로 구분 실시하고 있다. 특히, 우리나라와 시차가 큰 북미, 중남미 지역 바이어와의 사이버 상담은 오전 7시~9시, 오후 7시~9시 사이에 실시한다.

사이버 상담 성과를 극대화하기 위해서는 국내 수출기업의 상담자가 영어나 바이어사용 언어에 능숙해야 하며[6] 바이어 질의에 신속하게 답변할 수 있을 정도로 상품에 대해 해박한 지식을 갖고 있어야 한다. 또한 바이어에게 상품에 대한 정보를 제한된 화면으로 모두 설명할 수 있도록 샘플, 상품 설명서 등을 철저하게 준비한다.

5 무역사절단

무역사절단은 개별 해외 비즈니스 출장과는 달리 여러 기업들이 단체로 목표로 하는 해외 현지 시장을 방문하여 사전에 정해진 일정에 따라 바이어들과 상담을 통해 성과를 창출하는 프로그램이다. 보통 조합이나 협회 등 단체에서 회원사 위주로 사절단을 구성하여 파견하기도 하고 지자체가 예산을 부담하여 중소기업진흥공단에 관내 기업들을 모집토록 요청하고 KOTRA에 바이어 상담 주선을 의뢰하기도 한다. 종전 무역사절단은 4~5개국을

6) 영어나 바이어 구사 언어에 능숙하지 못하면 통역을 준비한다.

방문하는 관계로 출장 기간이 2주가 넘는 경우도 있었으나 최근에는 2~3개국을 방문하고 파견 기간은 1주에서 10일 정도가 가장 많으며 통상 10개사 내외가 참가한다.

특히 무역사절단은 현재 내수만 하고 있으나 품질과 가격 등에 자신이 있는 내수기업, 신규로 개발한 제품을 해외시장에서 평가 받고 싶은 벤처중소기업, 무역실무나 외국어 (영어)등에 자신이 없지만 수출하고자 하는 중소기업, 해외 출장비용이 부담되어 출장을 포기한 자금사정이 어려운 중소기업 그리고 글로벌 시장에 승부수를 던지고 싶은 수출 초보기업 등이 주로 참가하고 있다.

KOTRA가 추진하고 있는 무역사절단은 해외무역관과의 조율을 거쳐 연초 무역사절단명, 파견기간, 파견지역 등이 결정되며 파견 2~3달 전, 중소기업진흥공단에서는 해당 무역관에 참가신청 국내기업 수출 품목에 대한 사전 시장성을 문의해 온다. 무역관은 의뢰일로부터 7일 이내 시장성 검토 결과를 통보하고 이에 따라 최종 참가 기업이 결정된다. 무역관으로부터 시장성 검토 결과가 부정적으로 평가되면 그 무역사절단에는 참가하지 않는 것이 좋다. 그럼에도 불구하고 시장성 저평가 업체가 참가하는 경우, KOTRA는 방문목적을 시장 조사로 전환하여 지원하고 있다. 사절단 참가가 확정되면 방문 할 무역관에 카탈로그 및 샘플 등을 발송하고 기존에 파악하고 있는 바이어가 있다면 상담 일정에 포함시키도록 요청한다. 이후 무역관은 본격적인 상담 주선에 들어가며 무역사절단의 한국 출발일 기준 7일 이전에 상담주선 현황 및 현지 방문 참고자료를 송부해준다.

개별 비즈니스 출장지원 시와 마찬가지로 무역관으로부터 상담 일정표가 입수되면 출발 전, 해당 바이어들에게 약속된 시간에 현지에서 만나 진지한 상담을 하고 싶다는 인사 편지를 보내며 배정된 한국인 통역에게도 사전에 상담 품목 관련 정보를 제공하여 통역원이 상품을 제대로 이해할 수 있도록 한다.

지자체에서 파견하는 무역사절단에 참가하는 국내 기업들은 개별 항공임과 현지 체재비만 부담하는 경우가 대부분이며 일부 지자체에서는 출장자의 항공임도 부분적으로 지원하는 경우도 있다. 상담을 위해 충분한 샘플과 홍보 자료를 준비하되 과다한 샘플이나 고가 샘플을 휴대하는 경우에는 인보이스를 준비하고 해당 무역관에도 미리 알린다. 특히, 과다한 샘플을 갖고 가는 경우에는 여행용 가방 여러 개에 분산해서 휴대하도록 한다. 최근에는 많은 참가기업들이 제품과 자사를 소개하는 동영상을 휴대하기도 한다. 무역사절단이 방문하면 통상 무역관 주최로 사전간담회를 개최하는데 이때 관장이나 관원으로부터 현지 상관습, 경제 및 시장동향 등에 대한 설명을 잘 듣고 숙지하도록 한다.

▶ 무역사절단 단체 상담 장면

단체 상담일에는 상담 시작 전, 통역에게 상품, 전문용어 등을 다시 한 번 숙지시킨 후 상담에 임한다. 상담 약속 시간이 되었는데도 바이어가 방문하지 않으면 무역관 직원에게 바이어의 방문 예정 여부를 확인 요청한다. 상담 주선 건수는 지역과 해당 상품에 따라 상이하나 많은 바이어들을 만나 상담하는 것도 필요하겠지만 확실하고 유망할 것으로 전망되는 1~2명의 바이어를 확보하는 것이 더 중요하다. 좋은 바이어로 판단되고 일정이 허락된다면 체류 기간 중 그 바이어의 사무실이나 공장을 방문하는 것도 바람직하다. 일부 바이어들은 자신과 자신이 속한 회사를 과장하여 처음부터 독점 에이전트 계약을 체결하자고 제안하는 경우도 있으나 충분한 검토 후 결정하는 것이 좋다. 약속된 상담 시간 내에 상담이 종료되지 못하면 다음 약속한 바이어를 감안하여 단체 상담이 종료된 후 저녁이나 다음 날 별도 상담을 갖도록 한다.

KOTRA 파견 무역사절단 권역시장별 파견현황

구분	2008년	2009년	2010년	2011년	2012년
아시아 (중국) (일본) (기타)	71 (22) (11) (38)	84 (25) (11) (48)	94 (35) (11) (48)	91 (29) (13) (49)	104 (35) (13) (56)
구주	42	41	39	32	35
중동아프리카	23	27	27	29	26
북미	26	25	20	21	23
중남미	19	21	21	25	18
CIS	12	14	12	15	11
총계 (고객수)	193회 (2,102)	212회 (2,243)	213회 (2,474)	213회 (2,426)	217회 (2,284)

KOTRA 파견 무역사절단 품목별 추진현황

구분	2008년	2009년	2010년	2011년	2012년
자동차부품	11	10	8	10	19
IT/SW	12	17	25	28	13
조선/기계/플랜트	12	19	28	12	11
녹색환경	0	9	8	8	11
의료/바이오	8	7	10	6	10
문화콘텐츠	12	2	2	3	4
기타	6	1	2	5	4
섬유/의류	9	8	10	8	3
농수산물	1	1	2	4	2
전기/전자	9	3	0	1	0
소비재	1	2	4	2	0
부품소재	2	2	0	1	0
종합	110	131	114	126	140
총계	193회	212회	213회	213회	217회

무역사절단은 단체로 움직이는 마케팅 방법이므로 다른 참가기업들에게 피해가 가지 않도록 가능한 개별 행동을 자제하여야 한다. 단체 상담을 마치고 현지를 출발하는 날, 개별 상담을 위해 단체로 움직이지 않고 공항으로 개별 도착할 경우에도 시간에 맞추어 공항에 도착토록 하여 다음 국가로 이동할 때 문제가 없도록 한다.

무역사절단은 출장자가 개인 비용[7] (항공임, 현지 체재비)만 부담하고 KOTRA 무역관이 호텔 및 차량 예약, 통역 알선, 현지 시장정보를 제공할 뿐 아니라 짧은 기간 중 한자리에서 많은 바이어들과 직접 상담할 수 있도록 지원해주며, 경우에 따라 시장동향 파악, 경쟁사 전시품 조사 및 자료 수집을 위해 유망전시회 참관과 연계하여 파견할 수 있다는 장점이 있는 반면, 상담 희망 품목과 참가 기업의 경쟁력에 따라 상담 주선 건수나 성과가 상이할 수도 있다.

6 지사화 사업

KOTRA에서는 해외 네트워크가 빈약한 국내 중소기업들을 위해 2000년부터 지사화 사업을 추진하고 있다. 지사화 사업은 해외무역관이 수출기업의 해외지사와 같은 역할을 수행하며 시장조사, 수출거래선 발굴에서 거래 성사 단계에 이르기까지 해외 판로 개척 활동을 1:1로 밀착 지원하는 사업이다. 또한 최대 4년까지 1년 단위로 협약을 체결하는 것이 원칙이며 협약 종료 후에도 협약기간 중 거래관계에 있는 바이어와의 상담 내용에 대해 6개월간 무료로 A/S를 시행하고 있다. 무역관에서는 지사화 사업 전담 직원을 채용하여 국내 기업의 해외 마케팅을 지원하고 있는데 통상 1명의 지사화 사업 전담 직원이 6-7개의 국내 기업을 전담 지원한다.

KOTRA 지사화 사업 100% 활용 10계명

❶ 지사화 사업 신청 전, KOTRA 『해외시장조사제도』를 활용하여 해외마케팅 가능성이 있는 무역관을 선정한다.
❷ 지사화 사업 전담직원에게 수출상품을 철저하게 숙지시킨다.
❸ 지사화 사업 전담직원에게 상담에 필요한 각종 자료 및 샘플을 충분히 제공한다.
❹ 지사화 사업 전담직원과 커뮤니케이션을 강화한다.
❺ 지사화 사업 전담직원의 요청 및 문의사항에 대해 즉각 회신 및 조치한다.
❻ 지사화 사업 전담직원의 방한 시, 적극적으로 만나며 공장 안내를 한다.
❼ 지사화 참가기업 수출 담당자가 1년에 적어도 한차례 이상 현지를 방문한다.
❽ 해당 무역관에서 추진하는 각종 사업에 적극 참여한다. (예: 해외전시회, 구매상담회, 무역사절단 등)
❾ 지사화 사업 성과(특히, 성약)가 있으면 해당 무역관에 알린다.
❿ 지사화 사업은 최소 2년 이상 유지한다.

7) 무역사절단 지원 시 무역관은 호텔 예약의 경우, 통상 단체 할인 요금을 적용 받기 때문에 저렴하게 투숙할 수 있다.

KOTRA는 지사화 사업을 통해 시장조사와 수출거래선 발굴, 거래상담, 현지출장지원 등 다양한 해외마케팅을 대행해 주고 있으며 참가 목적에 따라 여러 방식과 형태로 지원하고 있다. 국내 수출기업이 특정 무역관을 선정하여 지사화 사업 참여 신청을 하게 되면 참가 신청 업체의 취급 품목에 대해 해외무역관의 현지 시장여건 및 지원 가능 여부를 종합적으로 감안하여 해외무역관이 지사화 업체를 최종 선정하게 된다. 따라서 국내수출기업은 지사화 사업 참여 전, 해당무역관에 해외시장조사대행을 의뢰하여 현지 사정에 대한 세밀한 사전조사를 하는 것이 바람직하다. 지사화 참가 희망 기업은 해당무역관과 상호 협의하여 연간 참가비를 결정하며 통상 250~350만원(부가세 포함, 지역별 차등 요율적용) 수준이다. 참가비는 KOTRA 본사에 납부한다. 2012년 9월 현재, KOTRA 지사화 사업 참여업체 수는 연간 약 2,000개사이며 2000년 사업개시 이후 2012년 2월 현재까지 17,000여개사를 지원하였다.

한편 2012년 기준, 전국 42개 지자체와 유관기관에서는 관할지역 내 중소기업의 지사화 사업 참가비 보조금을 지원하고 있는데 지원 규모는 연간 평균 약 900개사, 16억원(지원비율은 참가비의 50~80%, 기관별 상이)에 이른다.

KOTRA 지사화 사업 성과현황

구분	2007년	2008년	2009년	2010년	2011년
성약 지원액	4.37억불	4.83억불	7.43억불	9.7억불	12.9억불
지원 업체수	1,671사	1,677사	2,070사	2,106사	2,074사

지사화 사업의 기본서비스는 시장조사, 거래선 (에이전트) 발굴/관리, 세일즈 출장 지원 등이지만 이외 공동물류센터패키지, My Office 서비스 (자사직원 파견), Sales Rep (현지직원 채용·운영) 등 고객의 요구에 따라 맞춤 설계하는 실비 부담 부가서비스도 제공하고 있다.

지사화 사업 부가서비스

서비스명	개요
마이오피스	• 업체가 자사직원을 무역관에 파견, 상주시켜 무역관을 자사 사무실로 활용 • 참가비는 사무실 임차료 등 제반 운영비로 구성 • 무역관은 업체직원의 현지활동을 간접 지원

지사화 사업 부가서비스 (계속)

세일즈랩	• 업체가 자비부담으로 Sales Rep. 직원을 고용해 자사의 수출 마케팅에 독점적으로 활용 • 무역관은 직원채용 및 관리, 현지 마케팅업무 지원 • 참가비는 직원채용 경비 및 제반 운영비로 구성 – Sales Rep. 직원은 현지 노동법 상 업체와의 계약종료 즉시 해고가 가능한 임시용역 형태로 채용
주문형프로젝트	• 현행 지사화 사업 및 Sales Rep., 마이오피스 서비스 범주 이외에 업체가 희망하는 각종 프로젝트 서비스 – 심층 시장조사, 현지법인 설립 지원, 해외지사관리 등 • 참가비는 프로젝트 운영과 관련된 제반 비용으로 구성
거래선 관리 지원 서비스	• 3년차 졸업대상 업체 중 지속적인 지사화 사업 참여 희망 업체를 대상으로 제한된 서비스 제공(기존 거래선 관리 등) • 1년 단위로 계약, KOTRA 본사 승인 후 기간 제한 없이 갱신 • 수수료는 일반 지사화 참가비의 5할 징구

지사화 사업의 성과 여부는 국내기업의 적극적인 참여 자세와 해외 무역관 지사화 전담직원의 책임감에 달려있다. 지사화 사업 참여가 확정되면 국내기업은 해당 무역관 지사화 전담직원이 수출 상품에 대해 확실하게 숙지할 수 있도록 각종 자료와 샘플 등을 제공한다. 또한 현지 전담직원이 마케팅 활동을 할 수 있도록 상담에 필요한 기초 자료를 충분히 공급하며 전담직원의 요청, 문의사항에 대해 신속하고 적극적으로 회신한다. 또한 시장성이 충분하다면 가능한 협약 기간 중 국내기업의 수출 담당자가 현지를 직접 방문하는 것이 바람직하다. 지사화 사업 참여 기업은 무역관 지사화 사업 전담직원을 자사 직원과 같이 인식하고 충분한 배려, 커뮤니케이션 및 적극 활용하는 자세를 가져야 한다.

▶ 암만무역관 지사화 업체인 P사와 S사가 현지를 방문하여 계약하는 모습

지사화 사업 성공사례

암만KBC

제목 : 맞춤형 플랜트와 철저한 A/S를 통해 신시장 개척

품 목	품목명 아스팔트혼합플랜트 (Asphalt Mixing Plant)					
업체명	기업명 (주)ㅇㅇㅇ					
업체 담당자	이름	ㅇㅇㅇ	전화	010 ㅇㅇㅇㅇㅇ	이메일	ㅇㅇㅇㅇㅇㅇ

□ 지사화 사업 참여 동기

ㅇ 요르단 지역으로 수출 경험이 전혀 없었던 동사는 2008년, 암만에서 개최되었던 『이라크 재건 박람회』에 참가하여 이라크, 요르단 지역의 시장 개척 가능성을 확인 한 후,

ㅇ 보다 집중적은 지원을 받기 위해 암만무역관 지사화 사업에 참여하게 됨.

ㅇ 전후 이라크 재건과 요르단의 인프라 확대에 따라 Asphalt Mixing Plant의 수요가 매우 클 것으로 전망되어 당관도 사업 참여를 적극 권유함.

□ 전략

ㅇ 당 KBC는 (주) ㅇㅇㅇ의 요르단 시장 진출을 위해 다음과 같은 3가지 기본 전략을 제시하였음.
- 최대한 가격경쟁력을 확보할 것. 특히, 최근 중국산이 요르단에 진출하면서부터 가격이 구매를 결정하는 가장 중요한 요인이 되었음.
- 현재와 같이 한국산 품질에 대한 좋은 이미지를 계속 유지 할 것
- 철저한 A/S와 함께 납품 기한을 최소화 할 것

□ Action Plan

ㅇ 지사화 담당 현지직원을 (주)ㅇㅇㅇ에 파견하여 제품에 대한 철저한 교육 실시

ㅇ ㅇㅇㅇ 제품에 맞는 타겟 바이어 선정

ㅇ 이태리 및 중국 등 경쟁국 제품과의 차별성 부각

ㅇ 좋은 바이어가 있으면 해외영업담당 이사가 즉시 파견되어 상담에 임함.

□ 성과

ㅇ 암만무역관 지사화 사업에 참여한 이래, 당관의 지원으로 H사, D사, 및 A사로부터 주문을 받아 총 2,873,810 달러를 수출하였음.

ㅇ 2008년 글로벌 경제위기로 인해 요르단 건설경기가 다소 위축되었다가 금년 하반기부터 건설경기가 회복 조짐을 보이고 있어 요르단에서의 주문이 지속될 것으로 예상됨.

○ 요르단에서의 (주)○○○ 명성은 인근국인 시리아, 레바논까지 전파 되어 이들 지역으로의 수출 성과도 조만간 가시화 될 것으로 전망됨.

□ 성공 요인

○ 바이어들의 요구에 맞는 맞춤형 플랜트를 공급하고 정기적인 A/S를 위해 지사화사업과는 별도로 현지인을 채용하여 현지 지사를 운영하고 있음.

- 특히, 설치 단계서부터 이상 없이 작동 시 까지 본사 엔지니어가 직접 요르단을 방문하여 서비스하고 있으며 고장 시에는 지체 없이 엔지니어를 파견하여 철저한 A/S를 하고 있음. 이와 같은 철저한 A/S가 현지 바이어들 사이에 널리 알려지게 됨.
- 현지 마케팅을 위해 암만 무역관 지사화 사업 담당자를 100% 활용하고 있으며 지사화 담당 현지 직원과 가장 완벽하게 커뮤니케이션과 협업이 이루어지고 있는 고객임.

○ 이와 함께 매년 5월 암만에서 개최되고 있는 Project Near East(舊 이라크재건 박람회)에 지속 참가하고 있으며 내년에는 레바논에서 개최되는 건축기자재 박람회에도 참가할 예정임.

7 공동물류센터

공동물류센터 사업은 중소기업의 경우, 시장정보, 자금, 마케팅 역량 등의 부족으로 해외 수출시장에 물류지원 시설을 구축하기 어려워 수출 장애가 크다는 점에 착안하여 시행되고 있다. 해외무역관이 현지 전문 물류서비스 업체를 선정하여 국내 수출중소기업이 저렴하게 물류 관련 서비스를 이용할 수 있도록 지원하고, KOTRA 해외 마케팅 사업과 연계하여 국내 수출기업의 해외시장 진출을 확대할 수 있도록 지원하는 사업이다. 이를 위해 2013년 2월 기준, KOTRA는 미국, 일본, 중국 등 주요 20개국에 36개 물류 센터[8]를 운영하고 있으며 현재까지 1,400여개사가 물류센터운영 사업에 참여하고 있다.

[8] 세부 사항은 KOTRA 홈페이지 http://www.kotra.or.kr 참조

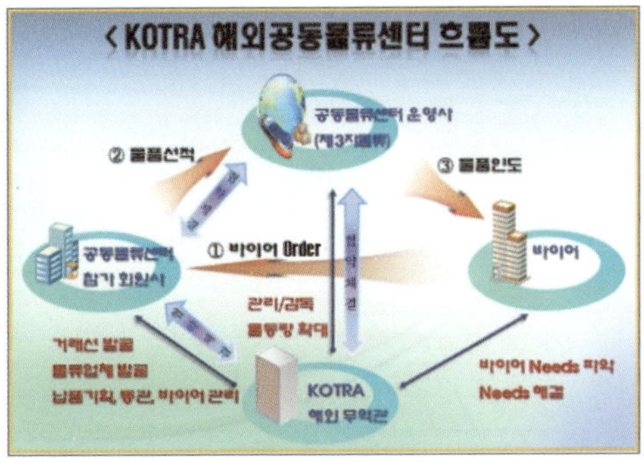

물류센터 형태는 제3자 물류로 능력과 신뢰성을 갖춘 현지 물류전문 서비스업체 (Logistics Service Provider)를 아웃 소싱하여 보세창고 운영, 통관 및 운송, 재고관리 등 물류관련 제반업무를 위탁 운영시킨다. 공동물류센터 참가 희망기업은 지역과 지사화·물류 패키지 및 단순물류 지원에 따라 차등적으로 참가비를 납부하여야 한다.

▶ KOTRA가 운영하고 있는 해외공동물류센터

단순물류 지원이란 물류위탁 계약 체결 및 애로사항 해결을 지원하고 현지 물류 전문업체를 선정하여 보세창고 운영, 통관 및 운송, 재고관리 등 물류 관련 업무 아웃소싱을 지원하는 제도이다. 한편 지사화·물류 패키지 지원은 유망 거래선 발굴, 지역별 특화 마케팅 서비스 연계 수출확대 전략 수립과 회원사 직원의 단기 출장 시 임시 사무실 제공 등이 추가 된다.

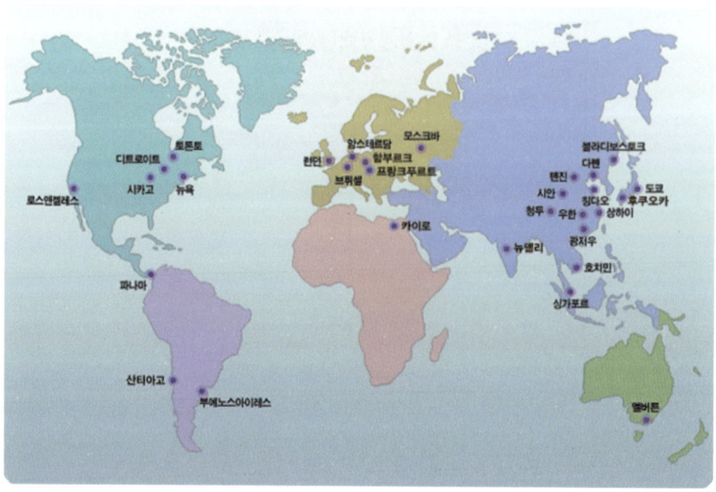

▶ KOTRA 공동물류센터 설치 지역

공동물류센터의 장점은 물류센터 공동이용으로 최소 10% 이상 비용을 절감할 수 있고 Oder 수주 후 출하까지 납품 기간을 대폭 단축할 수 있으며 제품에 대한 A/S 등이 가능하게 함으로써 국내 기업들의 해외바이어에 대한 신뢰도를 끌어 올릴 수 있다는 점이다. 또한 물류계약 및 운영 등 제반 행정적인 지원은 물론이고 지사화·물류 패키지의 경우에는 바이어와의 업무연락, 신규바이어 발굴 지원 등 마케팅 지원도 받을 수 있다.

8 수출 인큐베이터

해외시장 개척을 위하여 현지법인 또는 지사를 설치코자 하는 수출유망품목 중·소제조업체와 지식기반서비스업 영위 중소기업을 대상으로 사무 공간 (1개사 당 3~4평) 및 공동회의실, 사무집기 및 전화·인터넷 등을 제공하고 현지인 마케팅전문가와 법률·회계 컨설턴트의 자문 및 컨설팅을 제공하는 사업이다. 이 밖에 정보제공, 행정지원 및 생활정착서비스도 지원한다. 현재 KOTRA는 미국, 중국, 인도 등 11개국에 17개 인큐베이터를 운영하고 있다.

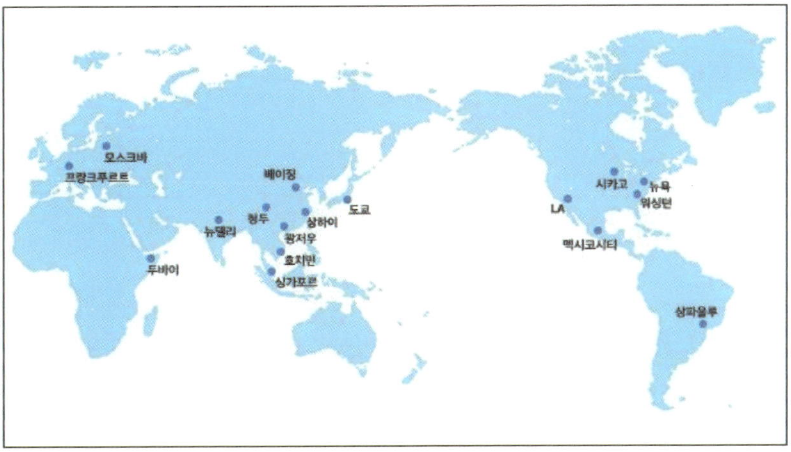

▶ KOTRA가 운영 중인 인큐베이터 소재지

수출 인큐베이터 참가 기업들은 소정의 입주보증금과 월 임차료를 지불해야 하는데 월 임차료는 지역과 사용면적에 따라 차등 부과된다. 아울러 전화, 인터넷 사용 등 관리비도 업체가 실비 부담한다. 입주 계약 기간은 1년 기준이며 추가 1년 연장이 가능하다.

▶ 광저우 수출인큐베이터 내부 및 시카고 수출인큐베이터 외부

9 국내·해외전시회

최근 들어 마케팅에서 전시회가 차지하는 비중이 크게 부각되고 있다. 정부에서도 2002년 『한국전시산업진흥회』를 발족시키고 2008년에는 『전시산업발전법』을 제정하여 법적 제도적으로 국내 전시산업의 지원 근거를 마련하였다. 또한 2000년 들어 주요 지방자치단체에서도 국제 규모의 전시장을 잇달아 개장하거나 확장하고 있으며 국내에서 개최되는 전시회 수도 2002년 연간 132회에서 2011년에는 552회로 4배 이상 증가하는 등 매년 평균 15% 가량 성장하고 있다. 국내 기업들도 전시회의 중요성을 인식하고 국내 뿐 아니라 해외에서 개최되고 있는 많은 전시회에 경쟁적으로 참가하고 있다. 전시회는 참가기업과 바이어들에게 상담의 장을 제공할 뿐 아니라 참가기업들은 전시회 참가를 통해 자사 및 세품을 홍보하며 시장·상품정보를 수집하고 인적 네트워크 구축을 위한 기회로 활용할 수 있다. 뿐만 아니라 전시회 참가를 통해 경쟁국가 또는 경쟁기업의 정보를 수집할 수 있고 그들의 제품, 기술, 서비스를 배울 수도 있다.

국내전시회는 수출기업뿐 아니라 내수기업들에게도 시장 확대를 위해 활용되고 있다. 또한 최근에는 다수 국내전시회도 세계적인 전시회 인증마크인 UFI 인증을 취득하고 있을 뿐 아니라 정부와 『한국전시산업진흥회』가 부여하는 전시회 인증을 받아 양질의 전시회로 빠르게 전환하고 있다. 그럼에도 불구하고 아직도 상당수의 국내전시회는 국제화, 전문화, 대형화가 시급한 실정이다. 그러므로 국내 기업들은 우수한 전시주최자들이 개최하는 국내 전시회를 선별하여 참가함으로써 전시회 참가 성과를 극대화하여야 한다.

▶ 해외전시회에 참가한 한국관

또한 정부 및 지자체 그리고 KOTRA에서는 매년 지원대상 해외전시회를 선정하여 국내 기업들이 단체로 해외 유망전시회에 참가할 수 있도록 주선하고 있으며 해외전시 참가비용(임차료, 장치비, 전시품운송비, 공동수행기관 관리비 등)의 일부를 지원하고 해외 바이어 조사 및 상담을 알선하며 한국관 참가업체의 홍보와 현지 지원을 위해 홍보 부스를 운영하고 있다. 이와 별도로 국내기업들이 개별적으로 전시회에 참가하는 경우에도 재정 지원을 하고 있다.

KOTRA는 정부로부터 예산을 지원받아 매년 100여건의 유망전시회를 선정하여 한국관을 구성, 단체로 참가하고 있다. 이들 전시회는 개별 참가 시 보다 참가 기업들에게 많은 혜택이 주어지고 유리한 점이 있는데 그 주요 내용은 다음과 같다.

KOTRA 주관 한국관 참가 시 유리한 점

- 전시회 참가 직접경비(예: 임차료, 장치비, 운반보관비 등)를 최대 50%까지 지원받을 수 있다.
- KOTRA가 부스를 확보하며 장치업체를 통해 한국관(전시 부스)을 설치해준다.
- KOTRA 현지 무역관이 호텔 예약, 현지교통편의, 통관, 통역 알선을 지원한다.
- 단체로 호텔 및 항공권을 예약하므로 할인을 받을 수 있다.
- KOTRA를 통해 현지 시장정보 및 상담 시 유의사항을 사전 입수할 수 있다.
- KOTRA 현지 무역관으로 부터 신규 바이어를 소개 받을 수 있으며 전시회 종료 후에도 A/S가 가능하다.
- 전시회 기간 중 KOTRA 직원이 전시장에 상주하여 밀착 지원한다.

전시회는 한정된 장소에서 짧은 기간 동안 많은 유력 바이어들과 상담할 수 있고 상품에 대한 최신 트랜드, 신제품에 대한 정보 취득, 자사와 경쟁사 제품간의 비교 등을 할 수 있는 좋은 기회를 제공하여 가장 효과적인 마케팅 수단이지만 전시회 참가를 위해서는 참가비, 부스 장치비, 전시품 운송비 등 많은 비용이 들어가며 전시회에 대한 정확한 정보 없이 참가하거나 철저한 준비가 미흡한 경우, 기대만큼 좋은 성과를 올릴 수 없다는 단점도 있다. 또한 시장 개척을 희망하는 지역에서 참가할 만한 국제 규모의 전시회가 개최되지 않아 참가에 한계가 있을 수도 있다.

■ 국력을 과시하는 전시장의 국가관들

WTO 출범 이래 수출확대를 위한 각국 정부의 보조금 정책은 엄격한 규제를 받고 있지만 전시회 참가를 위한 정부 보조는 허용되고 있다. 따라서 대부분의 각국 정부는 자국 산업의 수출확대를 위해 국내 기업들을 모집하여 국가관 형태로 세계 유명전시회에 경쟁적으로 참가하고 있다. 엑스포는 물론이고 웬만큼 알려진 해외전시회에 나가 보면 선후진국을 막론하고 많은 국가들이 대규모로 그리고 호화롭고 세련된 디자인으로 국가관을 구성하여 국력을 과시하며 시장 확대를 위해 총성 없는 전쟁을 치루고 있다.

▶ 터키

▶ 중국

▶ 브라질

▶ 이탈리아

▶ 말레이시아

▶ 캐나다

중국의 경우 종전에는 값싼 천편일률적인 대규모 부스로 국가관을 구성하였으나 최근에는 많이 세련되어지고 있다. 터키는 국가관으로 가장 많이 참가하는 국가 중 하나이며 이탈리아, 프랑스 등 EU 국가들은 세련미, 고급스런 장식과 독특한 아이디어가 반영된 부스로 국가 이미지를 고양하고 있다.

우리나라도 과거에 비해 훨씬 업그레이드된 국가관을 구성하여 참가하고 있으며 참가 기업들도 한결 높아진 『KOREA 브랜드』를 살려, 해외마케팅에 활용하고 있다.

KOTRA에서도 우리나라 국격에 맞는 「한국관」 구성을 위해 부스 장치에 보다 많은 예산 투입을 추진하고 있다.

▶ 한국관

중동에서 개최되는 전시회 참가 요령

중동에서는 UAE를 제외하고는 전시 인프라가 열악하여 국제 규모의 대형 전시회가 많지 않지만 일부 괜찮은 전시회도 있다. 중동 전시회의 특징은 날씨 관계로 통상 오후 4시에 시작하여 오후 10~11시 경에 끝나는 야간 전시회가 성행한다는 점이다. 보통 오후 6시~9시 까지가 방문객들이 몰리는 피크 타임이다. 중동에서 개최되는 전시회에는 대부분 아랍권 바이어들 위주로 방문하며 성약에 이르기까지 시간이 타지역보다 비교적 적게 걸린다는 점이다. 그러나 중동 전시회는 주변 정세에 따라 취소, 변경되는 경우가 많다는 점에 유의해야 한다.

중동에서 개최되는 전시회는 개별참가보다는 단체참가를 권하며 개별적으로 처음 참가하는 전시회라면 신청 전, 반드시 KOTRA 관할지 무역관을 통해 해당 전시회에 대해 확인해보는 것이 좋다. 어떤 경우는 전시회 참가비와 부스 선정 시 주최 측과 협상을 통해 유리한 조건을 조성할 수 있다. 따라서 전시회 참가 기간 중 주최자를 만나 좋은 인간관계를 구축하는 것이 다음번 전시회 참가를 위해서도 많은 도움이 된다.

중동 전시회에서는 현지 행정력이 크게 떨어져 전시품이 기한 내 도착되지 않는 경우도 가끔씩 발생하므로 이에 대한 대비책을 마련하되 시간 여유를 갖고 미리 미리 준비하는 것이 좋다. 아울러 가능한 현장에서 제공할 샘플을 최대한 준비하며 개최 시기가 가까워짐에 따라 개최국 및 주변국 정세를 면밀히 주시한다. 중동 바이어들과 상담 시에는 첫 거래부터 독점 에이전트를 주는 것을 피하고 지나치게 빨리 거래 결정을 하지 않도록 한다. 상대방의 허풍에 속지 말고 최종 가격은 가능한 끝까지 숨기는 것이 좋다. 주최국 시장만 관리하는 바이어보다는 주변국까지 커버할 수 있는 바이어 위주로 선정한다. 그리고 중동 비즈니스 문화를 이해하고 전시회에 참가한다.

걸프 연안국(사우디아라비아, 쿠웨이트, UAE, 카타르, 바레인, 오만) 바이어들은 매우 거만하다. 정치, 종교와 관련된 이야기는 피하되 최대한 예의를 갖춘다. 바이어 이외에도 그의 가족 및 친구들과도 친해지도록 노력하고 가능성 있는 바이어는 한국으로 초대한다.

Chapter 02

전시회 관련 기초 지식

1 전시회 정의 및 분류

전시회란 특정 장소인 전문 전시장에서 일정 기간 동안 제품, 기술, 서비스 전시를 통해 판매, 홍보 및 마케팅 활동을 하는 행위이다. 또한 전시 참가업체가 유통업자, 무역업자, 소비자, 관련 종사자 및 전문가, 일반인 등을 대상으로 자신의 기업 및 상품 관련 정보를 제공하고 이들과 거래가 이루어지는 형태의 행사로서 경제적 목적을 달성하고자 하는 경제 활동으로 정의[9]한다. 한편 2008년에 제정된 「전시산업발전법」에서는 전시회를 무역상담과 상품 및 서비스의 판매·홍보를 위하여 개최하는 상설 또는 비상실의 견본 상품박람회, 무역상담회, 박람회 등의 행사로서 대통령령으로 정하는 종류와 규모에 해당하는 것으로 정의하고 있다.

전시회를 의미하는 영어나 독일어로는 Fair, Exhibition, Trade Show, Messe, Exposition 등 여러 가지가 있는데 Fair의 경우, 어원은 축제 및 장터를 의미하는 불어이며 주로 유럽에서 사용되고 있는 용어로 일반 전시회적 성격이 강하다. Exhibition은 가장 일반적인 전시회의 의미를 내포하고 있으며 현장 판매 보다는 판매자가 상품을 보여주고 주문을 받는 연례적으로 개최되는 전문적 성격이 강하다. 이 용어 역시 유럽에서 많이 사용되고 있다. Trade Show는 미주 지역에서 많이 사용되며 Exhibition과 동일한 의미로 쓰인다. Messe는 라틴어의 Missa와 같은 의미로 중세 독일 성당 행사에서 유래하였으며 현재는

9) 한국전시산업진흥회의 전시회 정의

「전시회」 및 「전시장」의 뜻으로도 쓰이고 있다. 마지막으로 Exposition(Expo)는 세계박람회로 각국 관에서는 자국의 문화, 경제, 산업, 기술 등의 수준을 보여주며 일류기업의 기업관도 별도로 마련한다. 특히 Expo 행사는 3~6개월간 장기에 걸쳐 개최되는 특징이 있다.

Expo는 세계박람회기구 (BIS : Bureau of International Exposition)[10]가 공식적으로 승인한 공인박람회와 세계박람회기구와 관계없이 명명된 박람회로 구분된다. BIS 공인박람회는 다시 등록세계박람회와 인정세계박람회로 구별되는데 그 차이는 표와 같다.

등록세계박람회와 인정세계박람회의 차이

구분	등록세계박람회	인정세계박람회
주제	인류 발전을 포함하는 광범위한 주제선택	인류 활동 중 특정 부분을 지칭하는 명확한 주제 선택
개최기간	6주 이상～6개월 이하	3주 이상～3개월 이하
개최주기	매 5년	등록박람회 사이에 1회 개최
박람회장 설치	개최국은 부지만 제공하고 참가국이 자국관 건설	개최국이 국가관을 건설하고 참가국은 임대료 부담
면적	제한 없음	25ha 미만
예	상해 Expo(2010.5.1–10.31) 	여수 Expo(2012.5.12–8.12) 

전시회는 전시되는 품목이나 분야에 따라 전문전시회, 종합전시회 및 세계박람회 등 세 가지 유형으로 나누어지며 전문전시회는 방문객 성격에 따라 Trade Show와 Public Show로 구분된다. 그러나 종합전시회는 점차 줄어들고 있는 추세이다.

10) 1851년 런던에서 세계 최초로 수정궁박람회가 개최된 이래 근대에 이르기까지 각국의 엑스포 개최가 빈번해지고 참가국의 부담이 가중됨에 따라 프랑스가 주도하여 1928년 국제박람회기구(BIE)가 창설되었다. BIE는 박람회 개최 간격과 개최 내용에 관한 협약을 제정하고 관리하고 있으며 우리나라는 1987년에 가입하였다. BIE 설립 이후, 2012년까지 등록세계박람회 12회, 인증세계박람회 32회가 개최되었다.

전시회 분류 I

구분	전문전시회	종합전시회	세계박람회
전시품목	특정산업분야 또는 전문품목	다양한 산업 분야 및 종합 품목	산업, 과학, 기술, 문화, 예술 등 전 분야 망라
전시기간	3–5일	1–2주	6개월 이내
참가업체	제조업체, 유통업체	개별업체, 정부기관	국가단위
방문객	바이어	바이어 및 일반대중	일반대중
성격	철저한 상거래를 목적으로 하는 B2B전시회	자국 산업에 대한 홍보 및 교역활성화	미래 지향적인 전시주제를 갖고 일반 대중에게 발전 방향을 제시하는 비상업적 박람회
예	▪ Trade Show 한국전자전, 기계전 ▪ Public Show 결혼/육아박람회	▪ 한국상품전 ▪ 카이로 (국)박 ▪ 80년대 SITRA (서울국제박람회)	▪ 상해 Expo ▪ 여수 Expo

또한 전시회는 바이어와 공급자간 순수한 상거래를 목적으로 개최되는 무역전시회와 일반인을 대상으로 제품을 소개하거나 기업을 홍보하기 위해 개최되는 일반전시회로 구분되며 이들 두 전시회의 특성을 혼합한 형태의 무역일반전시회도 개최된다.

전시회 분류 II

구분	무역전시회 (Trade Show)	일반전시회 (Public Show)	무역일반전시회 (Mixed Show)
참가기업	제조업체, 유통업체	소매업자 및 바이어 (End-user)를 접촉하려는 제조업체	제조업체, 유통업체
참관객	바이어(End-user)	일반대중	바이어, 일반대중
입장제한	바이어 및 초청장 소지자만 입장	입장제한 거의 없음	통상 바이어만 입장 가능한 별도의 business hour 운영
점유율	미국 내에서 개최되는 전시회의 49% 차지	미국 내에서 개최되는 전시회의 13% 차지	미국 내에서 개최되는 전시회의 38% 차지
예	▪ 한국기계전	▪ 한국결혼상품전	▪ 서울국제식품산업대전

2 전시회 구성

전시회는 전시주최자, 전시장운영자, 용역회사, 전시회 참가업체 및 참관객으로 구성된다.

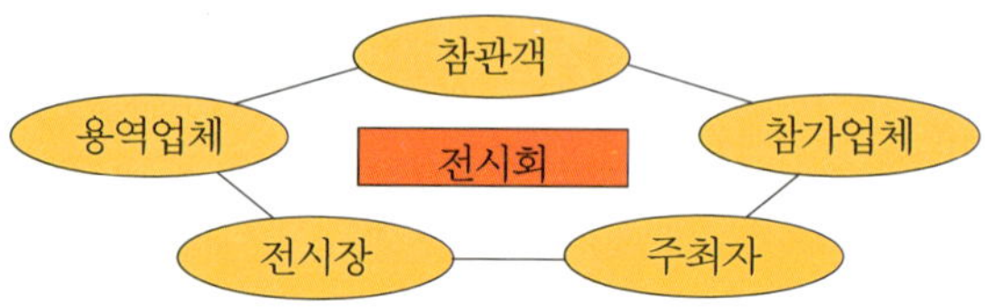

▶ 전시회 구성 주체

전시주최자(Organizer)란 전시장을 일정 기간동안 임대하여 전시회를 기획, 개최 및 결산을 하는 주체로 전문전시주최업체, 조합/협회/단체, 언론기관, 전시장운영자, 정부 및 지자체 등이며 단독으로 개최하기도 하고 여러 주최자들이 공동으로 개최하기도 한다.

참가업체(Exhibitor)란 소정의 참가비를 지불하거나 흔하지는 않지만 무료로 전시주최자로부터 전시부스를 임대하여 전시품을 진열하고 직원을 파견하여 상담, 홍보, 조사, 인적 네트워크 구성 등 비즈니스 행위를 하는 주체이다. 참가업체에는 개별 기업들이 가장 많으나 공공기관, 지자체, 학교 등도 홍보를 위해 전시회에 참가하기도 한다.

참관객(Visitor or Attendee)은 전시 기간 중 전시장을 직접 방문하여 참가업체들을 대상으로 각 부스에서 상담을 하거나 시장정보를 수집하는 주체들이다. 통상 참관객들은 소정의 입장료를 지불하고 전시회를 참관하며 순수 비즈니스를 목적으로 방문하는 전문 참관객들과 단순한 구경, 현장 직매 등을 목적으로 방문하는 일반객으로 구분된다.

전시장운영자(Venue)란 일정 규모의 전시장을 직접 운영 관리하는 주체로 전시주최자로부터 임대료를 받고 일정 기간 동안 전시장을 대여해준다. 우리나라를 비롯하여 대부분의 국가에서는 전시장을 공공재로 간주하고 중앙정부, 지자체 또는 경제단체에서 출자하여 건설한 후 별도의 전문회사 설립을 통해 운영한다.

용역업체 또는 전시서비스업체(Exhibition Service Contractor)란 전시회 개최를 위해 필요한 전시장치, 전기, 전화, 인터넷, 가스, 수도, 비품 렌탈, 경비, 청소, 매표, 통역 및 안내원 채용, 전시품 운송 및 보관, 호텔 및 여행 관련서비스를 제공하는 회사들이다.

우리나라에서는 전시산업 발전을 위해 2002년 「한국전시산업진흥회」가 출범한 이래 「한국전시장운영자협회」, 「한국전시주최자협회」, 「한국전시산업장치협회」 및 「한국전시서비스협회」 등 전시관련 협회들이 잇따라 설립되면서 회원들의 이익을 대변하고 한국 전시산업의 발전 방안을 모색하고 있다. 이 밖에 「한국무역전시학회」에서는 매년 정기적으로 학술대회 및 국제학술심포지엄을 개최하고 있다.

■ **한국전시산업진흥회**

- 설립연도 : 2002년
- 홈페이지 : http://www.akei.or.kr
- 회　　원 : 전시장운영자, 공공기관, 조합 및 협회 등 단체, 전문전시주최자, 전시공사 및 서비스 업체 등(49개사[11])
- 주요사업 : 국내 및 해외전시회 지원, 해외 인턴 파견, 홍보(저널발간, 전시포름 및 Road Show 개최, 전시포탈 사이트 GEP 운용, 전시회 인증 및 통계 등)

■ **한국전시장운영자협회**

- 설립연도 : 2004년
- 회　　원 : 전시장운영자(10개사)
- 주요사업 : 회원사간 교류 협력사업, 한국전시컨벤션산업 발전 포름 개최, 해외공동 홍보사업, 외국전시장과 협력사업

11) 이하 각 단체별 회원사는 2012년 2월 기준

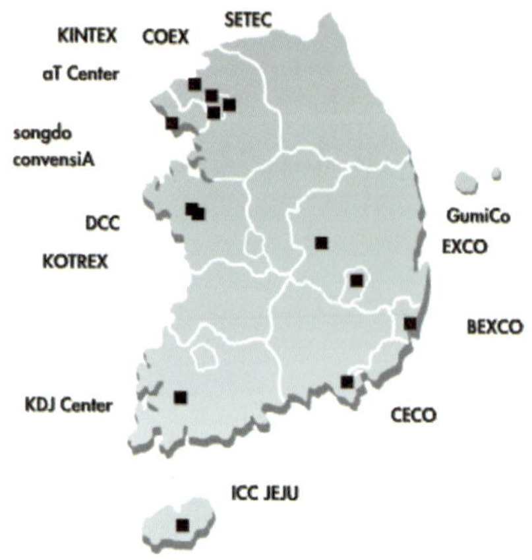

▶ 지역별 우리나라 전시장 현황

■ 한국전시주최자협회

- 설립연도 : 2004년
- 홈페이지 : http://www.keoa.org
- 회　　원 : 전시주최자(68개사)
- 주요사업 : 무역전시산업 발전방안 연구를 위한 활동, 국내외 전시주최자의 교류 협력, 한국전시회 홍보사업, 전시관련 자료발간 사업, 한국전시회일정 디렉토리 제작 및 배포, 국책전시회 주관, 전시주최자 교육 및 연수, 기타 전시회 공동주최/위임 및 대행사업, 국내무역전시 홍보/마케팅, 기타

■ 한국전시산업장치협회

- 설립연도 : 2002년
- 홈페이지 : http://www.keda.in
- 회　　원 : 전시공사업체(150개사)
- 주요사업 : 회원의 권익보호를 위한 활동 및 이익대변, 전시장치 진흥과 관련된 사업, 전시장치 관련 지도연구 및 조사, 정부에서 의뢰하는 사업, 선진 해외디자인 지식습득 및 연구개발, 기타

■ 한국전시서비스협회

- 설립연도 : 2008년

- 홈페이지 : http://www.kespa.org
- 회　　원 : 전시관련 물류, 인력, 렌탈, IT, 시설 및 기타 업체(135개사)
- 주요사업 : 선진기술 조사 연구, 교육훈련 및 지도, 전시서비스업에 관한 일반사회의 인식 제고를 위한 사업, 유관기관 및 산업체와의 교류 및 협력사업, 회원사간 분쟁 조정 및 자정 노력, 회원사간 친선 도모 및 정보교류, 정부 및 공공기관 위탁사업 등

3 국내 전시산업 역사와 동향

우리나라가 최초로 해외전시회에 참가한 것은 1889년 프랑스 혁명 100주년을 기념하여 개최된 파리 만국박람회(L Expostion Universelle de a Paris)이며 국가관 형태로 참가한 최초 전시회는 콜롬부스의 미 대륙 발견 400주년을 기념하여 개최된 시카고 콜롬비아 엑스포(Chicago Columbia Expo)이다. 당시 한국(조선)은 899m^2 규모의 기와집 형태로 된 한국관을 구성하여 참가한 바 있다.

▶ 파리 만국박람회(왼쪽), 시카고 콜롬비아 엑스포(가운데) 및 당시 한국관(오른쪽)

해방 이후 우리나라가 개최한 첫 번째 박람회는 1955년 창경궁에서 개최된 산업박람회이다. 이 박람회는 광복 10주년 기념사업의 하나로 국내 산업을 부흥시키는데 개최 목적이 있었다. 그 후 1960년대 초부터 국내외 중소기업의 유망품목 개발을 지원하기 위해 품목별 박람회 및 지방순회 전시회와 같은 소규모 전시회가 연간 몇 차례씩 비정기적으로 개최되었다. 1970년대에는 해외 우수 상품을 수집, 국내에서 생산된 제품과 비교 전시하는 전시회가 열렸고 1975년부터는 「서울교역전」이 KOTRA 주관으로 연 1~2회 개최되었으며

1976년에는 서울 여의도에서 한국기계공업진흥회가 「한국기계전시회」를 개최하였다.

▶ 1955년 산업박람회

▶ 1968년 제1회 한국무역박람회

▶ 1969년 국산품전시회

우리나라에서 본격적인 전시회가 개최된 것은 1979년, 우리나라 최초 전문전시장인 한국종합전시장(현 COEX)이 개관되면서 부터이다. 1980년대 초반에는 연 11~15회 정도 전시회가 개최되었다. 특히 1982년 현 COEX에서 KOTRA 주최로 「서울 국제무역전시회(Seoul International Trade Fair)」가 개최되면서 수출업체들이 국내에서 개최되는 무역전시회의 중요성을 인식하게 되었다. 그 후 1980년대 후반으로 접어들면서 한국종합전시장에서만 연간 30회 이상의 전시회가 개최되었다.

한국종합전시장 연도별 운영현황

(단위 : 건)

구분	1979	1980	1981	1982	1983	1984	1985	1986	1987	1988
개최건수	7	11	15	11	23	26	30	30	34	37

• 출처 : KOEX

1990년대 이후에는 COEX 확장과 함께 전시주최 전문업체, 업종별 조합 및 협회, 공공기관, 언론기관 등이 주최하는 전시회가 늘어나기 시작하였다. 특히 이 시기에 「서울 국제조명산업전시회」, 「리빙디자인페어」, 「한국 국제공장자동화 종합전시회」, 「서울 모터쇼」, 「서울 국제화학플랜트전시회」 등 많은 전문전시회가 생겨났다. 그 후 2000년대 들어 수도권을 비롯한 주요 지자체들이 경쟁적으로 전시장을 신설하거나 확장하면서부터 전시회 개최 횟수뿐 아니라 규모도 크게 확대되고 있다.

더구나 2004년부터 국가공인기관의 인증제도 도입에 힘입어 공신력 있는 전시회로 대내외 홍보가 가능하게 되었으며 이를 통해 2011년 말 현재, 74개 국제 인증전시회와 11개 인증전시회가 생겨났다. 또한 이와 별도로 총 28개 국내전시회가 UFI 인증을 획득하는 등 질적인 면에서도 크게 성장하고 있다.

한국전시산업진흥회의 조사에 의하면 2000년대 들어 국내에서 개최되는 전시회 수는 매년 크게 증가하고 있다. 지난 10여 년 동안 국내 개최 전시회수는 4배 이상 늘어났고 연평균 성장률도 15%에 육박하고 있다. 이와 같이 개최 전시회수가 크게 늘어나고 있는 이유는 기존 전시장 확장과 신규 전시장 건립 등으로 전시 가용 면적이 증가하였고, 이로 인해 신규 및 유사전시회 개최가 가속화되고 있기 때문이다. 특히 2011년, 전년에 비해 전시회가 급격히 증가한 이유는 채용·취업박람회, 창업박람회 및 정부주도형 전시회의 증가에 그 원인이 있다.

2001–2011년 전시회 개최 현황

(단위 : 건, %)

연도	2000	2001	2002	2003	2004	2005	2006	2007	2008	2009	2010	2011
개최건수	132	221	248	268	300	336	353	354	409	422	479	552
성장률	–	67.4	12.2	8.1	11.9	12.0	5.1	0.3	15.5	3.2	13.5	15.2

한국전시산업진흥회가 2007년부터 2011년까지 조사한 국내전시회의 성격을 비교해 보았을 때 무역·일반전시회를 포함한 무역전시회 성격의 전시회 개최 비율은 매년 개최되는 전시회의 절반 정도를 차지하고 있다.

2007–2011년 전시회 개최 성격

(단위 : 건)

구분	2007년	2008년	2009년	2010년	2011년
무역전시회	92 (40.3%)	98 (37.1%)	58 (13.7%)	75 (15.7%)	95 (17.2%)
무역 · 일반전시회	25 (11.0%)	70 (37.1%)	168 (39.9%)	156 (32.6%)	150 (27.2%)
일반전시회	111 (48.7%)	96 (36.4%)	196 (46.4%)	248 (51.7%)	307 (55.6%)
합계	228 (100%)	264 (100%)	422 (100%)	479 (100%)	552 (100%)

주) 2007년, 2008년의 경우 응답전시회 기준이며 2009년, 2010년 및 2011년의 경우 전체 개최 전시회 건수임.

한편 전시면적은 해마다 큰 변동이 없다. 다만 해외참가업체의 전시면적은 지난 수년 동안 위축세를 나타내고 있다. 특히 2009년 국내 참가업체 전시 면적이 감소 한 것은 글로벌 경제 위기로 인해 국내 산업이 위축되었기 때문인 것으로 분석된다. 그러나 그 이듬해부터 전시회별 평균 전시면적은 9,000m^2대로 회복되었다.

2007-2011년 전시회별 평균 전시 면적

(단위 :m^2)

구분	2007년	2008년	2009년	2010년	2011년
총 전시 면적	9,402	9,728	8,277	9,350	9,246
순 전시 면적	4,593	4,106	3,540	5,956	3,950
국내참가업체	3,294	3,271	3,147	4,854	3,417
해외참가업체	1,077	820	849	513	533

평균 국내 참가업체 수는 매년 130개사~140개사 정도이고 해외 참가업체수는 30개사 내외 수준을 보이는 등 큰 변동을 보이지 않고 있다. 따라서 평균 전체 참가업체수도 160개사~170개사로 거의 정체 상태이다.

전시회별 평균 참가업체 수

연도		2007년	2008년	2009년	2010년	2011년
총 개최전시회수		354개	409개	422개	479개	552개
총참가 업체 수	총합계	38,546개	37,795개	53,789개	40,948개	67,446개
	평균	177개사	161개사	161개사	159개사	167개사
	응답 전시회수	218개	235개	334개	258개	403개사
국내참가 업체 수	합계	24,760개	26,483개	43,524개	32,467개	54,451개
	평균	124개사	124개사	130개사	139개사	135개사
	응답 전시회수	199개사	213개사	334개사	234개사	403개
해외참가 업체 수	합계	9,920개	9,032개	8,475개	5,616개	12,995개
	평균	54개사	42개사	25개사	24개사	32개사
	응답 전시회수	185개	214개	339개	234개	403개

평균 총 관람객수도 3만명을 다소 상회하고 있으나 해외 관람객 비중은 2%대에 머물고 있다. 국내에서 개최되는 전시회 수는 매년 늘어나고 있지만 평균 해외참가업체와 평균 참관객 수는 큰 변화가 없거나 오히려 줄어들고 있어 국내전시회의 국제화와 대형화가 시급함을 말해주고 있다.

전시회별 평균 참관객 수

구분	2007년	2008년	2009년	2010년	2011년
총 관람객	36,634명	32,297명	31,120명	31,603명	32,651명
국내 관람객	32,097명	32,329명	27,807명	31,765명	32,045명
해외 관람객	923명	767명	598명	660명	606명

우리나라 전시회는 1년 중 10월에 가장 많이 개최되고 있으며 11월과 9월이 그 뒤를 잇고 있다. 다음으로는 5월, 6월, 4월 순으로 많은 전시회가 개최되고 있다. 반면 1월과 2월에 가장 적게 개최되고 있으며 휴가철인 8월과 7월도 전시회 비수기라 할 수 있다.

최근 4년간 월별 전시회 개최 건수

구분	1월	2월	3월	4월	5월	6월	7월	8월	9월	10월	11월	12월	합계
2008년	12	18	26	30	43	34	19	22	40	79	62	24	409
2009년	9	19	27	47	42	42	22	25	49	49	55	36	422
2010년	23	11	45	38	38	48	32	17	51	60	68	48	479
2011년	21	21	43	50	51	59	32	28	53	81	77	36	552
계	65	69	141	165	174	183	105	92	193	269	262	144	1862
비중(%)	3.5	3.7	7.6	8.9	9.3	9.8	5.6	4.9	10.4	14.4	14.1	7.8	100

우리나라에서 개최되는 전시회를 분야별로 살펴보면 2000년대 초 까지 만해도 정보통신[12], 건축·조경, 전기·전자, 육아·교육 분야가 가장 큰 비중을 차지하였다. 특히 정보통신 분야는 1997년부터 수년간 부동의 1위 자리를 고수하였다. 그리고 상위 10개 분야가 전체 개최 전시회에서 차지하는 비중은 40%대를 유지하였다.

12) 2000년대 초반, 대표적인 국내 정보통신전으로는 〈국제컴퓨터, 소프트웨어, 통신전시회-한국경제신문〉, 〈국제정보통신 및 이동통신전-한국정보통신진흥협회〉, 〈한국 컴퓨터 소프트웨어전-전자신문사〉, 〈윈도우월드전시회-전자신문사〉, 〈컴텍스코리아-디지털조선일보〉가 있었다.

1999년-2002년 연도별 상위 최다 개최 품목 순위

순위	1998년 (87회)	1999년 (129회)	2000년 (146회)	2001년 (180회)	2002년 (261회)
1	정보통신 [13회/14.94%]	정보통신 [19회/14.73%]	정보통신 [17회/11.64%]	정보통신 [22회/12.22%]	정보통신 [29회/11.11%]
2	건축 · 조경 [6회/6.90%]	전기 · 전자 [5회/3.88%]	건축 · 조경 [6회/4.11%]	건축 · 조경 [11회/6.11%]	식품 · 음료 [17회6.51%]
3	전기 · 전자 [4회/4.60%]	건축 · 조경 [5회/3.88%]	혼수용품 [6회/4.11%]	전기 · 전자 [7회/3.89%]	건축 · 조경 [15회/5.75%]
4	과학 · 기술 [4회/4.60%]	과학 · 기술 [5회/3.88%]	육아 · 교육 [6회/4.11%]	스포츠 · 레저 [7회/3.89%]	육아 · 교육 [15회/5.75%]
5	선물 · 판촉 [3회/3.45%]	육아 · 교육 [5회/3.88%]	스포츠 · 레저 [5회/3.42%]	혼수용품 [7회/3.89%]	스포츠 · 레저 [10회/3.83%]
6	인쇄 · 종이 [3회/3.45%]	미술골동품 [5회/3.88%]	전기 · 전자 [5회/3.42%]	과학 · 기술 [6회/3.33%]	환경 [9회/3.45%]
7	환경 [3회/3.45%]	스포츠 · 레저 [4회/3.10%]	가구 [4회/2.74%]	육아 · 교육 [6회/3.33%]	혼수용품 [9회/3.45%]
8	육아 · 교육 [2회/2.30%]	혼수용품 [4회/3.10%]	시청각 [4회/2.74%]	환경 [5회/2.78%]	창업 [9회/3.45%]
9	과학 · 기술 [2회/2.30%]	의료기기 [4회/3.10%]	의료기기 [4회/2.74%]	시청각 [4회/2.22%]	전기 · 전자 [8회/3.07%]
10	혼수용품 [2회/2.30%]	가구 [4회/3.10%]	관광 [4회/2.74%]	식품 · 음료 [4회/2.22%]	의료기기 [8회/3.07%]
소계	42회/48.28%	60회/46.51%	61회/41.78%	79회/43.89%	129회/49.43%

그러나 시대의 흐름에 따라 최근 들어 종전 수위권을 차지했던 정보통신과 전기·전자 분야는 10위권에도 포함되지 못하고 있으며 건축·조경 분야만 겨우 8~9위권을 맴돌고 있다. 반면, 소득수준 향상에 따라 스포츠·레저 및 취미 분야가 최근 최상위권을 차지하고 있으며 우리나라 교육열을 반영하듯 육아·교육 분야가 그 뒤를 잇고 있다. 또한 취업난으로 인해 채용·창업 전시회가 상위권으로 진입하고 있으며 건강에 대한 인식이 높아져 의약·보건 분야도 10위권으로 진입하였다. 아울러 전체 전시회 개최 건수에서 상위 10대 분야가 차지하는 비중도 종전 40%대에서 최근에는 60%대로 훨씬 높아지고 있다. 이는 국내전시회가 특정 분야로 집중되고 있음을 나타낸다.

2008년-2011년 연도별 상위 최다 개최 품목 순위

순위	2008년 (409회)	2009년 (422회)	2010년 (479회)	2011년 (552회)
1	육아 · 교육 [39회/9.54%]	스포츠 · 레저 [43회/10.19%]	혼수용품 [46회/9.6%]	육아 · 교육 [58회/10.5%]
2	스포츠 · 레저 [38회/9.29%]	육아 · 교육 [40회/9.48%]	채용 · 창업 [41회/8.6%}	식품 · 음료 [46회/8.3%]
3	기계 · 부품 [36회/8.80%]	채용 · 창업 [35회/8.29%]	육아 · 교육 [38회/7.9%]	스포츠 · 레저 [45회/8.2%]
4	혼수용품 [30회/7.33%]	식품 · 음료 [35회/8.29%]	기계 · 부품 [38회/7.9%]	채용 · 창업 [41회/7.4%]
5	식품 · 음료 [27회/6.60%]	기계 · 부품 [33회/7.82%]	스포츠 · 레저 [37회/7.7%]	기계 · 부품 [37회/6.7%]
6	채용 · 창업 [25회/6.11%]	혼수용품 [27회/6.40%]	식품 · 음료 [30회/6.3%]	의약 · 보건 [35회/6.3%]
7	과학 · 기술 [23회/5.62%]	과학 · 기술 [23회/5.45%]	건축 · 조경 [23회/4.8%]	혼수용품 [32회/5.8%]
8	의약 · 보건 [20회/4.89%]	건축 · 조경 [19회/4.50%]	환경 · 에너지 [23회/4.8%]	과학 · 기술 [30회/5.4%]
9	건축 · 조경 [20회/4.89%]	의약 · 보건 [15회/3.55%]	과학 · 기술 [21회/4.4%]	건축 · 조경 [29회/5.3%]
10	환경 · 에너지 [15회/3.67%]	환경 · 에너지 [14회/3.31%]	의약 · 보건 [14회/2.9%]	환경 · 에너지 [26회/4.7%]
소계	273회/66.75%	284회/67.30%	311회/64.9%	370회/68.7%

최근 가장 많이 개최되고 있는 전시 분야는 전통적 전시 품목인 일반 상품 보다는 레저, 관광, 취미, 육아 및 교육, 채용 및 창업 등 서비스 분야 품목이 강세를 보이고 있으며 여기에 혼수용품까지 포함한다면 해외업체 참가와 해외바이어들의 참관과는 비교적 거리가 먼 내수 위주의 전시회로 집중되고 있음을 알 수 있다. 특히, 스포츠·레저 분야는 축제성 이벤트와 골프용품전이 그리고 육아·교육 분야는 진학 정보와 유아 교육 관련 전시회가 대부분을 차지하고 있다.

4 해외 전시산업 역사와 동향

근대 국제전시회의 효시는 1851년 영국 런던에서 개최된 수정궁 박람회 (Crystal Palace Expo)이다. 이 박람회는 산업혁명으로 신 시장 개척 필요에 따라 개최되었으며 다양한 상품과 서비스가 국가별, 지역별, 산업별로 전시되었고 일반대중에게도 개방된 흑자전시회였다. 이후 1928년, 프랑스의 주도로 국제박람회기구(BIE : Bureau of International Exposition) 창설될 때 까지 유럽과 미국 등지에서 거의 매년 국제전시회가 개최되었다. 1853년 뉴욕 엑스포에서는 Otis가 그의 특허품인 엘리베이터를 최초로 선보였으며 1876년 필라델피아 엑스포에서는 벨의 전화기, 1889년 파리 박람회에서는 에디슨의 축음기가 최초로 세상 사람들에게 선을 보이는 등 초창기부터 세계적인 혁신제품이 출품되는 場 역할을 담당해왔다.

▶ 런던 수정궁 박람회(왼쪽), 뉴욕 박람회(가운데), 파리 박람회(오른쪽)

BIS 출범과 함께 박람회 개최 간격과 개최 내용에 관한 협약이 제정됨에 따라 이에 맞추어 Expo는 개최되고 있으나 홍수와 같은 신제품 출시와 소비 욕구 증대 및 국가간 교역 확대에 따라 일반전시회 개최 수는 매년 크게 늘어나고 있다.

UFI 집계에 의하면 2010년 기준, 전 세계적으로 최소 개최면적 500m^2 이상 전시회가 연간 31,370건 개최되고 있으며 전체 순 전시면적은 1억 9백만m^{2}이고 총 직접 참가기업은 287만개, 총 참관객수는 2억6천만명으로 조사되었다. 같은 해, 개최된 전시회의 면적으로 보면 미국이 2,330만m^{2}로 규모가 가장 크며 중국이 1,300만m^{2}로 2위, 독일이 880만m^{2}로 3위를 차지하였다. 그러나 2008년과 비교하면 글로벌 경제 침체로 인하여 신흥 전시강국으로 부상하고 있는 중국과 브라질을 제외하고 모든 상위권 국가들의 전시면적이 감소하였다.

세계 10대 전시대국 순위

(단위 : 백만 m^2, %)

순위	국가	총 개최면적	2008년 대비 증감률
1	미국	23.3	-7
2	중국	13.0	6
3	독일	8.8	-5
4	이태리	6.2	-5
5	프랑스	5.4	-8
6	스페인	3.5	-24
7	일본	3.2	-3
8	영국	2.8	-6
9	러시아	2.6	-13
10	브라질	2.6	4

• 자료원 : UFI – Global Exhibition Industry Statistics – November 2012

대륙별로 전시회 개최 추이를 살펴보면 2006년부터 2011년 사이 아시아 태평양 지역은 실내 전시 면적이 7.7% 증가하였고 2008년과 2010년 사이 전시주최자들이 임대한 순 전시면적도 2% 증가하여 유럽이나 북미에 비해 전시회가 크게 활성화되고 있음을 보여주고 있다.

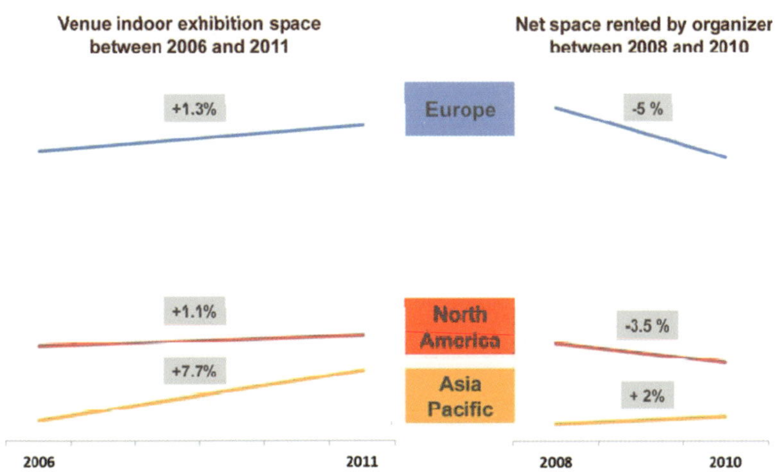

▶ 대륙별 전시장 면적과 임차 면적의 추이

2010년 전 세계적으로 개최된 31,370건의 전시회를 대륙별로 살펴보면 유럽이 13,700회, 북미 12,500회, 아시아 2,770회, 중남미 1,200회, 중동 700회 그리고 아프리카에서 500회의 전시회가 개최된 것으로 집계되었다. 따라서 유럽과 북미에서 전체 전시회의 84%가 개최되고 있으나 아시아에서의 전시회가 가장 활발하게 성장하고 있는 것으로 나타났다.

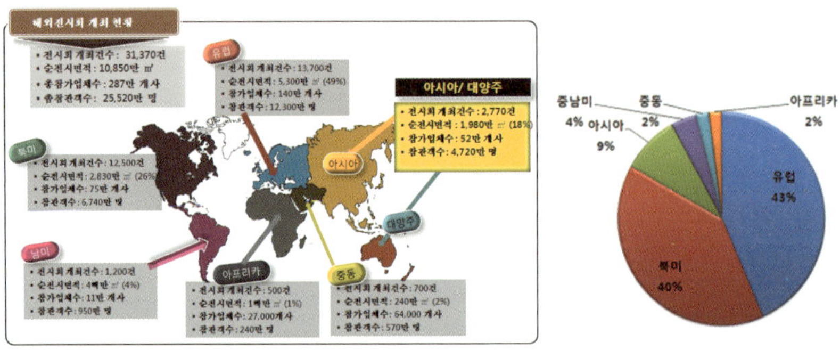

▶ 대륙별 전시회 개최 건수 비중(2010년 기준)

국가별로 전시회 개최 현황을 살펴보면 세계 최대 규모의 전시회중 2/3가 독일에서 개최하고 있으며 세계 상위 10대 전시장(실내전시장 기준)중 4곳이 독일에 소재하고 있다.

■ 독일 전시산업 현황

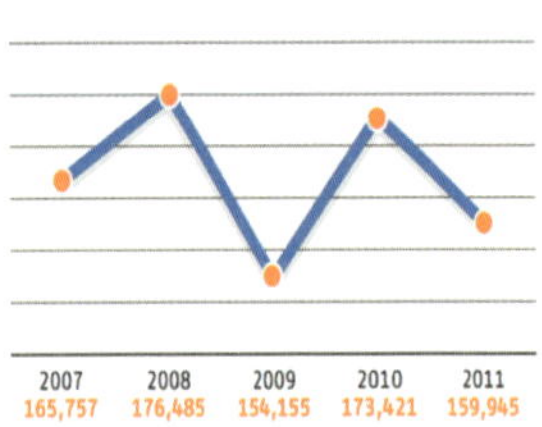

▶ 참가업체 수 추이

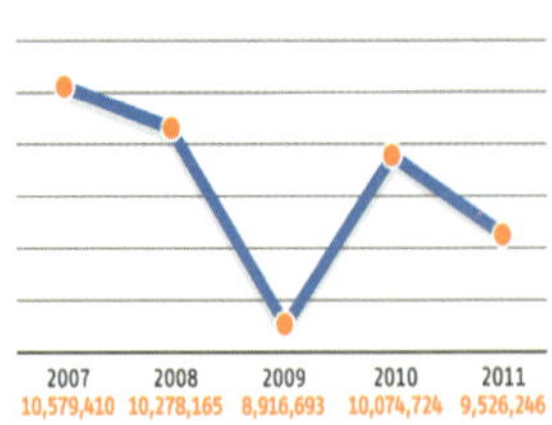

▶ 참관객 수 추이

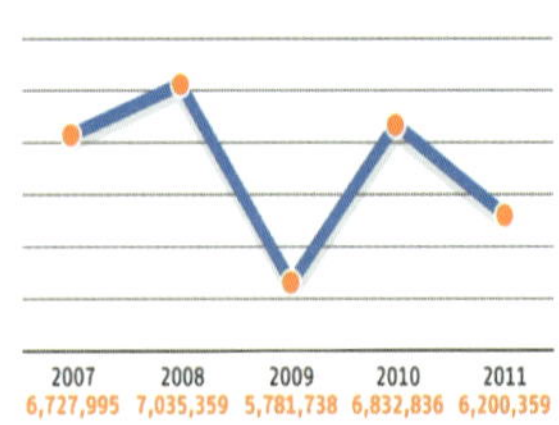

▶ 임차면적 추이

독일에서 개최되는 전시회의 약 60%가 자본재 전시회이며 하노버 산업박람회(495,286m^2)가 대표적인 자본재 전시회이다. 독일에서는 분야별로 세계적 지명도의 전시회들이 개최되고 있는데 소비재는 Ambiente(319,406m^2 프랑크푸르트), 섬유 Heimtextil(269,293m^2 프랑크푸르트), 의료기기 Medica(242,000m^2 뒤셀도르프), 자동차부품 Automechanika (268,700m^2 프랑크푸르트), 정보통신 CeBIT(436,700m^2 하노버) 및 가전제품 ITB (1600,000m^2, 베를린) 등을 들 수 있다. 독일전시산업협회 (AUMA) 통계에 의하면 독일의 연간 전시산업 규모는 약 120억 유로이며 전시산업을 통해 생산 유발효과 235억 유로와 226,000개의 정규직 일자리를 창출하고 있다. 2007년부터 2011년까지 독일에서 개최된 대표적인 국제전시회를 대상으로 분석한 결과, 참가업체 및 참관객 모두 2009년에는 글로벌 경제위기로 감소하였다가 2010년에는 다소 회복되었으나 유럽 발 재정위기로 인한 경기침체로 2011년에는 다시 감소세로 돌아선 것으로 나타났다. 또한 독일은 유럽 중심부에 위치하고 있는 지리적 특성과 전통에 따라 전체 참가업체의 약 53%가 외국업체이며 참관객의 약 23%가 외국인으로 전시회의 국제화면에서 가장 앞선 국가로 자리매김하고 있다.

한편, 미국은 연간 약 5천개의 전시회가 개최되고 있으며 라스베가스, 시카고, 뉴욕 등 10대 대도시에서 개최되는 전시회 비중은 약 25% 정도이다. 그러나 최근에는 미국에서도 전시산업의 중심축이 과거 뉴욕, 시카고 등 동부에서 라스베가스를 중심으로 한 서부로 이동하고 있다. 그 이유는 뉴욕(맨하탄)의 경우, 더 이상의 전시장 확충이 불가능하며 교통혼삽, 비싼 호텔비 등으로 비즈니스맨들이 전시회 참관 기피 현상이 심화되고 있기 때문이다. 반면, 라스베가스에서는 풍부한 볼거리가 있고 가족들과 여가를 즐기면서 전시회를 참관할 수 있을 뿐 아니라 저렴한 체재비 덕분에 비즈니스맨들의 선호 지역으로 바뀌고 있다. 미국에서 가장 많이 개최되는 전시회는 의료 및 보건, 가구 및 인테리어, 스포츠 레져용품, 의류, 정원, 건축 및 교육 순이다.

중국은 최근 전시산업 규모가 매년 연간 20% 이상 급성장하고 있다. 연간 5천개 이상의 크고 작은 전시회가 개최되고 있으며 특히, 베이징, 상하이 및 광저우 등 3대 주요 도시에서 1천 건을 상회하는 전시회가 개최되고 있다. 또한 전시장 보유 면적도 독일을 제치고 476만m^{2}로 미국에 이어 2위를 차지하고 있으며 전시장 보유 면적은 매년 크게 늘어나고 있다. 중국은 아시아의 전시산업을 선도하면서 전시산업이 급성장함에 따라 외국계 전시 관련 기업의 중국 진출도 가속화되고 있으며 많은 한국 기업들이 중국에서 개최되고 있는 전시회에 참가하고 있다.

최근 세계 전시회 산업은 아시아가 유럽과 북미를 거쳐 주요 시장으로 급부상하고 있으며 인터넷 발전에도 불구하고 지속적으로 성장하고 있다. 이와 같은 상황에서 국가마다 전시회 브랜드화에 박차를 가하고 있으며 전시회 주최자들간의 전략적 제휴도 활발하게 이루어지고 있다. 또한 전시산업의 발전에 따라 주최자들마다 전시회의 대형화, 국제화 및 전문화를 기하면서 경쟁도 한층 치열해지고 있다.

5 국내 전시장 현황

1980년대 COEX 개장 이래 지자체들을 중심으로 국제 규모의 전시장 건립이 이어졌고 지금도 일부 전시장들은 확장 공사를 하고 있다. 2010년에는 구미에 소형 전시장이 개장되었으며 2011년 EXCO 및 KINTEX에 이어 2012년 BEXCO 확장 공사 완료로 우리나라 전체 전시면적은 266,887m^2로 늘어났다. 특히 2011년, KINTEX 확장 공사가 완료됨에 따라 우리나라도 전시면적 10만m^2가 넘는 전시장[13]을 보유하는 국가가 되었다. 또한 KDJ Center도 2단계 건립을 위한 예비타당성 조사를 마치고 확장공사가 진행 중에 있으며 창원 CECO도 확충을 추진 중에 있다. 그러나 전시장마다 경쟁적인 시설 확충으로 인해 2016년 이후에는 전시면적 초과수요가 발생될 것으로 전망된다.

▶ 세계 최고 수준의 전시장 KINTEX 외부 및 로비

13) 2011년 기준 UFI 자료에 의하면 전시 면적이 10만m^2가 넘는 전시장은 전 세계적으로 60여개에 지나지 않는다. 유럽 36개, 아시아 12개, 북미, 6개, 중남미 5개, 중동 및 아프리카 각 1개

이미 우리나라 전시장 인프라는 세계적 수준으로 도약하였으며 전시장 시설과 디자인, 자재 분야에서는 세계 어느 수준의 전시장보다도 우수하다는 평가를 받고 있다. 전시 선진국이라 할 수 있는 독일, 미국 전시장도 우리나라 전시장만큼 세련되거나 현대적이지 못하다.

국내전시장 현황

전시장명	개장년도	운영기관	건립비	시설 규모	
				부지면적	전시면적
COEX (서울 삼성동)	'88. 9월 '00. 5월	COEX	7,714억원 (전액민자)	125,713m^2	36,007m^2
SETEC (서울 학여울)	'99. 5월	서울산업 통상진흥원	54억원 (전액국고)	31,000m^2	7,948m^2
KOTREX (대전 유성구)	'95. 5월	DCC	98억원 (전액국고)	29,196m^2	4,200m^2
EXCO (대구 신격동)	'01. 4월 '11. 5월(확장)	(주)엑스코	1,740억원 (국고 820) 확장→892억원	20,863m^2	22,159m^2
BEXCO (부산 해운대)	'01. 9월 '12. 5월(확장)	(주)부산전시컨벤션센터	1,600억원 (국고 500) 확장→1,915억원	114,772m^2	46,380m^2
aT Center (서울 양재동)	'02. 11월	농산물 유통센터	773억원 (국고 268)	18,810m^2	7,422m^2
ICC JEJU (제주)	'03. 5월	(주)제주국제 컨벤션센터	1,806억원 (국고 000)	54,876m^2	2,395m^2
KINTEX (경기 고양시)	'05. 4월 '11. 9월(확장)	KITEX(주)	2,315억원 (국고 753) 확장→3,458억원	423,911m^2	108,049m^2
KDJ Center (광주)	'05. 9월	(지방공사) 김대중 컨벤션센터	771억원 (국고 434) 확장공사 중	53,301m^2	9,072m^2
CECO (창원)	'05. 9월	경남도/ 창원시	730억원 (국고 200)	40,282m^2	7,827m^2
DCC (대전 유성구)	'08. 4월	(재)대전 컨벤션뷰로	520억원	24,281m^2	2,520m^2
Songdo ConvensiA (인천 연수구)	'08. 10월	인천관광공사	1,500억원	102,166m^2	8,416m^2
GumiCo (경북 구미시)	'10. 10	EXCO 수탁	380억원	31,000m^2	4,492m^2
총계				1,070,171m^2	266,887m^2

| 우리나라 주요 전시장 |

❶ aT Center : http://www.atcenter.co.kr〈2002년 건립〉

서울특별시 서초구 강남대로 27(舊양재동 232)

전화 : 02-6300 1912

팩스 : 02-6300 1616

전시홀	규모(단위 : m^2)
제 1 전시장	3,638
제 2 전시장	3,784
합계	7,422

회의시설			주차시설 (단위 : 대)
총면적 (단위 : m^2)	회의실수	수용인원	
2,410	6	400	524

❷ BEXCO : http://www.bexco.co.kr
〈2001년 건립, 2012년 확장〉

부산광역시 해운대구 APEC로 55번지

전화 : 051-740 7300

팩스 : 051-740 7320/70

전시홀			규모(단위 : m^2)
1전시장	1		8,836
	2a		4,418
	2b		4,418
	3a		4,418
	3b		4,418
소계			26,508
2전시장	1층	4A	1,584
		4B	1,824
		4C	1,488
		4D	1,824
		4E	1,488
		4F	1,728
		계	9,936
	2층	5A	2,016
		5B	1,776
		5C	1,920
		5D	2,160
		5E	2,064
		계	9,936
소계			19,872
합계			46,380

회의시설			주차시설 (단위 : 대)
총면적(단위 : m^2)	회의실수	수용인원	
3,389	27	3,240	3,222

* 4002석 규모의 계단식 실내회의장인 『오디토리움』 별도

❸ CECO : http://www.ceco.co.kr〈2005년 건립〉
〈창원컨벤션센터〉

경남 창원시 대원동 123

전화 : 055-212 1000, 1114

팩스 : 055-212 1200

전시홀	규모(단위 : m^2)
전시장 I	3,913.5
전시장 II	3,913.5
합 계	7,827

회의시설			주차시설 (단위 : 대)
총면적(단위 : m^2)	회의실수	수용인원	
2,784	12	2,000	728

❹ COEX : http://www.coex.co.kr〈1988년 건립〉

서울특별시 강남구 삼성동 159

전화 : 02-6000 0114

팩스 : 02-6000 1333

전시홀	규모(단위 : m^2)
Hall A	10,368
Hall B	8,010
Hall C	10,348
Hall D	7,281
합 계	36,007

회의시설			주차시설 (단위 : 대)
총면적(단위 : m^2)	회의실수	수용인원	
11,536	54	1,800	2,730

❺ DCC : http://dcckorea.or.kr 〈2008년 건립〉
〈대전컨벤션센터〉

대전광역시 유성구 도룡동 4-19

전화 : 042-821 0114

팩스 : 042-821 0119

전시홀	규모(단위 : m^2)
109	248
110	248
111	1,030
112	994
합계	2,520

회의시설			주차시설 (단위 : 대)
총면적 (단위 : m^2)	회의실수	수용인원	
4,862	20	2,000	400

❻ EXCO : http://www.excodaegu.co.kr
〈2001년 건립, 2011년 확장〉

대구광역시 북구 산격 2동 1676

전화 : 053-601 5000

팩스 : 053-601 5029

전시홀	규모(단위 : m^2)
Hall 1	5,171
Hall 2	4,834
Hall 3	4,410
Hall 4	3,872
Hall 5	3,872
합계	22,159

회의시설			주차시설 (단위 : 대)
총면적 (단위 : m^2)	회의실수	수용인원	
7,351	35	1,300	1,477

❼ ICC JEJU : http://www.iccjeju.co.kr〈2003년 건립〉
〈제주국제컨벤션센터〉

제주특별자치도 서귀포시 중문동 224

전화 : 064-735 1000

팩스 : 064-735 1099

전시홀	규모 (단위 : m^2)
이벤트홀	2,395
합계	2,395

회의시설			주차시설 (단위 : 대)
총면적 (단위 : m^2)	회의실수	수용인원	
7,822	30	4,300	359

❽ KDJ CENTER : http://www.kdjcenter.or.kr〈2005년 건립〉
〈김대중컨벤션센터〉

광주광역시 서구 상무누리로 30

전화 : 062-611 2000

팩스 : 062-611 2009

전시홀	규모(단위 : m^2)
제1전시장	3,024
제2전시장	3,024
제3전시장	3,024
합계	9,072

회의시설			주차시설 (단위 : 대)
총면적(단위 : m^2)	회의실수	수용인원	
2,229	11	1,200	1,681

❾ KINTEX : http://www.kintex.com〈2005년 건립, 2011년 확장〉

경기도 고양시 일산서구 대화동 2600번지

전화 : 031-810 8114

팩스 : 031-810 8083

전시홀		규모(단위 : m^2)
1전시장	전시1홀	10,611
	전시2홀	10,733
	전시3홀	10,733
	전시4홀	10,733
	전시5홀	10,611
소계		53,541
2전시장	전시6홀	5,618
	진시7홀	11,290
	전시8홀	11,290
	전시9홀	13,238
	전시10홀	13,072
소계		54,508
합계		108,049

회의시설			주차시설 (단위 : 대)
총면적 (단위 : m^2)	회의실수	수용인원	
13,303	37	2,000	4,557

❿ KOTREX : http://www.kotrex.com 〈1995년 건립〉

〈대전무역전시관〉

대전광역시 유성구 도룡동 4-19

전화 : 042-821 0114

팩스 : 042-821 0119

전시홀	규모 (단위 : m^2)
실내전시장	4,200
합계	4,200

회의시설			주차시설 (단위 : 대)
총면적 (단위 : m^2)	회의실수	수용인원	
–	–	–	500

⑪ SETEC : http://www.setec.or.kr〈1999년 건립〉

서울시 강남구 남부순환로 3104번지

전화 : 02-2222 3811

팩스 : 02-2222 3820

전시홀	규모(단위 : m^2)
제1전시실	3,130
제2전시실	1,684
제3전시실	3,134
합계	7,948

회의시설			주차시설 (단위 : 대)
총면적 (단위 : m^2)	회의실수	수용인원	
839	4	300	600

⑫ Songdo ConvensiA : http://www.songdoconvensia.com〈2008년 건립〉

〈인천송도컨벤시아〉

인천광역시 연수구 송금동 6-1

전화 : 032-210 1114

팩스 : 032-210 1005

전시홀	규모 (단위 : m^2)
제1전시장	4,208
제2전시장	4,208
합계	8,416

회의시설			주차시설 (단위 : 대)
총면적 (단위 : m^2)	회의실수	수용인원	
4,020	26	2,100	600

⑬ GumiCo : http://www.gumico.com〈2010년 건립〉
〈구미코〉

경상북도 구미시 국가4산업단지 첨단기업1로49

전화 : 054-477 8000

팩스 : 054-477 8299

전시홀		규모(단위 : m^2)
전시장		3,402
준전시장	홍보관 1	369
	홍보관 2	375
	홍보관 3	346
합계		4,492

이외 63빌딩, 대형 호텔, 체육관에서도 소규모 전시회를 개최할 수 있다.

지자체의 전시장 건립 과당 경쟁 우려 관련 기사 : 서울신문 (2010.11.24)

지자체들이 컨벤션센터 건립에 열을 올리고 있다.

기존 시설 상당수가 적자에 허덕이고 있는 상황에서 컨벤션센터가 없는 지자체들이 신규 건립을 추진하고 있는 데다 추가 건립에 나서는 지자체까지 있어 컨벤션 과잉공급으로 인한 부작용이 우려된다.

23일 전국 지자체에 따르면 컨벤션센터 신규 건립을 추진 중인 지자체는 4곳이다. 전주시는 컨벤션센터가 없어 국제회의나 대규모 행사 유치에 불리하다고 판단, 덕진동 종합경기장 부지에 컨벤션센터를 짓는 방안을 검토하고 있다. 노른자위 땅으로 평가되는 종합경기장 부지에 컨벤션센터와 호텔을 짓고 나머지 부지를 아파트로 건립할 수 있는 민간사업자를 유치할 계획이다.

경북도와 한국수력원자력은 방폐장 유치지역 주민 지원사업으로 2014년까지 경주 신평동 보문단지 4만 3300여㎡에 총 1280억원(한수원 1200억원, 국·지방비 80억원)을 들여 컨벤션 센터를 건립키로 했다.

울산시는 북구 강동동 워터파크지구에 들어설 '강동 트리빅리조트'에 2013년 대강당과 중·소 강의실 8개를 갖춘 컨벤션홀을 준공할 예정이며, 충북도는 청원군 오송에 조성될 첨단의료복합단지 내에 컨벤션센터를 건립하기 위해 타당성 용역을 발주한 상태다.

추가 건립이나 시설확장을 추진중인 곳도 4곳이나 된다. 김대중 컨벤션센터를 운영 중인 광주시는 2014년까지 1460억원을 들여 총 면적 1만 4781㎡(전시장 4286㎡, 회의장 1만 495㎡) 규모의 제2컨벤션센터 설립을 추진 중이다. 인천시는 2100억원을 투입해 송도국제도시 국제 컨벤션센터인 '송도컨벤시아' 2단계 확장 공사를 내년 7월 시작해 2014년 5월까지 마친다는 계획이다. 대구 EXCO는 이미 확장공사가 시작돼 67% 공정률을 보이고 있다. 총 사업비는 892억원으로 정부가 50%, 대구시와 경북도가 나머지를 부담한다. 대전시는 2008년 4월 문을 연 대전컨벤션센터 옆에 별도의 전시실을 지을 계획이다.

지자체들이 국제회의 유치를 통한 지역경제 활성화 등 그럴듯한 명분을 앞세워 컨벤션센터 건립에 뛰어들고 있지만 적자운영으로 인해 재정난만 초래할 수 있다는 시각이 적지 않다.

컨벤션센터 건립 추진 중인 지자체

지자체	계획
인 천	2100억원 투입해 송도컨벤시아 2단계 확장 추진
대 구	892억원 투입해 대구EXCO 확장 공사 진행중
광 주	1460억원 들여 제2컨벤션센터 건립 추진
대 전	대전컨벤션센터 옆에 별도의 전시시설 확충키로
울 산	북구 강동동 워터파크지구에 컨벤션홀 준공 예정
경 북	2014년까지 경주 보문단지 내에 컨벤션센터 건립
충 북	첨복단지에 컨벤션센터 건립 위해 타당성 용역 발주
전 주	덕진동 종합경기장 부지에 컨벤션센터 건립 추진

한국문화관광연구원에 따르면 현재 서울, 부산 등 9곳에 컨벤션센터가 있지만 이 가운데 절반 이상이 적자운영하고 있다. 행사 주최 측이 서울 등 수도권을 선호해 지방에 위치한 시설들은 행사유치에 어려움을 겪고 있다.

김대중컨벤션센터는 지난해 23억 4000만원의 당기순손실을 봤다. 2004년부터 지난해까지 누적적자가 123억원에 이른다. 제주도와 대전시도 해마다 수십억원을 컨벤션센터 운영비로 지원하고 있다. 문화관광연구원 김희수 연구위원은 "'남이 있으니까 나도 하나쯤은 있어야 한다'는 그릇된 인식이 지자체들의 컨벤션센터 건립 경쟁을 부추기고 있다."며 "서두르지 말고 좀더 객관적인 타당성 용역을 추진해 건립여부를 결정하는 게 바람직하다."고 지적했다.

6 세계 전시장 현황

UFI 조사에 의하면 2011년 기준, 전 세계적으로 5천m^2 이상의 규모를 보유하고 있는 전시장은 총 1,197개 이며 총 실내전시장 면적은 3,260만m^2이다. 2006년에 비해 전시장 수는 57개가 늘어났고 전시 면적 역시 340만m^2가 증가하였다. 동 기간 중 전시장 면적은 연평균 2.3%씩 늘어났는데 늘어난 전시장 면적 중 54%는 새로운 전시장 건립에 따른 것이고 나머지는 기존 전시장을 확장하였기 때문이다. 이 기간 중 전 세계적으로 늘어난 전시장 면적의 46%는 중국에서 발생된 것이며 그중 69%는 중국 내 전시장 신설에 기인한 것이다.

2011년 말 현재, 전 세계 실내전시장 중 유럽에 소재하고 있는 전시장이 496개로 총 1,560만m^2이며 북미가 389개 전시장에 총 790만m^2 그 뒤를 이어 아시아로 184개 전시장에 660만m^2를 보유하고 있다.

5천 m^2 이상 규모의 대륙별 실내전시장 보유 현황

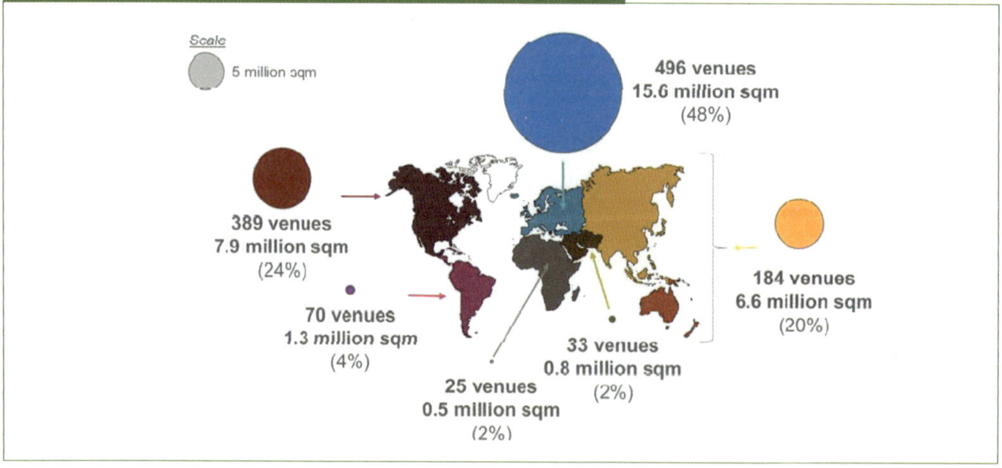

• 자료원 : UFI-Global Exhibition Industry Statistics-November 2012

국가별로는 미국이 가장 많은 실내전시장 면적을 보유하고 있으며 중국, 독일, 이태리, 프랑스가 그 뒤를 잇고 있다. 이들 최상위 5개국이 전 세계 전시면적의 59%를, 그리고 상위 15개국이 전 세계 전시면적의 약 80%를 보유하고 있다. 한편 2012년 현재, 우리나라가 보유하고 있는 실내전시장 총 면적은 266,887m^2이다.

2011년 기준, 세계 주요국 보유 전시면적 현황

(단위 : m^2, %)

순위	국가	총보유면적	비중	순위	국가	총보유면적	비중
1	미국	6,712,342	21	9	영국	701,857	2
2	중국	4,755,102	15	10	캐나다	684,175	2
3	독일	3,377,821	10	11	러시아	566,777	2
4	이태리	2,227,304	7	12	스위스	500,570	2
5	프랑스	2,094,554	6	13	벨기에	448,265	1
6	스페인	1,548,554	5	14	터키	433,904	1
7	네덜란드	960,530	3	15	멕시코	431,761	1
8	브라질	701,882	2	18	한국[14)	266,887	0.8

• 자료원 : UFI Global Exhibition Industry Statistics-November 2012

또한 10만m^2가 넘는 대형 전시장은 전 세계적으로 55개가 있으며 대륙별로는 유럽이 36개로 가장 많고 아시아가 12개, 북미가 6개로 그 뒤를 잇고 있다.

대륙별, 전시장 규모별 보유 현황

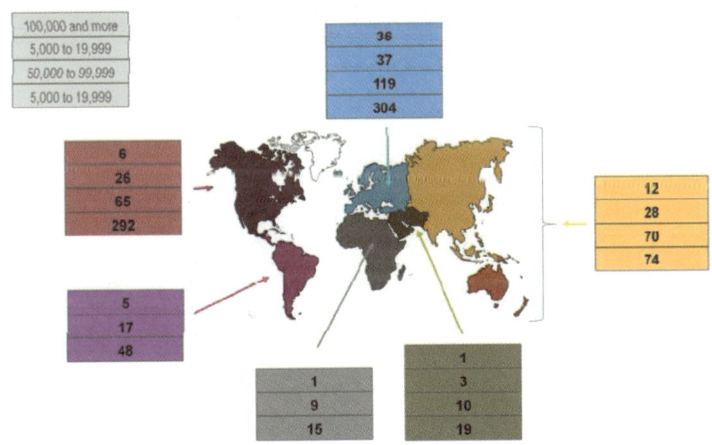

• 자료원 : UFI Global Exhibition Industry Statistics-November 2012

개별 전시장별로는 독일의 Hannover Mess가 466,100m^2로 전 세계에서 가장 넓은 전시장이고 Messe Frankfurt, 이태리의 Fiera Milano(Rho Pero), 중국의 Pazhou Complex 순이다. 세계 10대 전시장 중 4곳이 독일에 소재하고 있다. 한편 10만m^2 이상의 대형 전시장을 보유하고 있는 국가는 우리나라[15)를 포함하여 35개국이다.

14) UFI 통계에 의하면 우리나라 실내전시장 면적은 280,190m^2이나 실제로는 266,887m^2이다.

세계 유명전시장 전시면적 순위

(단위 : m^2)

순위	전시장명	소재지	전시면적
1	Messe Hannover	Hannover (독일)	466,100
2	Messe Frankfurt	Frankfurt (독일)	345,697
3	Fiera Milano (Rho Pero)	Milano (이태리)	345,000
4	Pazhou Complex	광저우 (중국)	338,000
5	Koelnmesse	Cologne (독일)	284,000
6	Messe Duesseldorf	Duesseldorf (독일)	262,704
7	Paris Nord Villepinte	Paris (프랑스)	241,582
8	McCormick Place	Chicago (미국)	241,524
9	Feria Valencia	Valencia (스페인)	230,602
10	Porte de Versailles	Paris (프랑스)	228,211
11	Crocus International	Moscow (러시아)	226,399
12	Fira de Barcelona : Gran Via venue	Barcelona (스페인)	205,000
13	BolognaFiere	Bologna (이태리)	200,000
14	Feria de Madrid / IFEMA	Madrid (스페인)	200,000
15	Shanghai New International Expo Centre	상하이 (중국)	200,000

• 자료원 : UFI Global Exhibition Industry Statistics–November 2012

라스베이거스의 전시 · 컨벤션산업 (한국일보 2013.1.11 기사)

[Cover Story] 카지노 도시 넘어… 라스베이거스가 사는 법

컨벤션 산업 '황금기'… 카지노 수입 이미 추월
CES·건축박람회 등 월 3, 4회 대형 전시회

라스베이거스=유환구기자 redsun@hk.co.kr

컨벤션센터로 가자는 말을 하기도 전에 택시가 출발했다. "벌써 10번째 손님"이란다. 라스베이거스 거리 곳곳에선 빈 택시를 잡으려는 사람들이 줄지어 서있다. 대부분 정장 차림의 비즈니스맨들이다.

8~11일 미국 라스베이거스에서 열린 세계 최대 가전 전시회'CES'를 관람하기 위해 수많은 사람들이 전시장 입구에 모여 있다. CES 제공

운전기사 마이어씨는 지금이 1년 중 가장 바쁜 시기라고 했다. "카지노가 붐비는 휴가철은 그다지 실속이 없다. 그들은 좀체 돌아다니지 않기 때문"이란다. 오히려 비즈니스맨들이 붐비는 이 맘 때가 더 손님이 많다는 것이다. 이곳에선 지금 세계최대가전시회 'CES 2013'(현지시간 8~11일)가 열리고 있다.

미국 네바다주 남동부의 사막도시 라스베이거스. 해마다 4,000만 명에 가까운 사람들이 일확천금을 꿈꾸며 이 거대 카지노 왕국으로 몰려든다. 하지만 이 도시가 카지노만으로 먹고 산다고 생각하면 큰 오산이다. 라스베이거스는 카지노의 도시이자 동시에 컨벤션의 도시이다.

컨벤션은 거대한 만남이다. 대규모 국제회의도 있고 전시 · 박람회도 있다. 21세기 들어 컨벤션은 지식과 정보의 생산유통을 촉진하는 지식기반 산업의 핵심으로 자리 잡았다.

풍부한 숙박시설에 대형 전시장, 각종 볼 거리와 놀 거리를 갖춘 라스베이거스는 컨벤션을 위한 최적의 조건을 갖추고 있다. 라스베이거스는 경기부침을 많이 타는 카지노만으로는 더 이상 발전할 수 없다고 판단, 지난 2006년 컨벤션 확충을 위한 5개년 계획을 세웠다. 더 많은 컨벤션센터를 짓기 위해 구 도심의 고도제한까지 없앴다. 도시를 가득 메우던 럭셔리 호텔의 일부는 문을 닫고 비즈니스 센터 신축에 나섰다.

---

15) 우리나라도 2011년 KINTEX가 제 2전시장을 개장함으로서 총 108,049m^2 규모의 실내전시장을 보유하게 되었다.

라스베이거스의 전시 · 컨벤션산업 (한국일보 2013.1.11 기사) (계속)

그 결과 라스베이거스는 국제건축박람회, 세계신발박람회, 세계콘크리트박람회, 방송장비박람회(NAB), 심지어 나이트클럽&바 박람회와 포르노박람회까지 매달 3~4차례 굵직한 전시회가 열리는 도시가 됐다.

CES는 그 중에서도 가장 큰 전시회다. 올해는 삼성전자와 LG전자, 소니, 지멘스 등 55개국 3,000개 글로벌 IT업체가 참여했으며, 전시공간은 무려 축구장 24개 크기(약 17만3,700m²)에 달한다. 전 세계 IT종사자, 취재인력, 일반 관광객까지 최소 15만 명이 이상이 다녀간 것으로 주최측은 추산하고 있다.

경제에 미치는 효과는 상상 그 이상이다. 주요 참가업체들은 부스를 꾸미고 거래처를 초청하는 데 최소 100억~200억 원을 쓴다. 3,000여개 업체들의 비용을 합하면 천문학적인 숫자다.

컨벤션에 참가하는 비즈니스맨과 관광객들은 전시회만 보고 가지 않는다. 온 김에 쇼핑도 하고, 관광도 하고, 골프도 친다. 대형 컨벤션이 열리면 호텔 항공 식당 등이 함께 뜰 수 밖에 없는 까닭이다. 전후방 연관효과가 그만큼 크다는 얘기인데, 2011년 CES가 열렸던 나흘 간의 경제효과가 무려 1억 1,800만 달러(약 1,250억원)에 달했다고 분석도 있다.

더욱이 컨벤션 참가자들은 고소득층이 많다. 전체 관광객수 중 전시회를 찾는 이들은 10% 남짓이지만, 라스베이거스 관광청은 전시회 방문객들이 일반 관광객보다 3~5배 정도 더 돈을 쓰고 가는 것으로 추정하고 있다. 컨벤션은 '굴뚝 없는 황금산업'이라 불리는 이유다.

라스베이거스의 카지노 수입은 2011년 61억달러로 마카오의 5분의 1 수준으로 줄어들었다. 대신 CES 같은 대형 전시회를 연 40여회에서 60회까지 늘릴 계획이다. 라스베이거스의 컨벤션수입은 이미 카지노수입을 앞질렀다. '밤의 도시' 라스베이거스는 이미 '낮의 도시'가 되어가고 있다.

잠시 쉬어가기

전시회에서 있었던 일

【사례 1】 품질과 브랜드에 따라 전시장 차등 배정

중세계 최대 시계보석박람회인 '바젤월드(Basel world 2009)'가 지난 3월 26일부터 4월 2일까지 8일간 스위스 바젤에서 개최되었다. 1917년 최초 개최 이래 올해로 37회째를 맞는 이번 박람회는 45개 국가에서 2,000여개 업체가 참가하여 예년 수준과 비슷하였으나 세계 경기불황 탓으로 참관 바이어수는 8만명을 약간 상회하여 예년에 비해 5분의 1 가량 줄어든 것으로 잠정 집계되었다. 이번 전시회에 한국업체로는 로만손시계, 아동산업, SWC 및 오리엔탈시계 등 시계업체 8개사 및 키웨스트, 상무역 등 보석가공 및 보석업체 2개사가 KOTRA와 시계공업협동조합의 지원으로 한국관을 구성하여 참가하였다.

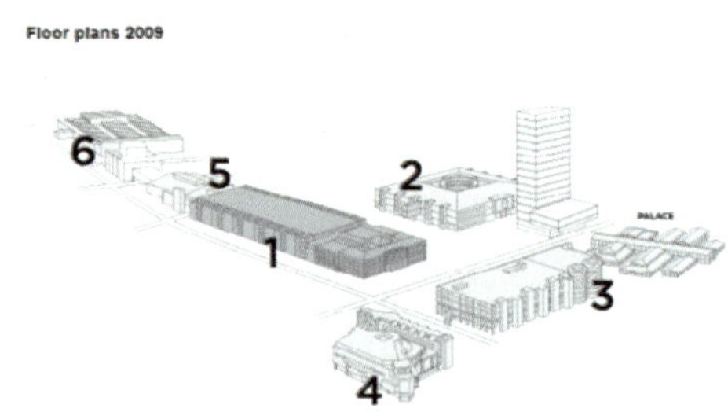

바젤월드가 개최되는 Messe Basel은 총 6개관으로 구성되어 있는데 철저하게 브랜드별로 구분, 전시 참가업체들을 배치하는 것이 특징이다. 이중 1관 1층은 정중앙에 세계 최대 시계업체인 SWATCH 그룹을 필두로 좌우에 ROLEX, PATEK PHILIPPE, OMEGA등 세계 최대 명품 시계업체 60여개사가, 2층에는 ESPRIT, Dior, GUESS, FENDI 등 130여개의 명품 시계업체들이 호화 전시관을 구성하여 참가함으로써 최대의 인파를 끌어 모았다.

그리고 2관부터 5관까지는 1관보다는 브랜드 인지도가 다소 떨어지지만 세계 명품시계로써 손색이 없는 시계와 귀금속, 장신구등이 전시되는 명품관으로 운영되었으며 특히, 이번 전시회에는 한국의 로만손, 아동산업, SWC 및 좋은 시계 등 4개사가 전시당국의 심사를 거쳐 브랜드 시계관인 2관에서 전시할 수 있었다. 불과 2년 전인 2007년 명품관 입주 국내업체가 1개사에 불과하였으나 작년 1개사가 그리고 금년 2개사가 추가됨으로써 국내 시계산업의 우수성을 세계가 인정하였다고 평가할 수 있다. 나머지 국내기업들이 배정받은 6관은 중국을 중심으로 중저가 시계 및 장신구 또는 OEM 방식으로 제품을 공급하는 국가관으로 구성되어 있었다.

【교훈】

- 품질과 디자인 향상으로 국격에 맞는 전시관으로 배정 받는다.

Chapter 03

전시회 참가 목적과 기대 효과

1 전시회 참가 목적

전시회는 여러 마케팅 수단 중에서 짧은 시간에 최소한의 비용으로 최대의 효과를 올릴 수 있는 가장 효율적인 비즈니스 형태이다. 그러나 국내전시회든 해외전시회든 전시회 참가 목적이 분명해야 소기의 성과를 올릴 수 있다. 남이 좋다니까 단순히 따라 참가한다거나 막연한 기대를 갖고 철저한 사전 준비 없이 전시회에 참가했다가는 공연히 많은 비용과 시간만 허비할 뿐이다. 전시회 참가 목적에 따라 국내 전시회에 참가할 것인지 해외 전시회에 참가할 것인지가 결정되며 또한 종합전시회로 가야할지 전문전시회로 가야할지가 정해진다. 이밖에 해외 바이어 또는 국내 전문 구매자들과의 상담을 위해서라면 전문전시회 위주로 참가하고 일반인들을 대상으로 홍보와 그들의 반응을 파악하기 위함이라면 종합전시회로 참가한다. 2011년 기준, 우리나라에서 552개 전시회가 개최되었다. 이들 전시회중에는 해외 바이어와의 상담 기회가 거의 없는 국내 시장 위주의 전시회도 다수 있다. 따라서 해외시장 개척을 위한 참가 목적이라면 이런 전시회에 참가해서는 안 된다.

세계 각국에서 연간 3만 여건이 개최되고 있는 해외전시회의 경우, 전 세계에서 바이어들이 몰려드는 세계적으로 유명한 전시회가 아니라면 전시회 개최 국가와 그 주변 국가 시장에서 자사 제품에 대한 수요가 있는지 그리고 자사 제품의 경쟁력 수준이 어떠한지를 사전에 파악하여 성과가 기대되는 지역에서 개최되는 전시회 위주로 참가하여야 한다. 그러나 무엇보다도 중요한 것은 그 전시회 주최 측이 출품 대상으로 선정한 품목군에 자사

전시제품이 포함되는지를 확인하여야 한다.

전시회 참가 목적이 단순히 한가지만을 위함은 아니겠지만 그 목적이 여러 가지라 하더라도 나름대로 우선순위를 정해 참가 목적에 가장 부합되는 전시회를 선정해야 한다. 흔히들 전시회 참가목적은 크게 시장개척, 시장조사, 홍보, 인적네트워크 구축 및 기타로 분류할 수 있으며 세부 목적들은 다음과 같다.

전시회 참가 세부 목적

시장개척	시장조사
▪ 새로운 해외 바이어 발굴 ▪ 새로운 국내 거래선 발굴 ▪ 기존 거래처와 거래확대 및 관계 강화 ▪ 신규 에이전트, 딜러, 유통업체 발굴 ▪ 투자가, 동업자(사업 파트너) 발굴 ▪ 현장 직매 ▪ 전시회 종료 후 인근국 세일즈 연계 출장	▪ 자사 제품에 대한 경쟁력 파악 ▪ 정보 교환 ▪ 제품 및 해당 산업 동향 파악 ▪ 신제품에 대한 고객 반응 파악 ▪ 경쟁국 또는 경쟁기업의 마케팅 노하우 습득 ▪ 참관자 대상 설문조사
홍보 및 인적 네트워크 구축	**기타**
▪ 자사 및 제품 홍보 ▪ 인적 네트워크 구축 ▪ 불참 시 기업이 받게 될지도 모를 이미지 타격 제거 ▪ 언론 노출 ▪ 주최자와의 관계 구축 ▪ 기존 거래선에 대한 신뢰 제고 ▪ 지자체, 조합 · 협회 등 수출 유관기관, 현지 공관 및 언론관계자와의 관계 구축 ▪ 국내 전시주최자들의 전시회 홍보	▪ 새로운 사업 구상 ▪ 전시회에 직원 파견을 통한 사기 앙양 및 현장 교육 ▪ 부대행사 참가 ▪ 협력 업체 발굴 ▪ 기존 참가 전시회 불참 시 차기 전시회에서의 불이익 제거(부스 선정 등) ▪ 수입선 발굴 ▪ 해외전시회 선정 시 가점을 받기 위한 국내전시회 참가 ▪ 경험 축적

▶ 일반인 대상 제품 홍보를 위한 전시회

▶ 새로운 바이어 발굴을 위한 전시회

대부분의 국내 기업들은 판로 개척 수단의 일환으로서 전시회에 참가하지만 전시회가 가져다주는 그 이외 부대 성과를 얻기 위해서도 마케팅 전략을 시현 할 수 있는 장으로 활용하여야 한다. 따라서 전시회 참가 목적이 정해졌으면 다음 단계로 목표가 설정되어져야 한다. 그러나 국제전시협회 (이하 UFI) 조사에 의하면 전시회에 참가하는 기업 중 70% 이상이 별다른 목표나 전략없이 전시회에 참가하는 것으로 나타났다. 목표가 없으면 소기의 성과를 거둘 수 없다.

전시회 참가를 통한 목표는 계량 목표와 비계량 목표로 분류된다. 계량 목표는 실현 가능한 ① 전시회 기간 중 만날 바이어 수 ② 수출 상담이 이루어지는 국가 수 ③ 예상되는 성약 목표 ④ 세일즈 대리점 계약 목표 ⑤ 상품 및 산업정보 수집 목표 등이며 비계량적 목표는 ① 어떤 참관객들에게 어떤 상품을 어떻게 중점 홍보할 것인가? ② 어떤 경쟁업체를 평가하고 무엇을 알아낼 것인가? ③ 전시회 참가를 통해 기업 이미지를 어떻게 변화시킬 것인가? ④ 어떤 프로그램으로 참관객들을 부스로 유인한 것인가? ⑤ 부스를 어떻게 장치할 것인가? 등 이다. 이러한 계량 및 비계량 목표에 대해 실제 전시회 참가 후, 얼마만큼 성과를 올렸느냐를 평가하여 차기 전시회도 계속 참가할 것인지 중단할 것인지를 결정하게 된다.

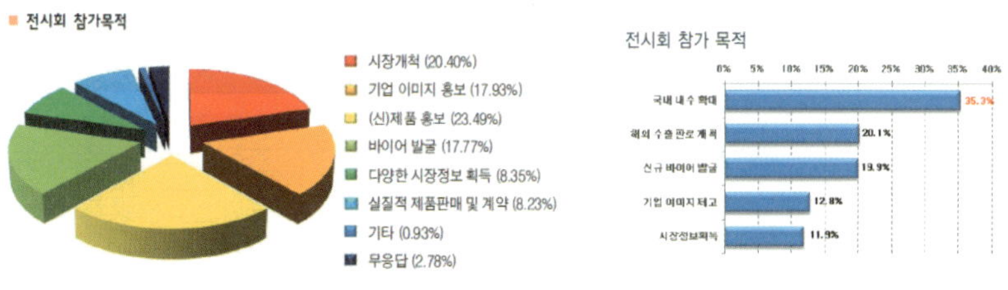

▶ 2010년(왼쪽)과 2011년 서울국제식품산업대전 참가 목적

KOTRA가 매년 개최하고 있는 『서울국제식품산업대전』 참가업체들을 대상으로 2011년 개최 전시회 참가 목적을 조사한 결과, 국내내수 확대가 35.3%로 1위였고 그 뒤를 이어 해외 수출판로 개척(20.1%), 신규 바이어 발굴(19.9%), 기업 이미지 제고(12.8%), 시장정보 획득(11.9%) 순이었다. 『서울국제식품산업대전』에는 국내 식품 관련 기업들도 많이 참

관하지만 일반 내국인들은 물론이고 많은 해외바이어들도 찾아오기 때문에 참가기업들의 참가 목적에 부합되는 전시회라고 할 수 있다.

한편 중앙정부(산업통상자원부) 국고 지원 해외전시회의 경우, 참가기업들에게 해외전시회 참가목적으로 ① 기업 이미지 제고 및 강화 ② 신규 바이어 및 유통망(대리점) 발굴 ③ 기존 제품 판촉 ④ 신제품 홍보 ⑤ 동종 산업(업계) 최신 정보 수집 ⑥ 기존 거래 유치 및 수출계약체결 ⑦ 기타를 제시한 후 이중 두 가지를 선택하도록 하여 목표 달성도를 측정하고 있다.

2 전시회 기대 효과

판매자는 전시회 참가를 통해 부스에서 수월하게 수많은 바이어들을 만날 수 있으므로 다른 마케팅 방안보다 시간과 비용 면에서 훨씬 유리하다. 일일이 바이어를 방문하여 세일즈 활동을 하기 위해서는 많은 시간과 출장비가 소요된다. KOTRA가 국내 수출기업들의 해외 마케팅을 위해 지원하는 서비스 중 비즈니스 출장지원(직접 방문 세일즈)의 경우, 통상 1일 상담주선 건수는 2~4건 정도이며 무역사절단도 10건 내외인 반면, 전시회에 참가하게 되면 하루에도 수십명의 바이어들을 만날 수 있다. 또한 미국 전시산업연구기관인 CEIR(the Center of Exhibition Industry Research)의 조사에 따르면 한 건의 상담을 주문으로 연결시키는데 드는 평균 비용이 직접 방문 세일즈인 경우 1,140달러인 반면 전시회 참가는 705달러에 지나지 않는 것으로 나타났다.

아울러 전시회는 판매자와 바이어가 한 장소에서 여러 업체의 제품을 동시에 비교하며 비즈니스를 할 수 있기 때문에 신속한 의사 결정이 이루어진다는 장점이 있다. CEIR에 의하면 전시회 참가 미국기업의 57%가 전시회 현장에서 구매 의사를 결정하는 것으로 조사되었다. 이름난 전시회에는 유망 바이어들이 알아서 자발적으로 방문하게 되므로 이들 바이어들을 쉽게 만날 수 있는 기회가 주어지기 때문이다. 또한 상담에서 주문까지 고객에 대한 평균 방문 횟수도 직접 방문 세일즈는 3.7회인 반면, 전시회는 1.6회로 훨씬 신속하게 거래가 이루어지는 것으로 나타났다.

▶ 세계 최대 기계전시회인 하노버메세와 가전제품 전시회인 CES : 최신 기술과 제품을 한자리에서 볼 수 있다.

그리고 전시회는 웹사이트, 전문잡지, 메일, 신문, 이벤트 등 다른 수단에 비해 특정 산업의 정보 습득이 용이하다는 장점도 있다. 실제 한 자리에서 많은 상품을 비교할 수 있고 직접 상품 제공자와 대면을 통해 생생한 정보를 취득 할 수 있기 때문이다. 전시회는 신제품, 신기술, 새로운 디자인 등 상품에 대한 트랜드를 파악할 수 있는 대표적인 마케팅 툴이라고 할 수 있다.

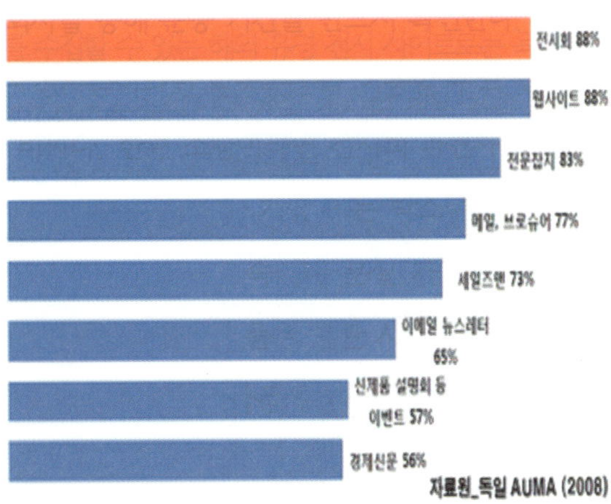

▶ 독일 기업들의 상거래 정보 취득 경로

이밖에 전시회는 최첨단 전시 장치물과 음향, 멀티미디어 등을 이용하여 3차원적으로 정보를 전달하기 때문에 시각 효과면에서 보통 잡지광고가 1주일간 지속되는데 비해 무려 14주간이나 지속된다고 한다. 독일 전시산업진흥회인 AUMA가 독일에서 개최된 주요 박람회에 참가한 500개사를 대상으로 실시한 설문조사에 의하면, 참가기업들이 평균적으로 전체 홍보 예산의 40%를 전시회 참가비용으로 사용하고 있는 것으로 나타났다.

또한 기업들은 전시회 참가를 통해 신제품 출시를 앞두고 테스트 마켓 기회로 활용 할 수 있을 뿐 아니라 각종 부대행사(세미나, 학술대회, 리셉션 등)에 참가하여 새로운 정보를 취득하고 네트워킹의 장으로 활용할 수 있다는 장점이 있다.

▶ 전시회 부대행사인 세미나 및 리셉션

전시회를 통한 성공사례

봉제인형 시장의 삼성전자라고 할 수 있는 오로라월드(대표 홍기우)의 예를 들어 보자. 1985년 설립 당시만 해도 대부분의 국내 봉제업체들은 OEM 매출에 주력하고 있었기 때문에 굳이 해외 전시회에 나갈 필요성을 느끼지 못하고 있었다. 그러나 1990년대 초반 오로라월드는 자체 브랜드가 있어야 수익성 제고는 물론 글로벌 기업으로도 성장할 수 있다는 판단 하에 그 때부터 전 세계 봉제완구 시장의 40% 이상을 차지하는 미국시장 개척을 목표로 전시회에 참가하기 시작하였다. 해외 전시회에 한 번 참가하는 데 드는 비용은 2천~3천만원 정도. 적지 않은 비용에도 불구하고 1년에 무려 30여 곳이 넘는 전시회에 참가하여 자사의 브랜드를 알려 나갔다.

그 과정에서 여러 가지 어려움도 겪었지만 어느 정도 시간이 지나자 출품하는 전시회마다 호평이 이어지며 주문량도 점차 늘어났다. 그 결과 현재 오로라월드는 대부분의 국내 완구업체들이 내수에 치중하는 것과 달리 2005년 매출액 1,300억 원 중 70%가 넘는 1,000억여 원을 해외에서 벌어들이고 있다. 또 시장점유율은 미주 지역 4위, 러시아에서는 1위다.

지금도 오로라월드처럼 글로벌 기업으로 성장할 꿈을 품고 전시회에 참가하고 있는 많은 국내 중소 벤처기업들에게 한 가지 당부하고 싶은 말은 전시회를 마치고 난 후의 관리를 더욱 철저히 하라는 것이다. 이때의 관리 여하에 따라 그동안 공들여 온 마케팅의 성패가 최종 결정되기 때문이다. 그러므로 전시회에서 돌아오면 최대한 빨리 바이어에게 감사편지를 보내고 적극적인 거래 희망 의사를 밝혀 구체적인 실행 단계로 이끌어 가도록 한다. 전시회가 끝나고 나서 바이어가 먼저 연락할 때까지 기다려서는 절대 안 된다. "검은 띠라는 것은 단지 포기하지 않고 노력하는 흰 띠에 불과하다."라는 말처럼 글로벌 기업이 되는 것은 절대로 포기하지 않는 중소 벤처기업의 노력 여하에 달려 있다.

전시회에서 있었던 일

【사례 2】 전시품 통관 불허를 공관 지원으로 해결

2007년 12월, 5일간 개최되는 「모스크바 의료박람회」에 국내 10여개사가 참가하였다. 그런데 한 국내참가기업이 상업송장과 Packing List에 전시품을 「Military X-Ray machine」라고 표기하였다. 러시아 세관에서는 군수용 무기로 해석하고 통관을 불허하였다. 국내기업은 무기가 아닌 군수용 의료기기라고 항변하였지만 러시아 세관은 꿈적도 하지 않고 러시아어로 작성된 상품설명서를 제시하라고 요구하였다. 물론 이 기업은 러시아어 상품설명서를 준비하지 않았다. KOTRA 모스크바무역관 직원이 아무리 상황을 설명해도 러시아 세관은 물러서지 않았다. 운송 회사 현지 파트너도 나몰라 하는 자세를 보였다. 결국, 전시회 개최 첫날에는 전시품 없이 카탈로그만 갖고 상담할 수 밖에 없었다. 무역관 직원은 마지막 수단으로 駐모스크바 한국대사관의 힘을 빌리기로 하고 대사관 협조 공문을 제시하고서야 해당 전시품을 통관할 수 있었다. 관료주의가 만연한 국가에서는 이런 일이 종종 발생한다.

【교훈】

- 상업송장과 Packing List에는 민감한 용어를 피한다.
- 가능하면 전시회 주최국 언어로 작성된 상품설명서를 준비한다.
- 최후의 수단으로 우리 공관의 협조를 구한다.
- 전시품 통관 불허, 도난 및 고장, 도착 지연 등의 경우를 대비하여 비상용 상담 자료(카탈로그, 상품설명서, 샘플, 영상이 담긴 USB 등)를 휴대하여 갖고 간다.
- 해당 전시회 홈페이지를 꼼꼼히 살펴 통관 절차 및 유의사항을 미리 파악한다.

Chapter 04

좋은 전시회 찾는 방법

전·시·마·케·팅·기·법

1 좋은 전시회란?

좋은 전시회란 참가기업의 품목과 참가 목적에 부합되고 좋은 성과를 기대할 수 있는 전시회를 말한다. 여기에 참가비와 장치비등 비용이 적게 드는 전시회라면 금상첨화이다. 좋은 전시회의 구성 요건은 아래 표와 같다. 그러나 많은 구성 요건 중 ① 주최 측이 출품대상으로 선정한 대표 품목에 우리 회사의 전시제품이 포함되어 있는지, ② 우리 회사의 참가 목적이 해당 전시회의 개최 성격과 목적에 부합되는지, ③ 동종 업계에서 유명한 국내외 기업들이 많이 참가하는 전시회인지, ④ 접근이 용이하고 잘 알려진 전시장에서 개최되는 전시회인지, ⑤ 국내외 전시 관련 기관으로부터 인증을 받은 전시회인지와 ⑥ 끝으로 KOTRA가 추천하는 전시회인지가 가장 중요한 요건이라 할 수 있다.

좋은 전시회 구성 요건
■ **주최 측이 출품대상으로 선정한 대표 품목들에 우리 회사의 전시제품이 포함되어 있는 전시회** ■ **우리 회사의 참가 목적이 해당 전시회의 개최 성격과 목적에 부합되는 전시회** ■ **동종 업계에서 유명한 국내외 기업들이 많이 참가하는 전시회** ■ 우리 기업이 원하는 참관객들이 많이 방문하는 전시회 ■ 접근이 용이하고 잘 알려진 전시장에서 개최되는 전시회 ■ **종전 개최 성과가 우수하고 참가업체들의 만족도가 높은 전시회** ■ 개최국 뿐 아니라 인근국 등 해외 참관객들도 많이 방문하는 전시회 ■ 언론의 주목을 받을 수 있는 전시회 ■ 신제품이 많이 출품되는 전시회 ■ 참가비 부담이 크지 않은 전시회 ■ 다양한 부대행사가 개최되는 전시회

좋은 전시회 구성 요건

- 신뢰도가 높은 전시주최자가 개최하는 전시회
- 정부, 지자체 또는 경제 관련 기관 및 단체가 후원 또는 파견하는 전시회
- **국내외 전시 관련 기관으로부터 인증 받은 전시회**
- **KOTRA가 추천하는 전시회**
- 중앙정부나 지자체로부터 예산 지원을 받을 수 있는 전시회
- 부스 확보가 용이한 전시회
- 참가 기간 중 인근 호텔 예약이 용이한 전시회
- 통역 확보가 용이한 전시회

• * 고딕볼드가 특히 중요한 고려사항

2011년 기준, 우리나라에서 개최된 전시회는 522건에 달하며 전 세계적으로는 연간 3만 건 이상의 전시회가 개최되고 있다. 이 많은 전시회 중에 좋은 전시회를 찾기란 쉽지 않다. 이미 국내외적으로 잘 알려진 유명 전시회는 부스 배정 받기도 쉽지 않으며 소요 예산 또한 만만치 않다. 설사 부스를 배정받았다 하더라도 기존 참가기업들에게 부스 배정 우선권을 주는 경우가 많아 신규로 참가하거나 참가 횟수가 많지 않는 경우, 부스 위치에서 불이익을 받는 경우도 많다. 잘 알려지지 않은 전시회에 대해 사전 충분한 조사를 하지 않고 참가하는 경우, 참가업체 수도 적고 부실하며 참관객 역시 매우 적거나 상담을 목적으로 방문하는 비즈니스맨들과는 관계없는 일반인들로 채워지는 경우도 종종 있다.

여기에 더해 일부 전시주최자들은 전시회 성과를 과대 선전하거나 참가업체들에게 알려주어야 할 기본적인 데이터마저 공개하지 않는 경우가 많다. 따라서 국제적으로 공신력 있는 전시관련 단체인 UFI에서는 회원사가 주최하는 전시회에 대해 면밀한 평가와 검증을 거쳐 인증서를 발급하고 있다. UFI로부터 인증을 받고자 하는 전시회는 국제전시회로서 최소한 2회 이상 개최되어야 하며 참가업체 중 외국업체가 최소 10% 이상, 참관객 중 외국인이 최소 5% 이상이어야 한다. 아울러 가장 최근에 개최된 전시회에 대한 검증된 통계를 제출하여야 하며 UFI 인증을 위해 처음 검증을 받은 전시회의 경우, UFI 규정에 따라 다음번 전시회에서도 반드시 검증을 받아야 한다. 2011년 말 기준, 883개 전시회가 UFI로부터 인증[16]을 받았다. 이와 같은 과정을 거쳐 검증을 받은 전시회는 UFI 검증 로고를 사용할 수 있다. 따라서 UFI로부터 인증을 받은 전시회는 일단 신뢰할 수 있는 전시회라 할 수 있다.

16) 2010년말 기준 우리나라의 경우, 28개 국내전시회가 UFI 인증을 받았다.

우리나라에서도 전시회에 대한 신뢰성 있고 객관적인 정보를 공개함으로써 향후 해당 전시회를 올바르게 판단할 수 있도록 근거를 제공하기 위해 인증제도를 실시하고 있다. 한국전시산업진흥회가 인증 주체가 되어 2002년에 3개 전시회에 대한 시범 인증이 실시되었으며 2003년과 2004년 시범 도입 기간을 거쳐 2005년에 정식 도입되었다. 그 후 『전시산업발전법』 시행에 따라 2009년부터 인증 주체가 한국전시산업진흥회로부터 산업통상자원부로 변경되었으며 인증전시회[17]와 국제인증전시회[18]로 체계가 이원화되었다.

연도별 인증 전시회 현황

(단위: 건, %)

구분	'02	'03	'04	'05	'06	'07	'08	'09	'10	'11
인증전시회 총계 (A=a+b+c)	3	7	41	43	43	47	44	59	78	85
국제인증전시회수 (a)	–	–	–	–	–	–	–	48	64	74
인증전시회수 (b)	3	5	29	31	32	41	40	11	14	11
검증전시회수 (c)	–	2	12	12	11	6	4	–	–	–
국내전시회 개최수 (B)	248	268	300	336	353	354	409	422	479	552
인증비율 (A/B)	1.2	2.6	13.7	12.8	12.2	13.3	10.8	14.0	16.3	15.4

주) 2009년부터 종전 검증전시회가 폐지되고 국제인증전시회가 신설됨.

▶ UFI 및 우리나라 인증 로고

따라서 우리나라 정부로부터 인증을 받은 전시회 역시 객관적으로 우수한 전시회라 평가할 수 있다.

17) 『인증전시회』란 전시면적, 전시회의 내용, 참가업체의 수, 관람객의 수 등을 검증받은 전시회이다.

18) 『국제인증전시회』란 인증전시회의 요건을 만족하면서 2회 이상 개최된 실적이 있고 해외 참가업체수 10% 이상, 해외 관람객수 5% 중 1개 이상이 충족되는 전시회이다.

| 우리나라 인증전시회 및 국제인증전시회 현황 |

(인) 인증전시회, (국)국제인증전시회

◎ 2010년

연번	구분	전시회명
1	(국)	제13회 한국국제용접기술전
2	(인)	2010 세계 태양 에너지 엑스포
3	(국)	2010 경향하우징페어 · 하우징브랜드페어
4	(국)	제21회 국제자동화종합전
5	(국)	서울국제 판촉물 및 생활용품전
6	(국)	대구국제섬유박람회
7	(국)	2010 서울국제스포츠레저산업전
8	(국)	SWEET 2010
9	(국)	제26회 국제의료기기 병원설비전시회
10	(국)	2010 오토모티브위크
11	(국)	제30회 해외 유학 어학연수 박람회
12	(국)	제20회 국제플라스틱 고무산업전시회
13	(국)	국제 표면실장 및 인쇄 회로기판 생산기자재전
14	(국)	제7회 대한민국 그린에너지엑스포
15	(인)	2010 홈덱스 Spring
16	(국)	2010 국제광산업전시회
17	(국)	제14회 2010 서울국제공작기계전
18	(국)	제22회 서울국제유아교육전
19	(국)	한국고양꽃전시회(고양국제꽃박람회)
20	(국)	2010 국제전자회로산업전
21	(국)	2010 한국국제보석시계전시회
22	(국)	제19회 서울국제사진영상기자재전
23	(인)	2010 부산국제모터쇼
24	(국)	제9회 대구국제광학전
25	(국)	2010 서울화장품 미용박람회
26	(국)	2010 서울국제식품산업대전
27	(국)	2010 국제 스마트그리드 및 전기설비전
28	(인)	2010 국제 IT융복합 산업전
29	(국)	월드 IT 쇼
30	(국)	제15회 국제포장기자재전
31	(국)	2010 국제부품소재산업전
32	(국)	2010 국제수송 기계부품산업전
33	(국)	제32회 국제환경산업기술 그린에너지전
34	(국)	2010 경기국제보트쇼
35	(국)	제20회 국제방송 · 음향 · 조명기기전시회
36	(국)	2010 대한민국 조경박람회
37	(인)	국제 LED EXPO & OLED EXPO 2010
38	(인)	제24회 MBC건축박람회
39	(인)	서울캐릭터 라이선싱페어
40	(국)	제8회 국제나노기술전시회(나노코리아 2010)

◎ 2010년 (계속)

연번	구분	전시회명
41	(국)	제18회 서울국제 임신출산육아용품 전시회
42	(인)	제7회 대한민국국제소방안전박람회
43	(국)	2010 시니어 & 장애인 엑스포
44	(국)	2010 대한민국 섬유교역전
45	(국)	2010 바이오코리아
46	(국)	2010 국제환경에너지산업전
47	(국)	2010 서울국제종합전기기기전
48	(국)	2010 국제자동화정밀기기전
49	(국)	제17회 국제인쇄산업전시회
50	(국)	제5회 국제문화창의산업전
51	(국)	2010 한국국제건설기계전
52	(인)	2010 국제철강 및 비철금속산업전
53	(인)	제6회 한국국제인프라기술전
54	(인)	제11회 벤처국방마트
55	(국)	2010 광주국제식품전
56	(국)	2010 한국전자산업대전
57	(국)	2010 한국국제기계박람회
58	(국)	2010 대한민국에너지대전
59	(국)	제4회 대한민국 국제보트쇼
60	(국)	2010 국제조선해양산업전
61	(인)	한국건축산업대전 2010
62	(국)	전주국제발효식품엑스포
63	(인)	2010 대한민국우수상품박람회
64	(국)	2010 국제로봇산업대전
65	(국)	2010 인천국제정보산업전시회
66	(국)	제3회 부산국제용접, 절단 및 레이저설비산업전
67	(국)	2010 Korea Healthcare Congress 및 제8차 병원의료산업전시회
68	(국)	제11회 대구국제자동화기기전
69	(국)	2010 부산국제수산무역EXPO
70	(국)	2010 광주국제실버박람회
71	(국)	한국 자동차부품 및 연관산업 전시회
72	(국)	2010 서울국제식품산업전
73	(국)	제3회 대한민국 전시산업전
74	(국)	제9회 서울카페쇼
75	(국)	제18회 한국국제사인디자인전
76	(인)	RFID/USN KOREA 2010 국제전시회
77	(국)	2010 인천국제물류산업전시회
78	(인)	2010 한국승강기안전엑스포

◎ 2011년

연번	구분	전시회명
1	(국)	SBS국제건축박람회
2	(국)	2011 세계태양에너지 엑스포
3	(국)	2011 경향하우징페어하우징브랜드페어(KINTEX)
4	(국)	2011 경향하우징페어하우징브랜드페어(Coex)
5	(국)	2011 서울바이크쇼
6	(국)	오토메이션 월드 2011
7	(국)	서울 국제 판촉물 선물 및 홈웨어전
8	(국)	2011 대구국제섬유박람회
9	(국)	한국국제낚시박람회
10	(국)	SWEET 2011
11	(국)	서울국제냉난방공조전
12	(국)	제20회 국제금형 및 관련기기전5
13	(국)	제27회 국제의료기기병원설비전시회
14	(국)	2011 서울모터쇼
15	(국)	국제 표면실장 및 인쇄회로기판 생산기자재전
16	(국)	제8회 국제 그린에너지엑스포
17	(국)	2011 한국국제용접 및 절단기술전
18	(국)	2011 한국주얼리페어
19	(국)	2011 국제전자회로산업전
20	(국)	제20회 서울국제사진영상기자재전
21	(국)	2011 서울국제식품산업대전
22	(인)	2011 한국국제유통산업전
23	(국)	제10회 대구국제안경전
24	(국)	2011 서울국제화장품미용산업박람회
25	(국)	제16회 한국고양꽃전시회
26	(국)	제5회 대한민국 국제보트쇼
27	(국)	2011 월드 IT쇼
28	(국)	2011 국제 스마트그리드 및 국제설비전
29	(인)	국제자원순환산업전
30	(인)	2011 대한민국국제소방안전박람회
31	(인)	2011 국제 IT융복합 산업전
32	(인)	2011 국제부품소재산업전
33	(국)	제5회 부산국제기계대전
34	(국)	제33회 국제환경산업기술그린에너지전
35	(국)	2011 경기보트쇼
36	(국)	제16회 국제포장기자재전
37	(국)	국제방송 · 음향 · 조명기기전시회
38	(국)	2011 부산국제철도 및 물류산업전
39	(국)	국제 LED EXPO & OLED EXPO 2011
40	(국)	2011 대한민국 조경박람회
41	(인)	국제안전보건전시회
42	(인)	2011 첨단국방산업전
43	(국)	제20회 서울국제 임신출산육아용품 전시회

◎ 2011년 (계속)

연번	구분	전시회명
44	(국)	2011 서울 터치패널 산업전 & 국제 LED 생산기자재전 & 국제 광전자 산업전
45	(국)	제9회 국제나노기술 심포지엄 및 전시회
46	(국)	2011 한국국제가구 및 인테리어산업대전/한국국제목공기계산업전시회
47	(국)	2011 대한민국 섬유교역전
48	(국)	2011 국제환경에너지산업전
49	(국)	2011 시니어 & 장애인 엑스포
50	(국)	2011 국제문화창의산업전
51	(국)	제18회 국제인쇄산업대전
52	(국)	2011 서울국제종합전기기기전
53	(국)	2011 국제그린카전시회
54	(국)	제21회 국제플라스틱 고무산업전시회
55	(국)	바이코리아 2011
56	(국)	한국산업대전
57	(국)	한국기계전(한국산업대전)
58	(국)	2011 서울국제공구전(한국산업대전)
59	(국)	금속산업대전 2011(한국산업대전)
60	(국)	2011 국제광산업전시회
61	(인)	2011 벤처국방마트
62	(국)	2011 한국전자산업대전
63	(인)	2011 국제도로교통박람회
64	(국)	서울 국제 항공우주 및 방위산업 전시회 2011
65	(국)	대한민국 녹색에너지대전
66	(국)	2011 전주국제발효식품엑스포
67	(국)	2011 부산국제조선해양대전
68	(국)	2011 로보월드 국제로봇산업대전
69	(인)	2011 대한민국우수상품박람회
70	(국)	대한민국국제섬유기계전
71	(국)	제12회 대구국제기계산업대전
72	(인)	제25회 서울국제유아교육전
73	(국)	2011 Korea Healthcare Congress 및 병원의료산업전시회
74	(국)	2011 대한민국 녹색기술 산업대전
75	(국)	국제음향 무대 조명 영상산업전 – 대한민국 교회건축 디자인 박람회
76	(국)	2011 서울국제식품산업전
77	(국)	2011 국제공작기계 및 관련부품전
78	(국)	RFID/USN KOREA 2011 국제 전시회
79	(국)	한국 자동차부품 및 연관산업 전시회
80	(국)	2011 월드 스마트그리드 산업대전
81	(국)	2011 부산국제수산무역EXPO
82	(국)	제19회 한국국제사인디자인전
83	(국)	2011 서울카페쇼
84	(국)	2011 국제뷰티엑스포
85	(국)	2011 대한민국 전시산업전

• 출처 : 한국전시산업진흥회

2 전시회 선정 시 고려사항

다수의 좋은 전시회중 최종적으로 연간 참가할 소수의 전시회를 선정하기 위해서 고려해야 할 사항은 전시회 참가 목적과 목표에 부합하는 전시회인지, 마케팅을 위해 지역 및 시기적으로 최적의 전시회인지, 전시회 성격(전문전, 종합전/무역전시회, 일반전시회)이 마케팅 확보에 도움이 되는 전시회인지를 확인한다. 또한 전시회 실적 데이터나 개최 결과 보고서를 면밀히 검토하여 전시주최자, 개최횟수, 전시면적, 국가별 참가업체 및 참관객수, 인증 여부 및 참가업체 만족도, 언론 홍보 및 보도 정도, 주요 참가업체 및 동종 업체의 참가 여부, 세미나 및 이벤트 등 부대행사 등을 점검한다. 그리고 마지막으로 소요예산과 중앙정부 및 지자체로부터 예산 지원을 받을 수 있는지를 고려하여 최종 선정한다. 보다 세부적인 체크포인트는 다음 페이지 표와 같다.

전시회 선정 시 또 다른 체크가 필요한 사항은 주최국과 인근국들의 정치·경제 상황이다. 예를 들어 2012년, 재정 위기로 심각한 경제난과 시위가 빈번한 그리스를 중심으로 한 남유럽국가와 내란을 겪고 있는 시리아 및 주변국에서의 전시회는 그 성과를 기대하기란 난망 시 될 수 있기 때문이다.

▶ 주최국 및 주변국의 정치, 경제 및 사회 불안이 있다면 전시회 성과를 기대할 수 없다. 그리스 시위(왼쪽)와 시리아 내전

아울러 개최 전시장의 지명도가 떨어지고 규모가 작고 낙후되어 있다면 이 역시 좋은 참가업체와 많은 참관객들이 모이지 않는다. 따라서 개최 장소도 눈 여겨 보아야 한다.

또한 KOTRA 해외무역관 소재지나 인근지에서 개최되는 전시회라면 사전에 전시회 관련 정보 취득이 용이하고 전시회 참가와 관련, 어려움에 봉착하였을 때 지원을 요청하기도 용이하다.

▶ 중동의 낡고 협소한 전시장

전시회 선정 시 주요 체크 포인트

구분	주요 체크 포인트
√	**자사의 전시회 참가 목적과 목표에 부합되는 전시회인가?**
√	**개최 장소와 시기가 적합한가?**
√	**전시주최자가 믿을 만한가?**
√	**전시주최자가 다른 전시회들도 주최하고 있는가?**
√	종전 어떤 기업들이 얼마나 그리고 어떤 규모 참가하였는가?
√	**종전 참가기업들의 국가 분포는 어떠한가?**
√	종전 참가했던 기업들의 만족도는 어떠한가?
√	종전 어떤 부류의 참관인들이 얼마나 방문하였는가?
√	종전 참관인들의 국가 분포는 어떠한가?
√	전시회 개최 기간 중 인근국에서도 유사 전시회가 개최되고 있는가?
√	**공신력 있는 기관으로부터 인증을 받은 전시회인가?**
√	유사 전시회와 비교할 때 전시회 참가비는 적정한가?
√	주요 전시품들은 무엇인가?
√	전시회가 해당 국가에서 어느 정도 위상을 차지하고 있는가?
√	종전 한국기업들이 참가한 적이 있는가?
√	국내외 경쟁기업들이 이번에도 참가하는가?
√	조합, 협회, KOTRA 및 지자체 등에서 단체로 참가하는 전시회인가?
√	**전시회 개최국가의 정치 · 경제 상황은 어떠한가?**
√	전시회 개최국 및 인근국들에서 자사 제품에 대한 경쟁력은 어떠한가?
√	중앙정부나 지방자치단체로부터 예산 지원이 가능한 전시회인가?
√	KOTRA 해외무역관에서의 동 전시회에 대한 평가는 어떠한가?
√	한국의 언론에 보도된 적이 있는 전시회인가?

전시회 선정 시 주요 체크 포인트 (계속)

구분	주요 체크 포인트
√	전시회 기간 중 항공권 구입 및 호텔 예약에는 문제가 없는가?
√	투입 비용 대비 긍정적인 성과가 예상되는 전시회인가?
√	전시품 발송에 문제가 되지 않는 전시회인가?
√	조기 신청에 따른 할인 혜택이 부여되는 전시회인가?
√	장기적으로 지속 참가가 예상되는 전시회인가?
√	국내에 에이전트가 있는 전시회인가?
√	**전시회 개최 지역 인근에 KOTRA 무역관이 주재하고 있는가?**
√	최근 몇 년간 전시회 참가비는 얼마나 인상되었는가?
√	최근 몇 년간 전시회 개최 규모 추이는 어떠한가?
√	어떤 부대행사가 개최되고 있는가?
√	부스 배정 원칙은 무엇인가?
√	**전시회 개최 전시장은 지명도가 있는가?**
√	전시회 개최국 정부가 지원하는 전시회인가?
√	처음 참가하는 전시회라면 부스 배정에서 불이익은 없는가?
√	현지에서 통역, 안내원 확보에 문제가 없는가?
√	현지 인터넷 사정은 열악하지 않은가?
√	원하는 만큼의 부스 면적 확보가 가능한 전시회인가?
√	직매 또는 전시품 현지 처리가 가능한 전시회인가?
√	**전시장 개장 시간은 언제이고 별도의 Business Hour 또는 Day가 있는가?**
√	전문 비즈니스맨들만 입장이 허용되는 전시회인가?

• * 고딕볼드가 특히 중요한 고려사항

3 좋은 전시회 발굴 방법

전시회 정보를 수집할 수 있는 인터넷 사이트를 활용한다. 우리나라에서 운영하는 대표적인 전시회 관련 사이트로는 www.gep.or.kr이 있다. 당초 국내외 전시회로 이원화되어 있었던 사이트를 하나로 통합하여 운영하고 있는데 해외전시회는 KOTRA가 국내전시회는 한국전시산업진흥회가 관리 운영하고 있다. GEP(Global Exhibition Portal)의 『해외전시회정보』 메뉴에는 KOTRA 해외무역관이 발굴, 추천하는 약 4천여개의 전시 정보가 수록되어 시기, 장소, 분야별로 검색이 가능하다.

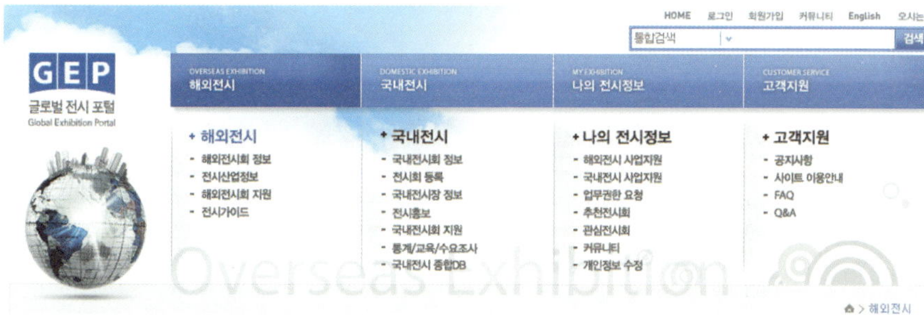

▶ 우리나라 최대 전시포탈 GEP의 초기 화면

수록된 전시회에는 『전시회 지명도』 및 『부스 배정 난이도』를 ★ 수로 표시하였으며 최근 3개년 참가국가, 참가업체 및 참관객수가 그래픽으로 나타나있고 전시회 기본 정보 및 주최자 정보도 수록되어 있다. 아울러 전시회 참가 또는 참관 후 KOTRA 해외무역관이 작성한 『해외전시현장정보』도 볼 수 있다.

GEP 해외전시 항목별 수록정보

항목	세부항목	항목	세부항목
전시회 정보	개최기간 개최주기 최초개최연도 개최규모 개최국가 개최도시 전시장	참가 비용	부스당 임차료 임차료 수준
전년도 개최결과	참가국수 개최국참가업체수 외국참가업체수 주요참가국 한국업체참가여부 전체참관객수 외국참관객수 전시분야	주최자 정보	주최기관 담당자 주소 전화 팩스 홈페이지 이메일
전시회 평가	전시회 지명도 전시회 난이도	참고 정보	등록일 최종수정일 조회수 출처

GEP의 해외전시정보

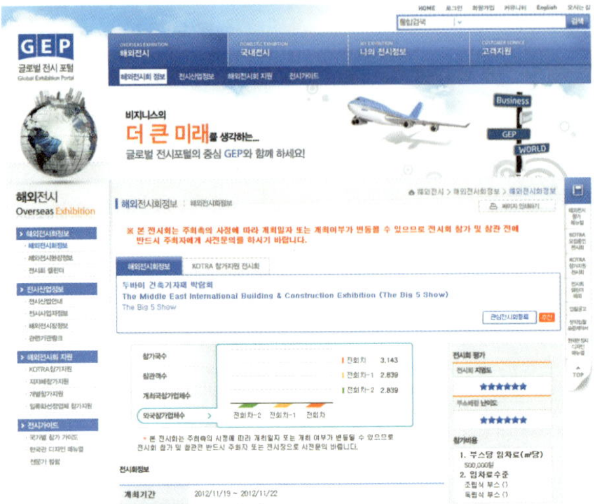

개최주기	매년
최초개최연도	1981
개최규모	37,000 s/m
개최국가	아랍에미리트
개최도시	두바이
전시장	DUBAI INTERNATIONAL EXHIBITION CENTRE

전년도 개최결과

참가국수	71개국	개최국참가업체수	3143개 업체
외국참가업체수	3143개 업체	개최국참관객수	46680 명
주요참가국	중국, 미국, 일본, UAE, 한국		
한국업체참가여부	YES	한국참가업체수	0개사
전체참관객수	93,360명	외국참관객수	46,680명
전시분야	건축.건설.빌딩		

주최자정보

주최기관	DMG WORLD MEDIA DUBAI LTD
담당자	Andy White
주소	PO 33817, Dubai, UAE
전화	971 4 438 0355
팩스	971 4 438 0356
홈페이지	www.thebig5exhibition.com
이메일	AndyWhite@dmgworldmedia.com

참고정보

등록일	2010-06-11	최종수정일	2010-06-11
조회수	439		
출처	전시회 사이트		

또한 중소기업중앙회가 관리하는 www.sme-expo.go.kr에서도 중소기업청에서 지원하는 해외전시회 정보를 검색할 수 있다.

중소기업중앙회 해외전시포탈

이외 해외전시정보를 수집할 수 있는 해외 유명 전시 사이트로는 독일 전시산업협회인 『AUMA』가 운영하고 있는 www.auma.de(약 5천개의 전시회 정보 검색 가능)를 비롯하여 미국의 전시잡지회사인 『Exhibitor Magazine』이 운영하고 있는 www.exhibitoronline.com 등이 있다. 혹은 주요 전시장 홈페이지를 방문해도 각 전시장에서 개최되는 전시회 관련 정보를 얻을 수 있다.

전시정보 관련 웹사이트

전시회 정보 웹사이트
■ KOTRA 글로벌전시포탈 www.gep.or.kr
■ 중소기업중앙회 전시포탈 www.sme-expo.go.kr
■ 미국 Tsnn www.tsnn.com
■ 미국 Exhibitor Magazine www.exhibitoronline.com
■ 홍콩 Global Sources www.globalsources.com
■ 독일 AUMA www.auma.de
■ 독일 m+a Expo Data Base www.expo.database.com
전시 주최자/대행사
■ Reed Exhibitions (영국) www.reedexpo.com
■ United Business Media 〈UBM〉 (영국) www.events.ubm.com
■ Messe Frankfurt (독일) www.messefrankfurt.com
■ China Foreign Trade Group (중국) www.cftc.org.cn
■ Hong Kong Trade Development Council (홍콩) www.hktdc.com
■ Global Sources www.globalsources.com
■ Business Guide-Sha, Inc. (일본) www.giftshow.co.jp
■ Allworld Exhibitions (영국) www.allworldexhibitions.com
■ Messe Koeln (독일) www.messekoeln.de
■ GL Events (프랑스) www.gl-events.com
■ Messe Dusseldorf (독일) www.messe-dusseldorf.de
■ Informa (영국) www.informa.com
■ Fiera Milano (이태리) www.foeramilano.it
■ VIPARIS (프랑스) www.viparis.com
■ Messe Munchen (독일) www.messe-muechen.de
■ Deutsche Messe (독일) www.deutsche-mess.de
■ MCH Group (중국) www.mch-group.com
■ Messe Berlin (독일) www.messe-berlin.de
■ Comexposium (프랑스) www.comexposium.com
■ Nurnberg Messe (독일) www.nuernbergmesse.de
■ Tokyo Big Sight (일본) www.bigsight.jp
■ Jaarbeurs Utrecht (네델란드) www.jaarbeursutrecht.nl
■ ITE Group (영국) www.ite-exhibitions.com
■ Nielsen Expositions (미국) www.eventseye.com
■ Amsterdam RAI (네델란드) www.rai.nl
■ NEC Birmingham (영국) www.necgroup.co.uk
■ IFEMA Madrid (스페인) www.ifema.es
■ Messe Stuttgart (독일) www.messe-stuttgart.de
■ BolognaFiere (이태리) www.bolognafiere.it
■ Fira Barcelona (스페인) www.firabcn.es
주요 전시장 운영자
■ Deutsche Messe Hannover (독일) www.messe.de
■ Messe Frankfurt GmbH (독일) www.messefankfurt.com
■ Messe Dusseldorf GmbH (독일) www.messe-dusseldorf.de

전시정보 관련 웹사이트

주요 전시장 운영자

- Messe Berlin GmbH (독일) www.messe-berlin.com
- Hong Kong Convention and Exhibition Centre Limited (홍콩) www.hkcec.com
- Makuhari Messe International Convention Center (일본) www.m-messe.co.jp/en/index.html
- Tokyo Big Sight (일본) www.tokyo-bigight.co.jp
- INTEX OSAKA (일본) www.intex-osaka.com
- China International Exhibition Center (중국) www.ciec.com.cn
- SHANGHAI NEW INTERNATIONAL EXPO CENTER (중국) www.sniec.net
- China Import and Export Fair Complex (중국)
- THE JAVITS CENTER (미국) www.javitscenter.com
- McCORMICK PLACE CHICAGO (미국) www.mccormickplace.com
- Las Vegas Convention Center (미국) www.lvcva.com
- FIERA MILANO (이태리) www.fieramilano.it

전시회 전문여행사

- 하나투어 www.hanatour.com
- 동양국제관광 www.expowel.com
- 국제박람회여행사 www.icetour.co.kr
- 인터파크투어 tour.interpark.com
- 케이비즈투어 www.kbiztour.com
- 지오엑스포투어 www.goexpo.co.kr

KOTRA가 매년 발표하는 한국관 구성 단체 참가 전시회도 좋은 전시회라 할 수 있다. 이들 전시회는 전시회 참가고객 만족도 평가 결과와 전시회별 수요조사, 전문전시회의 인증실적 등을 반영한 전시회 평가와 수출품목 성장성 및 현지시장 적합성 등 수출시장성 및 정책평가 등을 감안하여 선정된 전시회이기 때문이다. 아울러 지자체, 각 조합이나 협회가 단체로 참가하는 전시회도 나름대로 기준을 갖고 선정된 전시회이므로 첫 참가에 따른 위험을 최소화할 수 있는 방법이다. 최근 국내에는 세계적으로 유명한 전시주최자들이 직접 지사를 운영하거나 에이전트[19]를 두고 자사가 주최하는 전시회를 홍보하고 있다. 따라서 이들 지사나 에이전트를 접촉하여 자세한 전시 정보를 수집할 수 있다.

19) 해외전시주최자의 한국 지사 또는 대리점으로는 메쎄프랑크푸르트코리아(주) www.messefrankfurt.co.kr K-Fairs (Reed Exhibition과 E J Krause의 대리점) www.kfairs.com 프랑스국제전시협회 한국 지사인 Promosalons 프로모살롱코리아 www.promosalons-coree.com 등이 있다.

각 기업들이 개별적으로 발굴하여 참가하는 해외전시회도 신규로 참가하는 전시회라면 참가 신청 전, KOTRA 해당 무역관에 전시회 관련 정보과 참가 타당성을 조사 요청하는 것도 바람직하다. 또한 가능하다면 과거에 참가해 본 경험이 있는 국내업체를 찾아 전시회 성격과 성과를 파악하는 것도 좋은 방법이다. 최근에는 민간 여행사에서 해외전시회 참관단을 모집하여 참관을 주선하는 여행 프로그램도 있으므로 전시회 참가 전, 직접 참관해 보는 것도 실수를 줄이는 방법이라 할 수 있다.

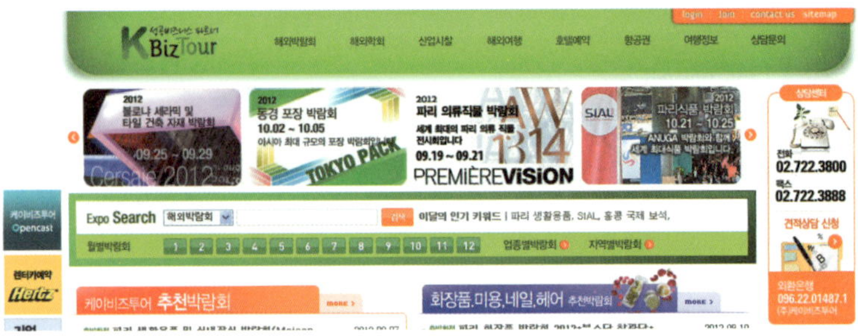

▶ 전시회 전문 민간 여행사 사이트

한편 국내전시회의 경우에는 『한국전시주최자협회』 홈페이지[20], GEP의 국내전시 메뉴 또는 해당 조합이나 협회 홈페이지를 방문하면 전시회 정보를 얻을 수 있다.

4 좋은 위치 부스받기

좋은 전시회를 발굴하여 부스를 배당 받았다고 하더라도 참관객들의 접근이 용이하지 않은 별관이나 구석으로 배정되면 전시회 성과는 크게 떨어질 수 있다. 참가업체들이 가장 선호하는 부스 위치는 업종별로 전문화된 홀 중에서 지상 1층의 주 전시장 입구나 중앙 통로 코너이다.

20) 한국전시주최자협회 홈페이지 www.keoa.org

국내전시회인 경우, 통상 전시주최자가 부스 배정 원칙을 사전에 공지하는데 일반적으로 부스 배정 시 우선 순위로 전시관별, 국가별, 품목군별, 참가규모별 그리고 마지막으로 참가신청 순으로 우선순위를 둔다. 따라서 좋은 위치의 부스를 배정 받기 위해서는 참가규모를 크게 하고 조립식 부스 보다는 독립식 부스로 참가하며 조기 신청하는 것이 유리하다. 대부분 전시주최자들은 중앙통로에 대규모 독립식 부스를 배정한다.

2011 서울국제식품산업대전 부스 배정 원칙

- 최근 5년 이상 참가업체일 경우는 1부스도 코너 배정 가능
- 1-3 부스는 주최자가 임의 배정, 4부스 이상 부스 위치 협의 가능

그러나 대부분 유명 해외전시회의 경우, 통로 부스 가격은 타 위치 부스에 비해 임대료가 더 비쌀 수도 있고 오래전부터 참가해 온 기업들에게 부스 위치 선정 우선권을 부여하기도 한다. 그러므로 후자의 경우, 불참 기업들이 나오지 않는 한, 한번 배정된 부스 위치를 옮기기란 쉽지 않다. 따라서 가능하면 한번 참가한 전시회는 중단하지 말고 장기적으로 계속 참가하는 것이 중요하며 전시회 참가 신청 전, 부스 위치 배정 원칙을 숙지하여 우선순위에 오를 수 있도록 참가 규모를 확대하거나 조기 신청토록 한다. 특히 오랫동안 전시회를 참가했다가 한번 불참 후, 다음해에 다시 참가하게 되면 부스 배정 우선순위 리스트에서 가장 낮은 순위로 내려가는 경우도 있음을 유의해야 한다.

또한 전시주최자와 협상이 가능하고 자사 전시품이 경쟁력을 갖고 있다면 후진국 참가업체들 부근 보다는 선진국 또는 우리나라 대기업 부스 부근에 배정하도록 요청하는 것이 좋다. 후진국 참가업체들 부근으로 배정받게 되면 내방 바이어들이 줄어들 수도 있고 한국 참가기업과 제품들을 후진국 기업들과 동일하게 판단할 수도 있다. 또한 장애물(소방장비, 기둥, 낮은 천장) 근처나 화장실 또는 물류창고 근처, 구석진 부근, 지하나 별관 등은 피해야 할 위치이다.

부스 종류

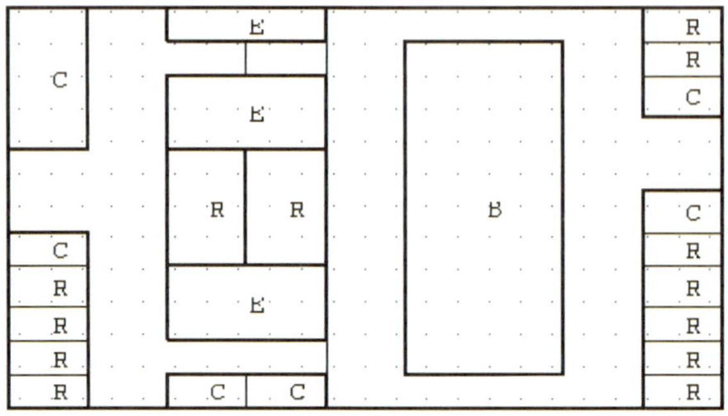

▶ R (로우형), C (코너형), B (블록형), E (엔드형)

- 로우형 부스 (Row Booth) : 복도 쪽을 향해 일렬로 향해 있으며 복도 쪽으로 오직 1면만이 접해있는 전시부스를 가리킨다.

- 코너형 부스(Corner Booth) : 코너에 위치한 부스로서 로우형 부스와는 달리 복도 쪽에 두면이 접해 있어 로우형보다 보다 많은 수의 내방객들을 접촉할 수 있다는 장점이 있다.

- 엔드형 부스(Peninsula Booth) : 3면이 복도에 접하는 데 로우형, 코너형보다 훨씬 많은 수의 내방객들을 접촉할 수 있는 장점이 있다. 효과적으로 활용한다면 상당한 효과가 있다.

- 블록형 부스(Island Booth) : = 불록형 부스는 주위 4면이 모두 복도와 접해있는데다 타업체의 어떤 전시부스와도 떨어져 있는 관계로 내방객들의 주의를 가장 끌기 쉽다. 블록형 부스는 홍보에 가장 효과적이다. 그러나 블록형 부스는 디자인과 장식에 상당한 주의를 기울여야 하며 전시부스임차 및 부스조립에 많은 비용이 든다는 단점이 있다.

- 실외형 부스 : 부피가 대단히 크거나 건설장비 등과 같이 실제작업 현장에서와 유사한 환경 하에서 실제 작동되는 모습을 보여줄 필요가 있을 때 실외를 전시장소로 택하는 경우가 있다. 일단 실외를 전시장소로 택했다면 상담이 이루어지는 장소에 대해서는 태양광선과 비를 피할 수 있도록 별도의 시설을 해야 한다.

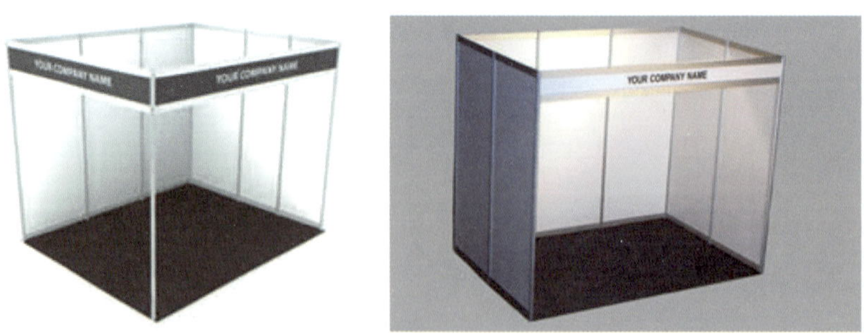

▶ 로우형(1면 오픈), 코너형(2면 오픈) 부스

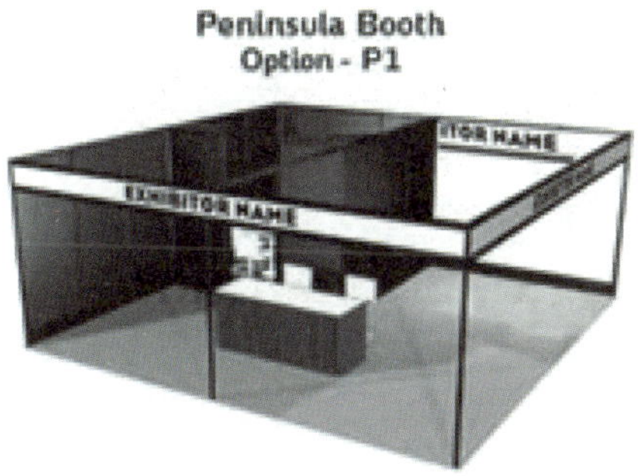

▶ 엔드형(3면 오픈), 블록형(4면 오픈) 부스

좋은 위치 부스	나쁜 위치 부스
√ 업종별로 전문화된 전시관에 위치한 부스	√ 별관에 위치한 부스
√ 1층 전시관	√ 지하나 2,3 층에 위치한 부스
√ 중앙 통로 부근 부스	√ 화장실, 물류창고 부근 부스
√ 코너형 부스	√ 장애물(소방장비, 기둥, 낮은 천장), 음식 코너 부근 부스
√ 유명 대기업이나 선진국 참가기업 부근 부스	√ 구석진 부근 부스
√ 휴게실이나 바이어를 위한 비즈니스 라운지 부근 부스	√ 후진국 참가기업들 부근 부스
√ 출입구에서 가까운 부스	√ 자사 전시품과 관련이 없거나 적은 전시품들이 집중 배정되어 있는 부근 부스
√ 전체 조명이 밝은 부근 부스	√ 직매, 확성기로 이벤트를 자주 하는 참가기업 부근 부스
√ 국내 참가기업들이 모여 있는 부스	√ 에어컨, 공조기 부근 부스
√ 경쟁업체들의 주변 부스	√ 기본부스만 모여 있는 곳
√ 두 부스 이상 임차한 대형업체 주변	

좋은 부스의 예

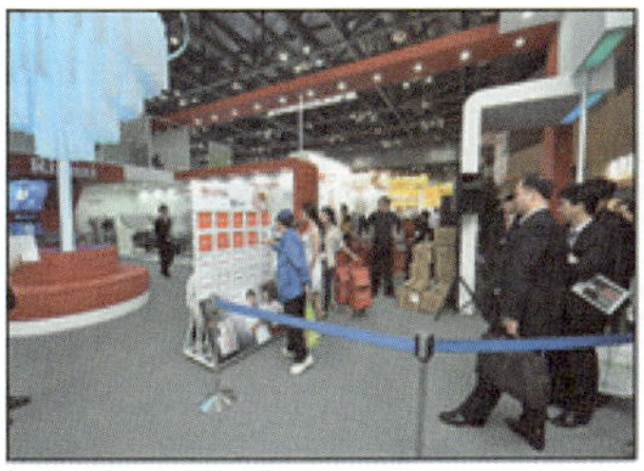

좋은 부스의 예

나쁜 부스의 예

5 전시회 참가 예산 절약 방법

전시회에 참가하기 위해 필요한 예산으로는 부스 임차료(참가비), 장치비, 전시품 운송비, Utlity(전기, 전화, 인터넷, 가스, 수도, 압축공기, 지게차 사용료 등) 사용비, 가구 및 사무용 기기 임차료, 통역 및 업무보조 인력 채용에 따른 경비, 광고·홍보 및 판촉활동비등 직접 경비와 전시회 직원 파견 항공임, 숙박비, 식비 및 기타 잡비 등 간접 경비가 있다. 전시회 예산 가운데 가장 큰 비중을 차지하는 비목은 부스 임차료와 장치비이지만 경직성 비용이라 예산 절감이 쉽지 않지만 할인제도를 활용하거나 주최자와의 협상을 통해 절감할 수 있는 여지는 있다.

가. 부스 임차료

부스 임차료는 부스 면적 규모에 비례하여 정해지며 부스 형태에 따라서도 달라진다. 보통 1개 부스는 $9m^2$[21] (= 3m×3m)를 기준으로 제시되나 최근에는 $12m^2$ (= 4m×3m)를 1개 부스로 정하는 전시회도 있다. 일부 전시회는 부스 위치에 따라 단가를 차등 적용하기도 한다. 많은 국내전시회의 경우, 참가업체의 조기신청과 재 참가, 그리고 대규모 참가를 유도하기 위해 다양한 할인제를 적용한다. 할인제는 회원 우대 할인, 조기할인, 규모할인 및 특별할인이 있다.

국내전시회의 참가비 할인 인센티브

- 회원사에게는 일정 할인 인센티브를 제공하는 경우가 많다.
- 조기 참가업체들에게는 신청 일정에 따라 차별적으로 할인율 적용
  (예: 1차 마감 ▸ 10% 할인, 2차 마감 ▸ 5% 할인, 3차 마감 ▸ 정상 참가비)
- 신청 규모에 따른 차등 할인율 적용
  (예 : 6 부스 이상 신청업체 ▸ 10% 할인, 10 부스 이상 신청업체 ▸ 15% 할인)
- 재 참가업체 할인율 적용
  - 일정 회수 이상 참가 업체에게는 일률적으로 일정 비율을 할인해 주는 방법
    (예: 3회 이상 참가업체 ▸ 10% 할인)
  - 재 참가 회수에 따라 차등 할인율을 적용하는 방법
    (예: 3–4회 참가업체 ▸→ 5% 할인, 5회 이상 참가업체▸→ 10% 할인)

※ 조기 참가업체, 재 참가업체 및 대규모 참가업체들을 위한 할인율을 중복 적용할 것인지 한가지 만 적용할 것인지는 주최자가 결정

21) 미국에서는 전시면적을 m가 아닌 feet로 표시한다.

[2012 서울국제식품산업대전 참가비 특전(2012.5.8-11)]

- 정상가
  독립부스 (2,200,000원/부스 → VAT 포함)
  조립부스 (2,640,000원/부스 → VAT 포함)

조기할인	규모할인			특별할인 (특별할인은 중복 불가)	
2011.10.31한 신청 및 참가비 50% 납부시 할인 가능	4-9부스	10-19부스	20부스 이상	2011년도 이어 연속참가	최근 5년간 3회 이상 참가 (2007-2011)
10% (220,000원/부스)	5% (110,000원/부스)	10% (220,000원/부스)	15% 330,000원/부스)	5% (110,000원/부스)	10% (220,000원/부스)

※ 할인은 각각(조기/규모/특전) 적용되며, 독립/조립 부스에 관계없이 독립부스 기준으로 할인율이 적용

해외전시회의 경우에도 조기 신청자에게는 할인제(Early Bird)를 적용하는 경우가 많으며 참가 규모와 참가 기업의 지명도에 따라 전시주최자와 협상을 통해 할인 받거나 무료로 추가 부스를 배정 받을 수도 있다.

나. 장치비

전시장내 부스는 독립부스(Space Only)와 조립부스(Walk on Stand)로 구분된다.

독립부스란 주최자가 부스 단위로 전시용 면적만을 제공하며 참가업체가 할당된 전시면적에 자체적으로 전시구조물을 시공, 전시하는 부스를 의미한다. 반면, 조립부스는 주최자가 전시장 면적 및 기본 장치를 제공하는 부스를 말하며, 참가업체는 별도의 시공 없이 전시회에 참가할 수 있다. 따라서 별도의 장치비가 소요되지 않으므로 예산을 절감할 수 있으나 주최자가 디자인한 부스로만 참가해야 한다는 단점이 있다. 조립부스는 최소 1개 부스 이상이며 규모에 제한을 두지 않는다. 국내 전시회의 경우, 조립 부스에서 주최자가 제공하는 기본 장치는 통상 조명(부스 당 형광등 1개, 스포트라이트 4개), 바닥(파이텍스로 시공 → 부스 바닥 색상과 전시장 통로 바닥 색상은 서로 상이), 안내데스크(업체당 의자 1개 포함 1조), 상담테이블 및 의자 등 이며 기본적인 콘센트 및 전기도 제공한다. 해외 전시회의 경우에도 기본적인 조명, 가구 등을 제공하나 전시회마다 약간씩 상이하다. 종전

조립부스는 가격이 싼 자제를 사용하고 일률적인 단순 폐쇄 형태로 부스를 설치하였으나 최근에는 조립부스라 하더라도 세련되고 개방형으로 고급스런 자제를 사용하여 전시장 분위기를 업그레이드 하는 사례도 많다.

주최자 제공 기본 장치 내역 (예)

▪ 조명	부스당 형광등 1개, 스포트라이트 4개 설치
▪ 바닥	파이텍스로 시공(부스 바닥색상 : 회색, 전시장 통로 바닥색상 : 붉은색)
▪ 안내데스크	업체당 1조(의자 1개 포함)
▪ 상담 테이블/의자	부스 규모별 차등
▪ 전기	부스당 1KW 제공

주최자 제공 규모별 차등 비품 내역 (예)

신청부스	1부스	2부스	3부스	4부스	5부스 이상
▪ 상담테이블	1	1	2	2	3
▪ 안내데스크	1	1	1	1	1
▪ 의자	3	5	7	9	10
▪ 전기 (KW)	1	2	3	4	5
▪ 콘센트	1	1	1	1	1

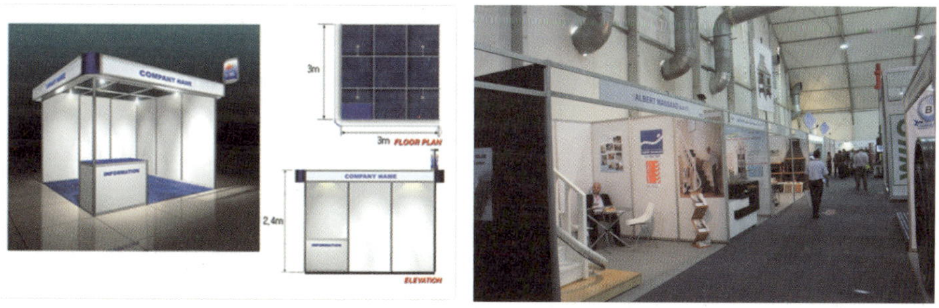

▶ 가장 단순한 조립식 부스 예

조립식 부스가 아닌 독립식 부스의 경우, 국내외를 막론하고 거의 대부분 전시회에서는 전시주최자가 선정한 장치업체를 이용하여야 한다. 지정 장치업체들로 부터 복수 견적을 받아 가장 저렴한 장치업체를 선정하되 장치비 절감을 너무 강조하다 보면 부실 장치가 될 수 있으므로 부스 설치비용과 품질 (디자인)등을 동시에 고려하여야 한다. 구미 선진국들의 장치업체들은 부스 디자인이 뛰어나지만 많은 비용을 요구하므로 부스 디자인을 국내

장치업체들에게 의뢰한 후, 디자인 도안을 현지 장치업체에게 전달하고 도안대로 설치해줄 것을 요구할 수도 있다. 또한 국내 장치업체들은 대부분의 해외 유명 전시장이 지정한 현지 장치업체들과 에이전트 계약이 체결되어 있으므로 국내 장치업체를 통해 장치 의뢰하는 것도 비용 절감과 디자인과 장치 과정에서 커뮤니케이션에 도움이 된다. 아울러 부스 장치는 현지 장치업체가 기존 보유하고 있는 시스템 자재를 활용하는 것이 새로 자재를 제작하여 장치하는 것보다 비용이 훨씬 절감된다.

시스템 부스 종류

최근 부스 시스템 방식으로는 뉴트러스 시스템, 이지우드 시스템, 목공 부스 등이 있으며 각 특징과 장점을 살려 선택하도록 한다.

① 뉴트러스 시스템

뉴트러스 시스템은 트러스 부스의 리뉴얼 제품으로 알루미늄 소재를 사용하여 기존 제품에 비해 가벼운 것이 특징이다. 은색 무광택 마감과 화이트 조명을 사용하여 깔끔하고 모던한 이미지를 연출할 수 있다.

② 이지 우드 시스템

이지 우드 시스템은 조립식 우드 시스템 부스로 고급 인테리어 자재인 호마이카를 외부 마감재로 사용하여 목공 부스보다 품격 있는 전시 연출이 가능하다. 기존 목공 부스에 비해 가격도 경제적인 친환경 시스템 부스이다. 화려한 조명으로 비주얼에 임팩트를 주어 시선 집중도가 뛰어나다.

시스템 부스 종료

③ 목공 부스

목공 부스는 다양한 형태로 제작이 가능하며 고급스러운 부자재들을 쉽게 활용할 수 있어 부스의 품격을 한 단계 더 높인 것이 특징이다. 고객이 요구하는 컨셉에 맞는 부스 제작을 할 수 있다는 것이 가장 큰 장점이며 전시회 부스, 기업 홍보관 등 다양한 용도로 제작된다.

선진국에서는 인건비가 매우 비싸다. 인건비는 작업 시간에 비례하여 지급하는 경우가 많으므로 간단한 배선작업이나 콘센트를 꽂아 작동할 수 있는 간단한 기계작동 등은 최대한 직접 처리하면 배선 비용을 절감할 수 있다. 또한 전시품이 부스에 도착하기 전에 전기를 미리 설치하고 작동 확인을 하는 것이 좋다. 작업 도중에 전시품이 도착하면 전시품 유반 작업을 하는 동안 배선공이 기다리는 시간까지 감안하여 그 만큼 비용이 더 청구되므로 유의해야 한다.

한편, 조립식 부스와 독립식 부스는 각기 장단점이 있다. 조립식 부스의 장점은 전시주최자가 일괄적으로 전시 부스까지 패키지로 제공하므로 참가기업은 전시 부스 설치에 대해 따로 신경 쓸 필요도 없고 부스 장치비가 부스 임차료에 포함되어 있어 참가비용도 저렴하며 부스 임차 면적에 제한이 없다. 반면, 단점으로는 참가업체만의 특징을 살릴 수 있는 개성 있는 부스가 되지 못하고 획일화된 디자인과 자재를 이용한 부스를 배정받게 되어 기업의 이미지를 살리기에는 부족한 면이 있다. 아울러 일부 전시주최자들은 독립식 부스 참가기업들에게 부스 배정에서 우선권을 부여하기도 한다.

▶ 서울국제식품산업대전 조립식 부스

반면, 독립식 부스는 참가업체가 원하는 스타일과 디자인 그리고 소재를 활용한 부스를 설치할 수 있으며 부스 위치 배정에서 유리할 수도 있다. 그러나 주최자가 요구하는 일정 규모 이상의 부스를 임차하여야 하며 참가업체가 직접 전문 장치업체를 선정하여 부스를 설치하여야 하는 관계로 비용도 조립식 부스보다 훨씬 많이 든다. 따라서 소규모 참가업체, 전시회 참가 경험이 많지 않은 업체들이 주로 조립식 부스로 참가하게 된다.

▶ 독립식 부스는 전시참가업체가 면적만 임차하고 부스 디자인과 설치는 직접 책임진다.

▶ CES 삼성관과 바젤월드 U-BOAT 독립관

한편, 전시품에 따라 부스의 고급화와 화려함이 특별히 요구되기도 한다. 시계, 보석, 의류 및 섬유, 주방용품, 욕실용품, 조명기기, 가구류 등 주로 생활용품은 고급 조명과 함께 진열대 및 진열장도 화려해야 상품이 돋보인다. 특히, 시계와 보석전시회에는 가장 많은 부스 설치비를 투입한다. 그러나 기계류, 자동차 부품과 같은 하드웨어 전시품은 보통 생활용품에 비해 부스 설치에 많은 비용을 투입하지 않는다.

▶ 많은 비용을 투입하지 않고 단순하게 설계한 하드웨어 전시 부스

▶ 많은 비용을 투입하여 화려하게 설계한 생활용품/식품 전시 부스

다. 기타 서비스(각종 Utility, 지게차, 청소 등)

대부분의 전시주최자는 참가업체의 편의와 안전을 고려하여 서비스 업체를 지정하고 있으며 참가업체 매뉴얼에 지정업체에 대한 정보가 상세히 소개되어 있다. 일부 전시회 경우 주최자의 허가를 받고 지정업체 이외 서비스 업체를 이용할 수도 있지만 대부분 지정업체를 이용해야 한다. 가능한 필요한 서비스는 전시회 참가 신청과 함께 같이 신청하면 할인된 가격으로 확실한 서비스를 받을 수 있다. 전시회 개최 직전이나 기간 중에는 서비스 신청 비용도 올라가 즉각적인 서비스를 받지 못할 수도 있다.

라. 전시품 운반비

전시품 운반비를 절감하기 위해서 무엇보다 중요한 것은 임차한 전시면적에 알맞은 만큼의 전시품을 갖고 가는 것이다. 전시 면적에 비해 너무 많은 전시품을 운송하는 것은 전시회 효과도 떨어트릴 뿐 아니라 전시품 운반비의 낭비를 초래한다. 따라서 얼마만큼의 전시품을 자체운송, 해상운송 또는 항공운송으로 해야 할지를 결정하고 국내외에서 발생되는 운송비용을 예상한다. 최근에는 KOTRA 공동물류센터 사업에 참여하여 전시품을 한국으로부터 갖고 갔다 다시 갖고 오는 번거럼을 피하는 기업들도 다수 있다. 또한 개별 참가인 경우라 하더라도 국내 다른 기업들이 참가한다면 그들 기업들과 공동으로 전시품을 발송하게 되면 운송비를 절감할 수 있다.

항공사의 수하물 규정 변경 보도 파이낸셜뉴스 (2012.5.8)

대한항공 수하물 규정 개수제로 일원화

기사입력 2012-05-08 13:18

대한항공이 국제 항공업계 추세에 따라 원활한 연계 수송 및 승객 편의 증대를 위해 수하물 규정을 변경한다.

대한항공은 오는 31일(항공권 발권일 기준)부로 기존 미주 노선에 개수제(Piece System)/미주 노선 이외 노선에 무게제(Weight System)를 적용하는 이원 체제에서 국제선 전 노선의 수하물 규정을 개수제로 일원화한다고 8일 밝혔다.

이에 따라 무료 수하물 허용량 및 초과 수하물 요금을 개수제에 따라 운영한다.

무료 수하물 허용량은 일반석은 기존 20kg 에서 23kg짜리 1개로, 프레스티지석은 기존 30kg에서 32kg짜리 2개, 일등석은 기존 40kg에서 32kg짜리 3개로 변경된다. 초과 수하물 요금도 개수당 요금으로 조정된다.

단 미주노선 일반석은 기존과 마찬가지로 2개까지 무료로 탁송할 수 있다.

대한항공 관계자는 "수하물 규정을 개수제로 일원화한 것은 현재 모든 미주/구주 항공사들과 일부 주요 아시아계 항공사들이 모두 개수제를 적용하고 있어 각 항공사간 원활한 연결 수송 및 고객 편의를 고려했기 때문"이라고 설명했다.

대한항공은 앞으로 국내/외를 방문하는 고객들이 보다 편리하게 항공편을 이용할 수 있도록 글로벌 스탠다드에 맞춰 규정을 간소화해 나갈 계획이다.
kkskim@fnnews.com 김기석 기자

아울러 부피가 크지 않고 무게도 작게 나간다면 항공사에서 허용하는 범위 내에서 최대한 휴대해서 갖고 가되 항공사에 따라 무료 수하물 허용량이 상이하므로 반드시 사전에 확인을 한 후, 허용 무게와 수량이 유리한 항공편을 활용한다. 직접 전시물을 휴대하는 경우, 공항 세관에서 종종 문제가 될 수 있으니 인보이스와 함께 해당 전시회 주최자로부터 전시회 참가기업이고 휴대한 전시품은 전시회 종료 후 모두 반출한다는 확인서를 갖고 가는 것이 좋다. 또한 해상이나 항공운송 전시품도 해외 현지반입 절차는 매우 까다로워 운송업자를 선정하여 전시품을 발송하는 것이 시간과 비용을 절감할 수 있는 방법이다. 대부분의 전시주최자는 공식 운송업체를 지정하고 있으므로 전시회 참가기업은 주최자가 추천하는 운송업체를 이용하는 것도 바람직하다. 통상 해상운송은 무게 보다는 부피로 계산하며 항공운송은 무게로 운송비를 책정한다. 그러나 어떤 운송 수단을 택하든 운반할 때는 최소 무게 비용을 지불해야 하는 경우가 있으므로 전시품을 작은 상자로 포장하여 수량을 많게 하지 말고 큰 상자 단위로 포장하는 것이 좋다. 아울러 발송품의 분실 및 손망실을 대비하여 보험에 가입해 둔다.

마. 비품 임차 및 구입

부피가 큰 비품은 현지에서 임대할 수밖에 없겠지만 노트북, 조립식 스탠드형 홍보대, 배너걸이대 등 소품은 한국에서 갖고 가는 것이 좋다. 휴지통도 전시장에서 빌리는 것 보다 외부에서 사는 것이 오히려 돈이 덜 든다.

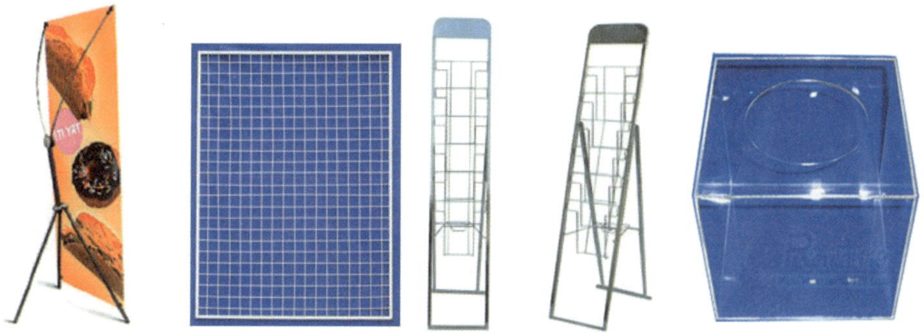

▶ 배너걸이대, 진열용철망, 카탈로그비치대, 명함수집함 등은 발송하거나 휴대한다.

특히, 전기 제품을 휴대할 경우 전압과 현지 소켓 형태를 감안하여 멀티 탭, 변압기와 전기 연장선 등 준비하는 것이 좋다. 또한 휴대용 청소기를 가져오면 전시기간 중 이용해야 하는 청소부 비용을 줄일 수 있다. 물론 이들 제품은 현지에서도 구할 수 있지만 가격이 매우 비싸다. 한국에서 준비해가지 못한 소모품이라 하더라도 소모품 리스트를 미리 작성하여 전시장내에서 구입하는 것보다 외부에서 구입하는 것이 저렴하다. 또한 인쇄물도 사전에 충분히 출력해온다.

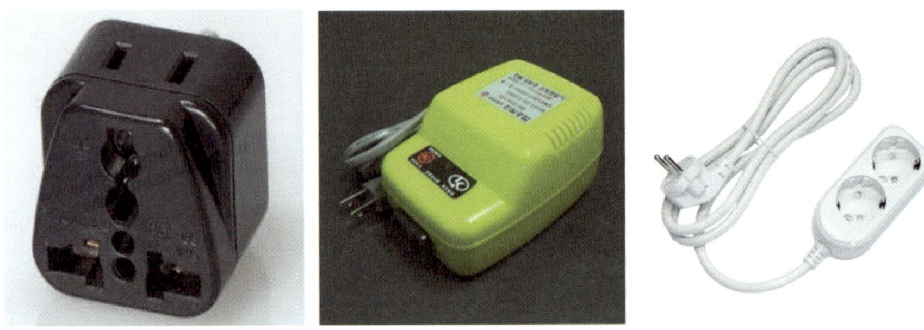

▶ 해외전시회 참가 시 멀티 탭, 변압기 및 전기 연장선을 반드시 준비한다.

바. 통역 및 안내원 채용

중소기업들에게는 전시회 참가 시 통역과 안내용 채용 비용도 만만치 않다. 특히, 유학생이나 교민이 적어 통역을 구하기 어려운 국가에서 개최되는 전시회에서는 이들 비용이 생각보다 훨씬 비싸다[22]. 따라서 제2 외국어 통역이 필요한 경우에는 한국인 보다 영어가 가능한 현지인 통역이 더 저렴한 경우도 있다. 꼭 한국인 통역을 채용하려 한다면 KOTRA 해외무역관이나 해당 국가 유학생회를 통해 소개받는다. 그러나 예산 절감을 위해 경험도 미천하고 외국어 실력도 부족한 통역을 채용하게 되면 제대로 된 상담을 하지 못할 수도 있다. 따라서 비용이 좀 들더라도 실력 있는 통역을 채용하는 것이 바람직하다.

22) 일일 통역료는 지역에 따라 상이하며 하루 8시간 기준으로 100~300달러 수준이다.

2013년 KOTRA 책정 현지 통역원 및 안내원 일일 지급수수료 단가표

지역	KBC	통화	지급수수료	
			통역원	안내원
구주	런던	EUR	240	180
	밀라노	EUR	150	120
	뮌헨	EUR	210	150
	암스테르담	EUR	180	140
	이스탄불	USD	130	100
	파리	EUR	180	140
	프랑크푸르트	EUR	180	140
	함부르크	EUR	190	140
북미	뉴욕	USD	250	180
	디트로이트	USD	210	160
	로스앤젤레스	USD	250	180
	마이애미	USD	210	160
	밴쿠버/토론토	USD	210	160
	샌프란시스코	USD	300	200
	시카고	USD	220	160
	워싱턴	USD	260	190
아시아대양주	뉴델리	USD	100	80
	다카	USD	100	80
	뭄바이	USD	100	80
	방콕	USD	130	100
	싱가포르	USD	200	150
	양곤	USD	100	80
	쿨라룸푸르	USD	130	100
	하노이	USD	100	80
	호치민	USD	100	80
일본	도쿄	JPY	180	140
중국	광저우	USD	100	80
	다롄	USD	100	80
	베이징	USD	100	80
	상하이	USD	100	80
	타이베이	USD	150	100
	홍콩	USD	200	150
중남미	멕시코시티	USD	150	100
	상파울루	USD	130	100
	파나마	USD	150	100
중동 아프리카	나이로비	USD	100	80
	두바이	USD	200	100
	바그다드	USD	100	80
	암만	USD	130	80
	카이로	USD	130	80
	테헤란	USD	100	80
	트리폴리	USD	130	80
CIS	모스크바	USD	130	100
	블라디모스톡	USD	100	80
	알마티	USD	100	80
	키예프	USD	100	80

사. 광고·홍보 및 판촉활동비

전시회 주최 측에서도 보다 많은 참관객들의 전시장 방문을 유도하기 위해 많은 홍보와 광고를 하겠지만 개별 참가업체들도 자신의 전시 부스로 내방객들을 유도하기 위해 별도의 광고 및 홍보 활동을 벌여야 한다. 해당 전시회 공식 디렉토리, 전문지나 일간지 등에 전시회 참가 내용(참가업체명, 전시기간, 전시부스 번호, 출품내역 등)을 포함하는 광고를 할 수 있다. 또한 기존거래선 및 신규바이어들을 대상으로 별도의 초청장을 제작, 발송하여 전시회 부스로 초청할 수 있다. 특히, 신규 바이어 대상 초청장 송부는 전시회 개최지역 부근 KOTRA 해외무역관에 『해외시장조사』를 의뢰하여 명단을 입수하고 초청장을 해당 무역관에서 직접 발송하도록 요청하면 시간과 우편요금을 절약할 수 있다.

아. 항공임, 숙박비 및 식비

유명 전시회 기간에는 항공권과 호텔 확보가 매우 어렵거나 확보가 가능하더라도 가격이 매우 비싸다. 항공임은 당시의 유가(유류 할증료)와 시기에 따라 큰 차이가 나므로 항공임 절약 방법을 일률적으로 제시하기는 어렵지만 보통 빨리 예약할수록 유리하다. 체류할 호텔도 충분한 여유를 두고 미리 예약하는 것이 좋으며 전시장과 너무 떨어진 호텔을 예약하게 되면 전시장을 오고 가는데 불편이 따르게 된다는 점도 유념해야 한다. 대형 전시회의 경우 단체 여행사를 활용하는 것이 좋다. 개별적으로 출장을 실시할 경우, 호텔 비용 절감과 동시에 식사를 해결할 수 있는 방법으로 전시장으로부터 멀지 않은 곳에 한국인이 운영하는 게스트 하우스[23]가 있는지를 파악해 본다.

▶ 스위스 바젤월드 개최 기간은 관광비수기인 관계로 유람선을 호텔로 이용한다.

[23] 한국인이 운영하는 게스트하우스는 호텔에 비해 저렴하면서 한식으로 식사를 제공 받을 수 있는 장점이 있다. 대부분의 한국인이 운영하는 게스트하우스에서는 공항 픽업 서비스까지 제공한다.

혹은 KOTRA 해외무역관에 의뢰하면 무역관의 특별 할인율이 적용되는 호텔 예약이 가능할 수도 있다. 만일 호텔이 모두 예약되어 빈방이 없는 경우에는 비수기라 운행되지 않고 있는 유람선, 방학 중이라 운영되지 않고 있는 학교 기숙사, 전시장 부근 민박 등에서도 투숙할 수 있는지 알아본다.

전시회에서 있었던 일

【사례 3】 계약금 없이 전시품 판매 약속했다가 바이어 안 나타나 낭패

2011년 6월 5일부터 8일까지 레바논 베이루트에서 개최되었던 「레바논 국제 건설자재 및 장비박람회」에 국내 기업 9개사가 참가하였다. 그런데 그 중 한 국내참가기업(A사)이 100Kg이 훨씬 넘는 대형 산업용 냉장 · 냉동기기 1대를 전시하였는데 전시회 첫날 좋은 바이어를 만나 전시회 마지막 날 오후, 5천불에 넘겨주기로 약속을 하였다. 이 기업은 이미 통관 시 관세를 부담하였기 때문에 판매에 아무런 제약이 없었다. 이와 같이 무게가 많이 나가는 대형 전시품은 전시회 종료 후, 한국으로 다시 가져오려면 운송비가 많이 들고 번거로워 대부분 현지에서 판매하는 경우도 흔히 있다.

그 후에도 여러 바이어들이 판매를 요청해오자 이 기업은 해당 전시품에 『Sold Out』이라고 표기한 후, 이미 팔려 판매가 불가능하다며 바이어들의 양해를 구했다. 그러나 전시회 마지막 날, 약속 시간이 되어도 바이어는 나타나지 않았다. A사 파견자는 그 바이어에게 전화를 하여 왜 와서 인수해가지 않느냐고 묻자 그 바이어는 사정이 생겨 인수할 수 없다고 답변하고 전화를 끊었다. A사는 이 바이어로 부터 제품 인수와 관련 계약금을 물론이고 계약서도 받지 않고 구두약속만 믿었기 때문에 전시회 기간 중 다른 바이어에게 매각할 수 있는 기회를 놓치고 말았다. 다행히 이 기업은 전시회 종료 후, 요르단 암만에서 좋은 바이어를 만나 전시품을 매각할 수 있었다.

【교훈】
- 전시회 기간 중, 전시품 매각 시에는 반드시 계약서를 작성하고 선금 (계약금)을 받아둔다.
- 첫 번째 계약자가 약속을 지키지 않을 경우를 대비하여 두 · 세번째 계약자를 예비 목록에 올리고 상황을 설명한다.

Chapter 05 전시회 참가 절차 및 준비

1 전시회 참가 절차[24)]

전시회 참가를 위해서는 적어도 1년 전부터 착실히 준비해야 한다. 참가 준비는 일정에 따라 순차적으로 진행하기도 하고 동시에 추진해야 하는 사항도 있다. 전시회 참가 단계별로 수행 할 일는 참가 전, 참가 기간 중 그리고 참가 후로 분류 할 수 있다. 우선 참가 목적과 목표를 설정하고 이에 부합하는 참가 대상 전시회를 선정한다. 이때 공동관으로 참가 할 것인지 개별적으로 참가할 것인지도 결정한다. 전시회 참가 경험이 없는 업체라면 조기에는 전시회 지원 기관에서 참가경비를 일부 부담해주는 국가관 형태로 참가하여 경험을 쌓고 자신이 생기면 개별적으로 참가하는 것이 바람직하다. 참가 대상 전시회가 선정되었으면 전시회 참가에 필요한 예산을 수립하고 확보한다. 그 후, 참가신청서를 제출하고 부스를 확보하며 아울러 항공권과 호텔을 예약한다. 전시품 준비에도 만전을 기하며 현지까지 운송 기간을 감안하여 전시품을 발송한다. 이와 함께 사전 마케팅을 통해 전시기간 중 유력 바이어들이 부스를 내방하도록 적극 홍보한다. 적어도 전시회 개최 이틀 전에는 현지에 도착하여 전시품을 수령하고 부스 설치를 확인 한 후, 전시품을 디스플레이 한다. 전시 기간 중 현장 마케팅 활동을 수행한 후, 전시회가 종료되면 전시품을 반송하고 귀국하여 사후 관리를 하게 된다.

24) KOTRA 해외전시마케팅 〈KOTRA 아카데미 박해열 차장〉 교육 자료 인용

전시회 참가 업무 절차도

참가목적 및 목표 설정(1년 전)

▼

참가 대상 전시회 선정(11개월 전)

▼

예산 수립 및 확보(11개월 전)

▼

참가신청 및 부스 예약(6~11개월 전)

▼

항공권 및 숙박 예약(6개월 전)

▼

전시품 준비 및 발송(2~6개월 전)

▼

사전 마케팅(3개월 전)

▼

전시회 참가 현장 마케팅

▼

전시품 반송

▼

참가결산 및 사후 마케팅

2 전시회 참가 전 준비사항

가. 예산수립 및 확보

참가할 전시회가 선정되었다면 전시회 참가에 필요한 세부 예산 계획을 수립한다.

그러나 예산수립에 앞서 해외전시회의 경우, 몇 가지 고려해야 할 사항이 있다. 참가 규모 및 형태, 부스형태, 외부 예산 지원 여부 그리고 전시회 파견 인원수에 따라 예산 자체가 크게 영향을 받기 때문이다.

예산수립 전, 고려사항

구분	고려사항	장점	단점
참가형태	개별참가	▪ 본인이 원하는 전시회 자체 선정 가능	▪ 많은 예산 투입 ▪ 전시회 참가 모든 과정 본인이 직접 수행
	단체참가	▪ 예산 절감 ▪ 파견기관에서 전시회 참가 과정 상당 부분 대행 ▪ KOTRA 현지무역관의 지원을 받을 수 있음	▪ 단체가 파견하는 전시회로만 참가 국한 ▪ 개인행동 제약 ▪ 국내 경쟁기업들과 같이 참가할 수도 있음 ▪ 경쟁률이 높은 전시회는 탈락 가능성 높음
부스형태	조립식부스	▪ 예산 절감 ▪ 부스에 대해 신경 쓸 필요 없음	▪ 개성 있는 부스 설치 불가
	독립식부스	▪ 자사의 특성을 살릴 수 있는 개성 있는 부스 설치 가능 ▪ 부스 위치 선정 시 유리(일부 전시회) ▪ 많은 참관객 집객 효과	▪ 많은 비용 소요 ▪ 일정 규모 이상의 부스 임차 의무 ▪ 전문장치업체 직접 선정 및 계약
외부지원 예산	외부지원예산 (일부)	▪ 예산 절감	▪ 지원기관의 예산집행 지침 준수 및 사후 증빙서 제출
	자체예산	▪ 자사 의도대로 예산 집행 가능	▪ 전시회 참가에 따른 모든 경비 자체 부담
파견인원	1명	▪ 예산 절감	▪ 동시다발 바이어 방문 시 응대 어려움
	2명 이상	▪ 동시다발 바이어 방문 시 응대 가능 ▪ 분업을 통해 업무 효율화	▪ 비용 증대

여러 해외마케팅 수단 중 전시회 참가는 그 성과가 매우 높지만 많은 비용이 든다는 단점이 있다. 많은 비용이 소요되는 마케팅 활동이니 만큼 사전 치밀한 계획이 필요하다. 일반적으로 외부 지원을 받지 않고 개별적으로 해외전시회에 참가하는 경우, 소요예산 내역서는 다음과 같다. 특히, 고딕볼드로 표시된 예산은 거의 모든 해외전시회 참가 시 기본적으로 필요한 예산 내역이다.

해외전시회 참가를 위한 예산 산출내역

비목	세부내역	소요예산
국외여비	▪ **항공임** ▪ **숙박비** ▪ **식비** ▪ **일비**	
임차료	▪ **전시장 임차료** ▪ 차량 및 비품(전시대, 의자, 테이블, 사무용기기 등) 임차료	
지급수수료	▪ 통역원 ▪ 안내원	

해외전시회 참가를 위한 예산 산출내역 (계속)

비목	세부내역	소요예산
운송비	▪ 전시품 발송비 ▪ 현지운송 및 통관비	
장치비	▪ 부스 장치비 ▪ 국내 장치지원물 제작비	
운영비	▪ 통신비(전화, 인터넷, 팩스, 특사배달 등) ▪ 소모품비 ▪ Utility 사용비 (전기, 전화, 인터넷, 청소, 수도, 가스, 압축공기, 청소 등)	
마케팅 및 광고선전비	▪ KOTRA 해외시장조사 대행비 ▪ 전시회 디렉토리 광고 게재료 ▪ 전문잡지 광고료 ▪ 판촉물 구입 ▪ 현지 세미나 등 부대행사 참가비	
도서인쇄비	▪ 회사 카탈로그 제작비 ▪ 바이어 초청장 ▪ 자료 구입비	
해외활동비	▪ 바이어 접대비 ▪ 리셉션, 세미나 개최비	

아울러 외부예산을 지원 받는 경우, 지원 기관에 따라 그 지침이 상이하나 대부분 용도가 지정되어 있으며 경우에 따라 비목별 집행 예산 중 일정 비율은 지원을 받는 개별 기업들이 부담하도록 정해져 있고 전시회 참가 종료 후, 집행 증빙자료를 지원 기관에 제출해야 한다.

나. 참가신청 및 부스 예약

전시회 참가 예산이 확정되었으면 가능한 속히 참가신청을 한다. 보통 전시회 신청은 개최 전 6~12개월 사이에 이루어지나 유명 전시회는 전시회 개최 기간 중이나 폐막 직후 신청을 받는 경우도 많다. 따라서 유명 전시회일수록 참가신청을 서두르는 것이 좋다. 또한 조기신청을 하면 전시회 참가 할인 혜택을 받을 수도 있고 부스 위치 선정 시 유리할 수도 있기 때문이다. 따라서 해당 전시회 홈페이지를 방문하여 참가신청 마감일을 파악하고 전시회 규정(Rules & Regulations) 및 참가업체 매뉴얼을 세밀하게 숙지한다. 참가업체 매뉴얼은 Exhibitors Manual, Exhibition Manual, Set-up Manual, Exhibitors Service & Order Form이라고도 불리며 통상 6개월 전에 모든 참가신청업체들에게 송부된다. 참가업체 매뉴얼에는 참가업체들의 박람회 참가와 부스 운영에 필요한 규정과 제반 서비스 종류 및 신청서 양식, 신청기한 및 신청요령 등이 기재되며 최근에는 온라인으로 참가업체 매뉴얼을 올리기도 한다.

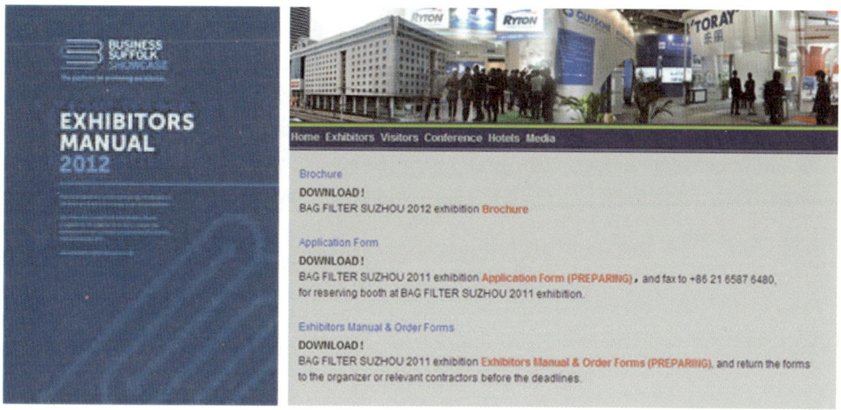

▶ 인쇄 형태 및 홈페이지에 등재된 참가업체 매뉴얼

참가업체 매뉴얼 숙지 시 조립식 부스로 참가하는 경우, 주최 측이 기본적으로 제공하는 집기 등이 무엇인지도 확인해야 하며 주요 일정표(Checklist of Important Dates)는 출력하여 담당자 책상이나 업무 다이어리에 부착해 둔다. 아울러 부스 위치를 사전에 확인해 두는 것도 잊어서는 안 된다. 특히, 주최자가 제공하는 장치, 디렉토리 참가업체 정보 수록, 가구, 조명, 전기, 전화, 인터넷, 수도, 압축공기, 경비 및 주차장 등 서비스 마다 신청 마감일이 상이할 수도 있으므로 꼼꼼히 살펴 기한 내 신청하여야 한다. 이외 거의 모든 해외전시회 주최자들은 홈페이지에 예비 참가업체들을 위해 전시회 관련 각종 필수 정보들을 게재하고 있으므로 이들 정보를 잘 살핀다. 예를 들어 홍콩전자전에서는 참가업체들이 사전 기본적으로 알아두어야 할 정보를 홈페이지에 게재하고 있으며 한국기업들이 많이 참가하는 일부 해외 전시회의 주최자들은 한국어판 홈페이지를 별도 운영하고 있어 한국기업들이 훨씬 수월하게 관련 전시정보를 취득하고 참가신청을 하고 있다.

홍콩전자전 홈페이지에 게재된 일반 및 전시참가자를 위한 정보

General Information for Exhibitor

- For Details
- For at a Glances
- List of Exhibitors
- Hall Plan
- Event Schedule
- Travel Assistances
- Shuttle Bus Service
- Previous Fair Photo Gallery
- Previous Fair Information
- Major Asian Electronics Fairs
- Contact Us
- Enquiries

- Login and Manage My Participation
- Participation Fee & Format
- Apply Booth
- FAQs for Online Booth Application
- Advertising Opportunities
- Exhibitor's Manual
- Additional Facilities & Services Order Form
- Rules & Regulations
- Checklist of Important Dates
- Tips for New Exhibitors
- SME Export Marketing Fund
- Exhibitor Supporting Services
- Travel Assistance
- Shuttle Bus Service
- Free Business Information & Facilities
- Free China Business Advisory Service
- Enquiries

한국어판 홈페이지를 별도 운영하고 있는 홍콩전자전

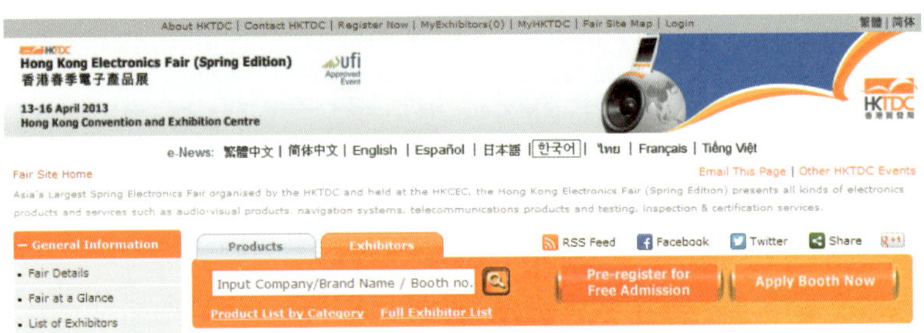

요즘에는 대부분의 전시회가 홈페이지에서 온라인으로 신청 받고 참가비도 신용카드로 즉시 결제하도록 되어 있어 과거보다 편리하고 신속하게 참가 신청을 할 수 있다. 부스 임차료의 경우, 일반적으로 참가 신청과 동시에 임차료의 20~50%를 납부하고, 개막 3~6개월 전에 잔금까지 완납해야 한다. 일부 유명 전시회는 참가 신청과 동시에 부스임차료를 100% 완납해야 신청 완료처리가 되므로 참가 신청서를 자세히 확인하고 온라인 참가 신청 완료 후 신청서가 제대로 접수되었는지 전시주최자에게 확인하는 것도 잊지 말아야 한다.

전시회 참가신청서 및 계약조건

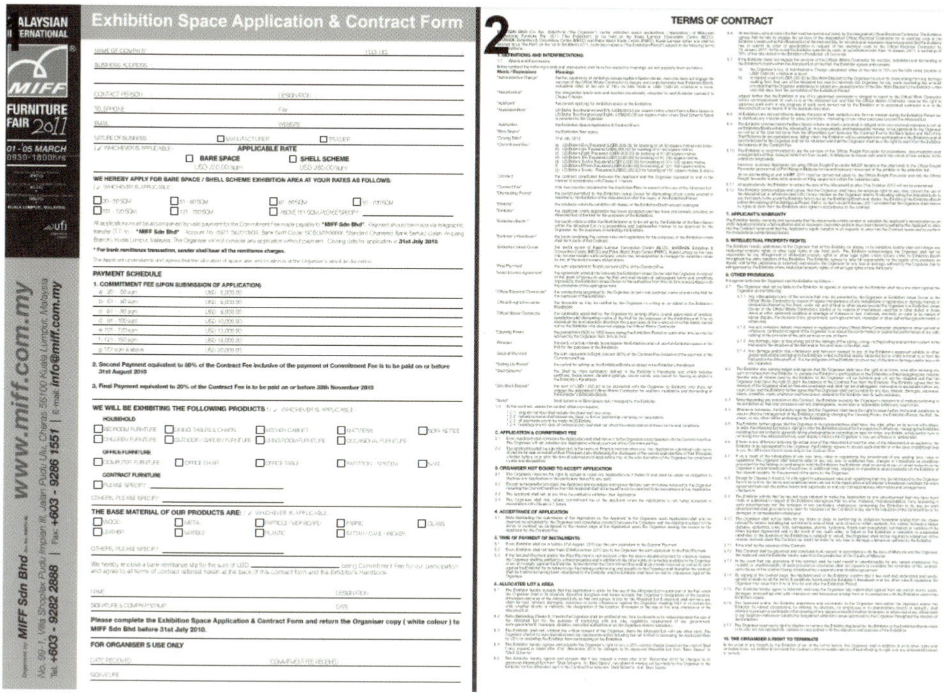

부스 배치는 기존 고객에게 우선권을 배정하는 경우, 처음 신청한 고객부터 유리한 위치로 배정하는 경우, 참가신청기업들에게 선착순으로 1순위 - 2순위 - 3순위 순으로 결정하도록 자율권 부여하는 경우, 전시면적을 많이 예약한 고객 순으로 배치하는 경우, 전시기업의 지명도 및 영향력 등을 고려하여 배치하는 경우, 주최자가 일방적으로 결정하는 경우 등 여러 방법이 있으나 가능한 유리한 위치의 부스를 배정받도록 주최자에게 요청한다. 특히, 불리한 위치로 배정받았으면 최대한 이의를 제기하여 빠져 나오도록 한다.

아울러 신청서 제출 시 부대 서비스도 동시에 신청하는데 조립식 부스로 신청 시 전시주최자가 기본적으로 제공하는 집기이외 필요한 경우 의자, 전시대, 주방용구, 조명, 오디오 및 비디오기, 사무용 기기, 화분 등 인테리어용품 등을 추가로 신청하며 각종 Utility(전기, 전화, 인터넷, 급배수, 압축공기, 가스 등)도 필요한 항목을 체크하여 요청한다. 아울러 전시회 파견자는 물론이고 통역요원 및 안내원 등 인력의 전시회 출입증 및 주차증도 발급

요청한다. 또한, 전시회 주최자들은 공식 디렉토리를 발간, 배포하는데 디렉토리 발간용 양식에 맞추어 출품회사 및 상품정보를 작성하여 기한 내 제출토록 한다. 일부 유럽 지역에서 개최되는 유명 전시회인 경우, 디렉토리 등재 비용을 별도로 징수하기도 한다.

다. 항공권 및 숙박 예약

「디트로이트 모터쇼」 임박해서는 항공티켓, 호텔 잡기도 힘들다는 기사

hankooki.com **한국일보**

[한국일보 2013.1.11 기사]

[Cover Story] '으라차차(車車)'… 디트로이트가 1년에 한번씩 들썩인다

■ '황금알' 세계 5대 모터쇼의 도시들
항공편·호텔 등 1년전 예약 끝… 5년간 부가가치 무려 17억 달러
파리·프랑크푸르트도 '시즌 특수'… 최근엔 베이징·상하이 급부상

유인호기자 yih@hk.co.kr

지난해 1월 미국 미시간주 디트로이트에서 열렸던 디트로이트 모터쇼에 수많은 관람객이 몰려 붐비고 있다.

미국 동북부에 위치한 미시건주 디트로이트. 매년 이 맘 때면 이 도시는 들썩거린다. 세계 5대 모터쇼의 하나이자, 전 세계 모터쇼 가운데 가장 먼저 열리는 '디트로이트 모터쇼'때문이다. 올해도 14일(현지시간) 개막을 앞두고 이 도시는 벌써부터 전 세계 자동차관계자들과 관광객, 취재진으로 북적거리고 있다.

디트로이트로 향하는 비행기 등 교통편은 이미 오래 전 매진상태. 평소 100달러 안팎의 중저가 호텔조차 400~500달러까지 뛰는데, 모터쇼가 임박하면 이마저도 구하기 쉽지 않다. 디트로이트 모터쇼에 참관예정인 한 자동차 업체 관계자는 "대부분 1년 전에 미리 예약하지 않으면 항공티켓도, 호텔도 잡기 힘들다"고 말했다.

유명 전시회일수록 전시회 기간에는 항공권 및 호텔 확보가 어렵다. 전시회 기간에 임박할수록 항공권 및 호텔 가격이 올라간다. 따라서 항공권과 호텔 예약은 빠르면 빠를수록 좋다. 그렇다고 예산 절감을 위해 너무 싼 항공권을 구입하게 되면 여러 번 갈아타거나 출발, 도착시간대가 좋지 않아 매우 피곤한 출장이 될 수 있다. 시차 적응도 안 된 상태에서 최소 3-4일간 바이어들과 연속 상담을 하기 위해서는 가능한 한 몸 컨디션을 좋은 상태로 유지해야 한다. 따라서 가능하면 직항 국적기를 이용하고 직항이 없다면 갈아타는 횟수를 최소화하는 항공 루트를 택하도록 하며 전시회 개최 이틀 전까지는 현지에 도착토록 하는 것이 바람직하다. 아울러 출장자가 휴대하는 전시품이 많은 경우에는 무료로 1인당 수화물을 많이 실어주는 항공편을 이용토록 한다.

또한 숙박의 경우도 예약 시기를 놓치게 되면 전시장과 상당히 멀리 떨어진 곳의 호텔에 투숙할 수밖에 없는데 전시장 오고 가는데 많은 시간이 소요되어 비즈니스 활동에 막대한 지장을 주게 된다. 따라서 가능한 전시장 가까운 호텔로 예약하는 것이 훨씬 유리하다. 호텔 부근에 한국 식당, 환전소 및 쇼핑센터가 있다면 더 좋다. 그러나 우범지대에 있는 호텔은 피하는 것이 바람직하다. 대형 전시회의 경우, 단체 여행사를 활용하는 것도 좋고 전시회 주최 측과 연계된 항공, 호텔 서비스를 활용하는 것도 바람직하다. 대부분의 전시회 주최자들은 참가업체와 참관객들을 위해 전시장 주변 호텔 정보를 홈페이지에 게재하고 있다.

통상 전시회 개최 기간은 4일 이상이므로 장치와 철거일 까지 감안한다면 적어도 5~6일은 현지에 머물러야 한다. 한인들이 다수 거주하는 지역이라면 부근에 한국 식당이나 식품점이 있겠지만 한인들이 많이 살고 있지 않는 지역이라면 한국 식당 찾기도 쉽지 않으므로 가능하다면 한국인이 운영하는 게스트하우스에 머무는 것도 권할 만하다. 그러나 일부 한국인이 운영하는 게스트하우스에서는 신용카드 결제가 안 되고 현금만 받는 경우도 있으므로 반드시 신용카드 지불이 가능한지 사전에 확인한다.

전시회 개최 지역에 기존 거래처나 친인척이 있다면 이들에게 호텔 예약을 의뢰하거나 현지 도착 시 픽업 등 교통편의를 요청하는 것도 생각해볼 만 하다. 물론 전시장 소재지에 있는 KOTRA 해외무역관에 비즈니스 출장 지원을 요청해도 좋다.

라. 전시품 준비

부스 배정이 확인되었으면 어떤 전시품을 갖고 나갈 것인가를 결정하고 준비한다. 기존 제품을 전시할 것인가 새로 개발된 (될) 전시품을 전시할 것인가를 결정한다. 전시품의 양은 임차한 부스 면적을 고려하여 결정한다. 임차 부스에 비해 너무 많은 전시품을 갖고 가게 되면 운송비도 많이 들 뿐 아니라 부스에 모두 전시하지 못할 수도 있고 오히려 혼란스러워 바이어들에게 좋은 이미지를 주지 못하게 되는 경우도 있다. 또한 전시회 통관이나 전시회 종료 후, 처치 곤란할 수도 있으므로 적당한 양을 준비하도록 한다.

전시품 수량만 고려할 것이 아니라 전시회 개최국이나 인근국가 들에서 경쟁력이 있고 판매 가능성이 높은 상품으로 엄선해야 한다. 이들 국가의 소비자나 구매자의 구입특성, 소득수준, 디자인 및 색상, 소재, 경쟁국과 경쟁 기업들의 진출 동향, 유통구조, 수입 규제, 인증 필요성 등도 감안한다. 특히 패션상품인 경우, 향후 유행할 제품을 충분한 시간 여유를 갖고 준비한다. 또한 특허나 디자인 도안 침해로 문제가 발생할 가능성이 있는 품목은 출품에서 제외한다. 전시품과 함께 카탈로그, 제품설명서, 사진 및 출장자 명함도 충분히 챙기되 가능하면 전시회 주최국 언어로 설명된 제품설명서를 갖고 간다. 아울러 운송회사를 통해 별도로 보낼 전시품과 출장자가 휴대하여 갖고 갈 전시품도 구분하여 준비한다.

전시품 준비 소홀로 실패한 사례

구분	실패 원인
섬유전	▪ 해당 지역에 맞지 않는 디자인으로 출품 – 뉴욕 섬유전에 중동 소비자들이 주로 찾는 디자인과 소재 원단 출품
전자제품, 의료기기, 의약품 등	▪ 해당 국가가 요구하는 인증을 취득하지 않은 상태에서 출품
식품전, 화장용품전	▪ 종교적인 이유로 해당 소비자들이 먹거나 마시지 않고 소비하지 않는 제품 출품 – 중동 화장품전에 돼지 뼈가루가 들어간 화장품 출품
건축전	▪ 개최국에 건축기자재 공장 부재로 건축기자재를 제조하는데 필요한 원재료 수요가 없는데도 모르고 출품
시계박람회	▪ 디자인 침해로 전시기간 중 벌금 부과 및 전시기회 박탈

일반적으로 전시품을 준비할 때 전시회 참가목적에 부합하는 전시품으로 선정하되 그 밖에 고려해야 할 사항은 다음과 같다.

전시품 준비 시 고려사항

항목	체크 포인트
√	아이디어 상품이나 디자인 우수 제품인가?
√	현재 수요가 확대되고 있는 제품인가?
√	지금 당장은 아니라도 가까운 장래 수요 확대가 예상되는 제품인가?
√	현지에서 짝퉁 품목으로 범람하고 있지 않은가?
√	현지 틈새시장을 겨냥해 볼 만한 상품인가?
√	유행에 뒤떨어진 제품은 아닌가?
√	현지 미풍양속을 해치는 상품은 아닌가?
√	현지 주파수나 전압에 맞는 제품인가?
√	국제적 품질이나 규격 인증을 받은 제품인가?

전시품 준비 시 고려사항 (계속)

항목	체크 포인트
√	현지 수입 불가 제품은 아닌가?
√	특허나 디자인 복제 분쟁 소지는 없는 제품인가?
√	신제품의 경우, 기밀이 노출되는 제품은 아닌가?
√	현지에서 경쟁국 제품들과 이미 치열한 경쟁을 벌이고 있는 제품인가?
√	운송 도중 폭발, 변질이나 파손 될 우려가 있는 제품인가?
√	현지에서 시현이 가능한 제품인가?
√	현지 유통망 활용이 가능한 제품인가?
√	현지 수출 후 A/S가 가능한 제품인가?
√	현지 문화, 종교 및 관습 등에 저촉되는 제품은 아닌가?
√	전시회 종료 후 현지 매각이나 반출이 가능한 제품인가?
√	현지에서 예비 구매자 타켓을 설정할 수 있는 품목인가?
√	현지 산업 현황과 매칭이 되는 품목인가?
√	주변국들로의 우회 수출이 가능한 품목인가?
√	현지 자연 환경에 부합되는 품목인가?
√	지금까지 많은 국내기업들이 해외전시회에 출품한 품목에 속하는가?

최근에는 종전 실물 위주의 전시에서 상품 관련 동영상을 준비하여 바이어들 앞에서 시연하는 경우도 많이 있으므로 CD나 USB 등으로 동영상을 제작하여 휴대하는 것도 바람직하다.

마. 전시품 발송

전시품 준비가 완료되었다면 전시 개막일 1~2일 전에는 전시장에 도착할 수 있도록 운송회사에 의뢰한다. 부피가 큰 전시품은 해상운송을 이용하는데 운임이 저렴하지만 기간이 오래 걸리므로 운송회사를 통해 운송 기간을 반드시 확인한다. 반면 부피도 크지 않고 무게도 많이 나가지 않는 전시품이라면 항공운송을 이용할 수도 있다. 항공운송은 운송기간이 짧지만 운임이 매우 비싸다. 한편 소량이라면 전시회 파견자가 휴대해서 갖고 갈 수도 있으나 항공사마다 무료로 실어주는 무게와 가방 또는 박스 수량에 제한을 두고 있으므로 반드시 허용 범위를 확인한다. 특히, 귀금속이나 분실 가능성이 있는 제품은 직접 휴대하는 것이 바람직하다. 다만 귀금속 등 고가품은 통관 시 문제가 될 수 있으므로 미리 대비해둔다. 해상운송이든 항공운송이든 전시물품에 대한 손망실을 대비하여 보험 가입하는 것을 잊어서는 안 된다.

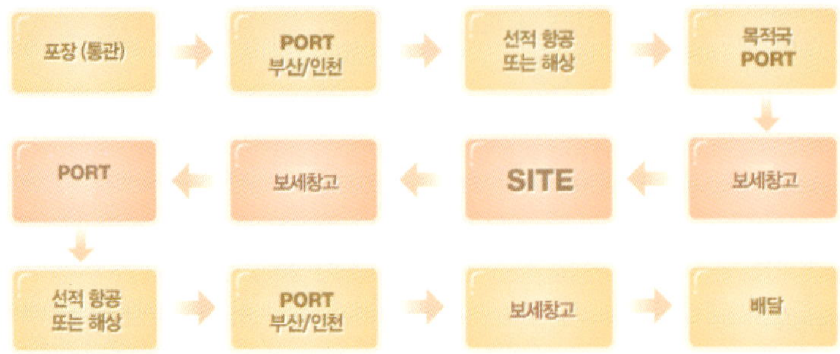

▶ 해외전시화물 운송 과정

해외전시품 운송비와 서비스 질은 운송회사별로 상이하므로 여러 운송회사로부터 견적을 받아보고 신뢰할 수 있는 운송회사를 파악하여 의뢰토록 한다. 특히 현지 파트너의 서비스가 우수하고 국내 운송회사와 네트워킹이 잘되어 있어야 한다. 운송비가 지나치게 싼 운송회사는 포장이나 서비스, 현지 통관 수속 능력이 떨어지는 경우도 있으므로 제시된 운송비만 보고 운송회사를 선정하는 것은 바람직하지 못하다.

전시품 운송 시 고려해야 할 사항[25)]

항목	고려 사항
√	전시품 발송 시에는 박스 수를 줄여서 포장한 뒤, 표시를 명확히 해 둘 것
√	전시품 반송용 라벨은 사전에 준비해 둘 것
√	의료기기나 군용 제품 등 통관에 문제가 될 수 있는 제품의 대책을 준비할 것 (예 : 현지어로 작성된 제품 설명서)
√	전시품을 현지에서 처분할 수 있는 지 여부를 사전에 확인할 것
√	관세에 대비 ATA Carnet(무관세 임시통관증서), 인보이스 사전 준비할 것
√	전시품은 충분한 시간을 두고 발송할 것
√	DHL 등 특급우편도 나라에 따라 통관이 어려운 경우가 있으니 주의할 것
√	안전한 전시품 운송을 위해서는 Wooden Packing이 유리
√	샘플, 카탈로그[26)], 명함, 기념품은 충분히 준비할 것
√	해상운송 도중 변질될 위험이 있는 전시품은 항공운송을 이용하거나 직접 휴대할 것
√	전시품 손망실 대비 반드시 보험에 가입할 것
√	전시품 손망실, 통관 불허, 지연도착 대비, 비상용 상담 자료를 별도 휴대할 것

25) 해외전시 마케팅(KOTRA 박해열) 자료 66페이지 인용

26) 영문 카탈로그 또는 전시회 주최 국가가 영어권이 아닌 경우, 해당국가 언어로 제작된 카탈로그를 준비한다. 한글판 카탈로그는 전시하지 않는다.

전시품 운송에 필요한 서류

서류명	서류에 관한 설명
포장명세서 (Packing List)	전시품 포장에 관한 사항을 상세히 기재한 서류로 포장된 제품의 수량, 순 중량, 총 중량, 일련번호 등을 상세히 적는다. 내용물의 목록을 모두 쓸 필요는 없으며, 가격은 기재하지 않는다. 이는 통관 수속 시 자료로 사용되며 화물을 처리하는데 사용된다. 상업송장 및 운송서류에 기재된 내용과 일치해야 한다.
송장 (Commercial Invoice)	명세서, 계산서, 대금청구서를 겸한 필수 선적서류로 상거래용으로 사용되는 상업용 송장(Commercial Invoice)과 영사송장(Consular Invoice), 세관송장(Customs Invoice)등의 공용송장(Official Invoice)으로 나뉜다. 일반적으로 상업용 송장을 송장이라 한다.
선하증권 (Bill of Landing, B/L)	해상운송계약에 따른 운송화물의 수령 또는 선적을 인증하고, 화물의 인도청구권을 문서화한 증권이다.
항공화물운송장 (Air Way Bill)	항공수송 화물에 대하여 하송인과 운송인 사이에 화물의 운송계약이 체결되었다는 것을 증명하는 서류로 국제항공수송협회(IATA)에 의해 그 양식과 발행방식이 규정되어 있다. 이 운송장은 운송계약 체결의 증거 서류, 운송물품의 영수증, 운송요금의 청구서, 보험증명서, 세관신고 서류, 항공회사에 대한 운송품 취급 · 발송 · 인도에 관한 서류의 역할을 한다.
물품 무관세 임시 통관증서 (ATA Carnet)	ATA 협약 가입국간에 일시적으로 물품을 수입/수출 또는 보세운송하기 위해 필요로 하는 복잡한 통관서류 또는 담보금을 대신하는 증서로 통관절차를 신속하고 편리하게 하기 위해 만들어졌다. 이 서류를 이용하면 통관시 부가적인 통관서류의 작성이 필요 없으며, 관세 및 부가세, 담보금 등을 수입국 세관에 납부할 필요가 없다.
수출보험 (Export Insurance)	신용위험이나 수입국 정치 상황 등으로 수출대금을 회수하지 못할 경우 손해를 보상하는 신용보험으로 국내 주요 화재보험사에서 취급하고 있다.

전시품 운송 및 통관 시 유의해야 할 사항은 다음과 같다. ① 전시주최자가 배포한 참가매뉴얼에 지정된 통관대행업체를 확인하고 이용하는 것이 좋다. ② 전시품이 운송과정에서 손상되지 않도록 유의해서 포장하고, 운송과정에서 지연될 경우 전시품이 도착하지 않아 낭패를 볼 수 있으므로 전시품 도착일이 전시회 개막일 보다 며칠 앞서도록 여유를 두는 것이 안전하다. ③ 국가별 수입 금지품목, 통관절차의 특이사항 등을 사전에 파악하고 전시품 운송을 준비하여 통관에 문제가 없도록 한다. 가능하면 전시회 개최국 언어로 작성된 상품 설명서를 첨부한다. ④ 전시품을 직접 운반 할 경우 영문 송장(Invoice), 물품 무관세 임시 통관증서(ATA Carnet)등을 필히 지참하여 현지 공항에서 관세 부관 및 통관 절차에 대비한다. ⑤ 전시품의 도난 및 분실 우려가 있으므로 각 전시품 마다 회사명, 부스번호, 전시회명을 필히 기재한다. 또한 전시품을 포장한 상자 겉면에는 제품정보를 직접 명기하지 말고 코드화 하여 표기하는 것이 좋다. ⑥ 전시품 송장 작성 시 현지 관세 부담을 줄이기 위하여 가격을 정가보다 훨씬 낮추어 적는 경우가 많은데, 전시품이 분실 또는 망실 될 경우

적절한 보상을 받지 못하거나 세관에 적발되어 문제가 될 수 있으므로 유의해야 한다. ⑦ 전시회 참가 담당자는 운송과정에서 문제가 생길 수 있으므로 주말에도 연락 가능한 운송업체 담당자 긴급 연락처를 필히 가지고 있어야 하며, 전시품 운송관련 각종 서류 사본도 별도 준비하여 만약의 사태에 대비한다. 또한 전시회 개최 지역 소재 KOTRA 무역관과 공관 연락처도 미리 파악해 둔다. 특히 전시품 도착 지연, 도난 및 망실, 통관 불허 등으로 제때 도착되지 않는 경우를 대비하여 최소한의 전시품과 자료는 파견자가 직접 휴대해 간다.

전시회 개최 전 부스 위치에 따라 장치 및 전시품 반입 일정이 결정된다. 전시회 참가 매뉴얼의 「Freight Target Floor Plan」을 통해 주최 측이 정해 준 시간 이후에 전시품이 도착할 경우 전시품 운반은 가능하나 전시회에 따라 별도로 벌금을 내야 하는 경우도 있으므로 전시품 반입 일정을 반드시 사전에 확인 한 후, 운송회사에 알려줘야 한다. 아울러 독립식 부스로 참가하는 경우 전기배선, 카펫설치가 늦어져 전시품 운반이 지연되지 않도록 한다.

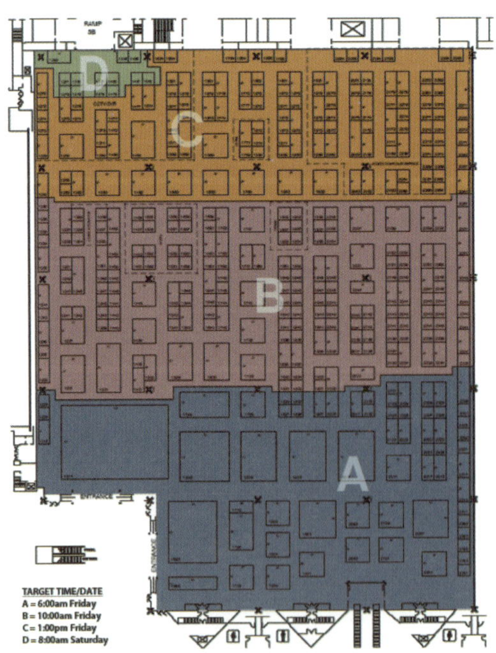

▶ 전시장 구역별로 전시품 운송시간이 정해져 있다.

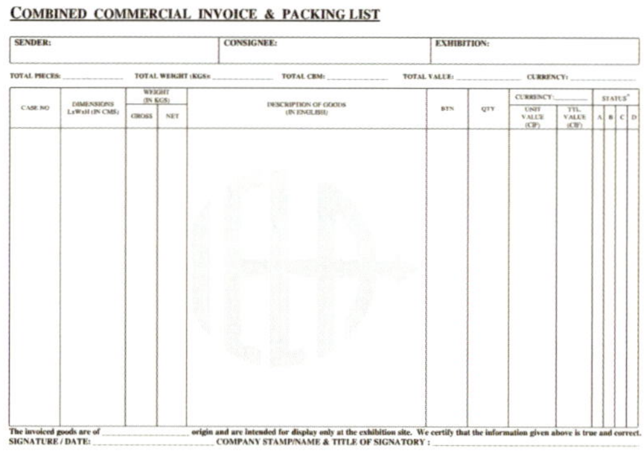
COMBINED COMMERCIAL INVOICE & PACKING LIST

SENDER: | CONSIGNEE: | EXHIBITION:

TOTAL PIECES: ______ TOTAL WEIGHT (KGS): ______ TOTAL CBM: ______ TOTAL VALUE: ______ CURRENCY: ______

CASE NO	DIMENSIONS LxWxH (IN CMS)	WEIGHT (IN KGS) GROSS	NET	DESCRIPTION OF GOODS (IN ENGLISH)	HTS	QTY	CURRENCY: UNIT VALUE (CIF)	TTL VALUE (CIF)	STATUS A	B	C	D

The invoiced goods are of ______ origin and are intended for display only at the exhibition site. We certify that the information given above is true and correct.
SIGNATURE / DATE: ______ COMPANY STAMP/NAME & TITLE OF SIGNATORY: ______

▶ 상업송장 및 포장명세서

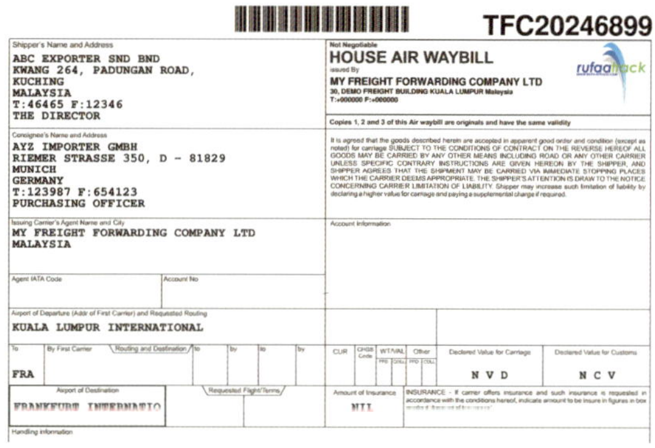
TFC20246899

Shipper's Name and Address
ABC EXPORTER SND BND
KWANG 264, PADUNGAN ROAD,
KUCHING
MALAYSIA
T:46465 F:12346
THE DIRECTOR

Not Negotiable
HOUSE AIR WAYBILL
issued By
MY FREIGHT FORWARDING COMPANY LTD
30, DEMO FREIGHT BUILDING KUALA LUMPUR Malaysia
T:+000000 F:+000000

Copies 1, 2 and 3 of this Air waybill are originals and have the same validity

Consignee's Name and Address
AYZ IMPORTER GMBH
RIEMER STRASSE 350, D - 81829
MUNICH
GERMANY
T:123987 F:654123
PURCHASING OFFICER

It is agreed that the goods described herein are accepted in apparent good order and condition (except as noted) for carriage SUBJECT TO THE CONDITIONS OF CONTRACT ON THE REVERSE HEREOF. ALL GOODS MAY BE CARRIED BY ANY OTHER MEANS INCLUDING ROAD OR ANY OTHER CARRIER UNLESS SPECIFIC CONTRARY INSTRUCTIONS ARE GIVEN HEREON BY THE SHIPPER, AND SHIPPER AGREES THAT THE SHIPMENT MAY BE CARRIED VIA INTERMEDIATE STOPPING PLACES WHICH THE CARRIER DEEMS APPROPRIATE. THE SHIPPER'S ATTENTION IS DRAWN TO THE NOTICE CONCERNING CARRIER'S LIMITATION OF LIABILITY. Shipper may increase such limitation of liability by declaring a higher value for carriage and paying a supplemental charge if required.

Issuing Carrier's Agent Name and City
MY FREIGHT FORWARDING COMPANY LTD
MALAYSIA

Account Information

Agent IATA Code | Account No

Airport of Departure (Addr of First Carrier) and Requested Routing
KUALA LUMPUR INTERNATIONAL

To: FRA | By First Carrier | Routing and Destination | to | by | to | by | CUR | CHGS Code | WT/VAL | Other | Declared Value for Carriage: N V D | Declared Value for Customs: N C V

Airport of Destination: FRANKFURT INTERNATIO | Requested Flight/Date | Amount of Insurance: NIL | INSURANCE - If carrier offers insurance and such insurance is requested in accordance with the conditions thereof, indicate amount to be insured in figures in box marked "amount of insurance".

Handling Information

▶ 항공화물운송장

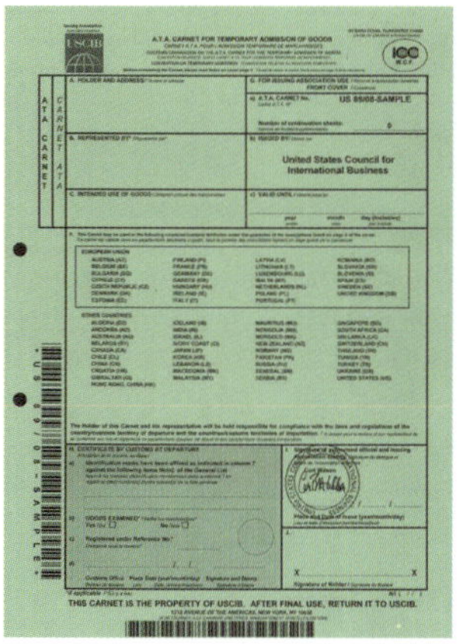
A.T.A. CARNET FOR TEMPORARY ADMISSION OF GOODS

US 9508-SAMPLE

United States Council for International Business

THIS CARNET IS THE PROPERTY OF USCIB. AFTER FINAL USE, RETURN IT TO USCIB.

SETH SHIPPING CORP.

견본

TO ORDER

LOADED ON BOARD

FREIGHT PREPAID AS ARRANGED

NON NEGOTIABLE

▶ 물품 무관세 임시 통관증서(왼쪽), 선하증권 B/L

바. 사전 마케팅 활동

참가하려는 전시회가 유명하여 아무리 많은 참관객들이 방문한다고 해도 자기 부스로 오는 바이어수가 적거나 별 기대할 것이 없는 바이어들만 찾아온다면 참가 의미가 크게 상실된다. 대부분 전시회의 경우, 시작되기 훨씬 전에 이미 주요 바이어들의 행로가 정해져 있다 해도 과언이 아니다. 전시회를 잘 활용하는 참가기업들은 전시회 개막 수개월 전부터 자사 제품 설명서와 사업계획서 등을 주요 바이어들에게 보내주면서 전시회 현장에서 만나자는 약속을 하고, 전시회 기간 동안에는 이들과의 상담을 통하여 기업 및 제품에 대한 긍정적인 평가가 나오도록 유도하는 전략을 구사하여 참가성과를 극대화한다. 이만큼 사전 마케팅 활동이 중요하다. 기존 거래선이나 이미 알고 있는 바이어는 물론이고 잠재바이어들에게도 전시회 참가 사실과 부스 번호를 알려주는 초청장 및 제품 설명서를 전시회 개막 2~3개월 전에 송부한다. 또한 KOTRA 해외시장조사 제도를 활용하여 신규로 바이어 정보를 수집한 후, 이들에게도 초청장을 발송한다. 신규 바이어들에게 보내는 초청장에는 자기 회사 소개, 바이어가 해당 전시회를 방문하는지 여부 문의, 전시회 방문 시 자사 부스 방문 요청, 출품 전시품 소개 및 거래 희망 의사 표현 등의 내용을 포함시킨다.[27] 시간과 예산 절약을 위해 초청장 발송을 KOTRA 해외무역관에 의뢰할 수도 있다.

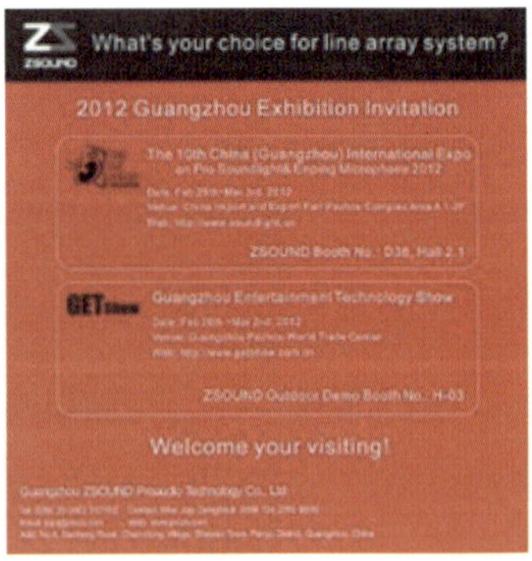

▶ 무료초청장을 주요 바이어들에게 사전 송부한다.

27) 송성수 著〈박람회가 1등 기업을 만든다.〉 97페이지 인용

이외 사전 마케팅을 위한 신규 바이어 명단은 전시주최자 보유 명단(Attendee List), 관련 업종 발간 자료, 기존 전시회 디렉토리, KOTEA/무역협회/각 조합 등이 보유하고 있는 바이어 리스트를 활용할 수 있다.

초청장 발송 이외에도 다소 예산이 많이 투입되겠지만 현지 신문, 전문지, 전시회 공식 디렉토리에 광고를 게재하는 것도 좋은 방법이다. 일부 전시회에서는 공식 디렉토리 이외에도 전시회 기간 중 전시회 참가업체를 소개하고 행사 및 소식 등을 전하는 일간지를 발행하기도 하는데 이러한 매체에 광고를 게재하는 방법도 있다.

▶ 해외주요 매체를 통한 광고

한국무역협회의 조사에 따르면 국내기업들이 해외전시회 참가를 위한 사전마케팅 활동으로 이메일 홍보(47.1%), 초청장 발송(35.2%), 홈페이지 공고(6.5%), 스폰서 프로그램 활용(5.4%), 매체 광고(2.6%), 텔레마케팅(0.7%) 및 기타(2.6%)를 이용하는 것으로 나타났다.

사. 출발 전 출장자가 챙겨야 할 사항

전시회에 파견되는 직원도 잘 선정해야 한다. 파견요원은 누구보다도 취급 제품에 대해 이론과 실무적으로 정통해야 하며 성격이 외향적이고 사람들과 어울리기를 좋아하며 대인관계가 친화적이어야 한다. 또한 신뢰감을 줄 수 있으면서도 세련된 매너를 보유하고 자신의 의사표시를 명확하게 할 줄 알아야 한다. 여기에 외국어에 능통하고 전시회 참가 경험이 풍부한 사람이라면 더욱 좋다.

▶ 전시회 출장자는 세련된 비즈니스 매너를 갖고 있어야 한다.

전시회 출발에 앞서 출장자는 전시회 주최국가 및 인근 지역에 대한 국가정보를 어느 정도 파악해야 한다. 국가정보는 KOTRA 글로벌 윈도우(www.globalwindow.org)를 방문하면 얻을 수 있다. 그 외 현지의 비즈니스 스타일, 상관습, 기후, 상담 시 유의사항 등을 파악하는 것이 좋다. 그리고 개인용품도 빈틈없이 챙기되 현지에서 구입 가능하다면 불필요하게 많이 갖고 갈 필요는 없다.

출장 전 챙겨야 할 사항

항목	챙길 사항
√	해당 국가 및 인근국 정보(최근 경제동향, 우리나라와의 교역동향 등)
√	현지 비즈니스 스타일, 상관습, 기후, 에티켓, 상담 시 유의 사항 등 파악
√	전시회 기간에 따라 다소 차이가 나겠지만 정장 2벌 이상(넥타이 3개 이상)
√	비상약(소화제, 감기약, 두통약, 상처치료제, 일회용 반창고 등)
√	간단한 문구류(가위, 칼, 스테이플러, 압핀, 풀, 끈, 고리, 테이프, 필기도구, USB, 건전지, 메모지 등)
√	상담일지, 명함
√	노트북과 카메라(메모리카드, 충전기 포함)
√	간단한 한국식품(컵라면, 햇반, 고추장, 김, 통조림 등)
√	전시회 개최 국가 소개 여행 가이드책
√	간단한 세재(속옷, 양말 세탁용)
√	휴대용 다리미(호텔에서 제공 안하는 경우도 있음)
√	스킨로션, 밀크로션, 면도기, 면도거품(Shaving Foam), 칫솔, 치약
√	로밍된 휴대폰
√	멀티캡
√	운송업체 담당자 긴급 연락처, KOTRA 해외무역관 및 공관 연락처 등

KOTRA 글로벌윈도우 국가정보 예(요르단)

KOTRA 글로벌윈도우의 국가정보를 열람하기 위해서는 www.globalwindow.org를 방문하여 무료 회원가입(로그인)을 한 후, 상단 「국가정보」를 클릭한 후, 하부메뉴인 「국가별 보기」를 선택한다. 그리고 해당 국가를 선택하면 국가일반, 경제, 무역, 투자, Business 참고정보와 각 세부 항목이 나온다. 세부 항목 중 「국가개요」, 「정치 사회 동향」, 「경제동향 및 전망」, 「한국과의 교역동향 및 특징」, 「시장특성」, 「상관습 및 거래시 유의사항」은 반드시 읽어본다.

아. 장치업체 선정

독립부스로 참가하는 경우, 참가업체가 직접 부스 디자인 기획사를 선정하여 부스 디자인, 설계 및 시공을 의뢰하여야 한다. 부스 장치를 의뢰해 본 경험이 있는 기업이나 『한국전시산업장치협회』로부터 추천을 받아 복수 견적서와 제안서를 검토하여 선정한다. 디자인 기획사 선정 시에 유념해야 할 사항은 다음과 같다.

1) 해외전시 경험 여부

해외전시 참가 시 국내의 디자인 기획사를 선정하였더라도 국내업체가 직접 현지에서 시공을 하는 것이 아니다. 국내업체도 현지에 있는 디자인 업체와 계약을 체결하여 업무를 진행하므로, 원청을 받아 다시 현지 업체에 하청을 주는 방식이다. 이러한 업무의 특성상 해외 시공 경험이 풍부한 업체여야 견적, 기획 등 각종 업무 진행이 원활해진다. 따라서 전문 디자이너 보유 여부, 종전 해외전시 경험 여부 (과거 실적 제시) 등도 파악한다.

2) 현지 지사 또는 파트너 보유 여부

해외전시 경험이 풍부하더라도 디자인 기획사가 해당 개최국에서 전시 경험이 있는지도 확인해야 할 사항이다. 디자인 기획사가 현지 장치 업체 습성과 시공재료 및 디자인, 전시장 환경에 대한 지식이 풍부하면 더 좋은 디자인 컨셉과 진행으로 만족스러운 결과를 만들어 낼 수 있기 때문이다. 그러나 대부분의 국내 디자인 기획사들은 규모가 작기 때문에 현지 지사를 보유하는 경우는 매우 드물고 대부분 파트너쉽 으로 현지 디자인 업체와 작업을 진행하는 방식을 택하고 있다.

3) 동일 성격의 전시 디자인 경험 여부

참가를 희망하는 전시와 동일한 디자인 경험이 있는 기획사는 전시품의 컨셉과 참가업체의 부스 디자인 컨셉의 중요한 포인트를 알고 있기 때문에 업무를 보다 효과적으로 진행할 수 있다는 장점이 있다.

이외 독립식 부스의 규모가 크다면 가능한 국내 디자인 기획사의 책임자가 부스 설치 기간 동안 현장으로 출장 나가 직접 관여할 수 있도록 하는 것이 바람직하다.

3 현지에서 활동

가. 전시장 위치 및 교통편 확인

현지에 도착하면 호텔 체크인 후, 전시장 위치를 확인한다. 그리고 체류 호텔에서 전시장까지 셔틀 버스를 운행하는지 혹은 체류 호텔에서 주최 측이 운영하는 셔틀 버스 타는 곳이 어디인지도 확인한다. 셔틀 버스를 운영하지 않는다면 전시장까지 가는 교통편도 알아봐야 한다. 전시장으로 갈 때 미리 지급 받은 출입증을 휴대해야 하며 아직 지급받지 못했다면 전시장 도착 후, 출입증을 발급받아야 한다.

호텔 체크인 후, 전시장 가기 전에 해야 할 일

항목	해야 할 일
√	호텔 내 조식을 위한 식당 위치, 제공 시간 확인
√	현지 지도 확보(대부분 호텔에서 무료로 얻을 수 있음)
√	투숙한 룸에서 인터넷과 핸드폰이 제대로 작동되는지 확인
√	호텔-전시장간 셔틀버스 운행 여부, 타는 곳, 출발/도착 시간 등 확인
√	호텔-전시장간 대중교통편 확인
√	통역, 안내원에게 도착 통보/사전 미팅을 위한 약속
√	운송업체 현지 파트너를 접촉하여 전시품 도착 여부 확인
√	한국 식당, 식품점 소재지 확인
√	운송회사 현지 파트너에게 전시품 도착 여부 확인
√	현지화 환전(호텔, 부근 은행이나 환전소 이용)
√	문구류를 준비해 오지 못했다면 호텔 부근에서 구입 ▶ 풀, 가위, 압핀, 스테플러, 끈, 테이프, 필기도구, 집게, 고리(hook) 등

나. 전시품 도착 여부 확인

통상 운송회사에서는 전시품을 전시회 개막일 1~2일 전에 해당 부스까지 운반해준다. 전시장에 도착하면 전시품이 제대로 배달되었는지 확인한다. 손망실 된 것은 없는지 꼼꼼히 살핀다. 통관이 안 된 경우, 즉시 현지 운송회사 관계자를 접촉하여 그 사유를 파악하고 미진한 서류나 수수료 등을 보완한다. 전시품 부피가 크거나 무거운 경우, 현지 운송회사 직원에게 박스를 뜯어내 전시할 수 있는 위치로 옮겨달라고 한다.

전시품 도착 시 해야 할 일

항목	해야 할 일
√	자사가 발송한 전시품 박스인지 확인
√	도착된 전시품 박스 수 확인
√	전시품 수량 및 상태 확인(분실, 파손 여부)
√	인수 즉시 전시품 작동 여부 확인(특히 전기를 이용하는 전시품)
√	관세를 납입하고 전시장으로 반입하였다면 『관세납입영수증』 챙길 것

전시품 도착 시 해야 할 일 (계속)

항목	해야 할 일
√	전시품 포장 박스 재활용 가능 여부
√	국내 운송회사 현지 파트너의 연락처 파악[28](현지 담당자 명함 받아둘 것)
√	현지 운송업체 도움을 받아 부스내로 옮길(부피가 크고 무거운) 전시품 분류
√	포장 해체 후 버릴 박스와 재활용 할 박스 구분
√	전시품 설치에 필요한 사다리, 지게차 확보 또는 요청

다. 부스 확인 및 설치

통상 주최 측에서는 개막 전일 부스 설치를 마친다. 개막 전일, 전시장에 들어오면 주변에서 부스 설치 공사를 하고 있으며 각종 쓰레기와 폐자재로 부스 주변이 지저분하고 어수선하다.

조립식 부스의 경우, 자기 부스 위치를 확인했으면 가장 먼저 해야 할 일이 부스에 설치된 번호와 회사명이 제대로 표기되어 있는지를 확인한다. 특히, 회사 영문 스펠링이 틀린 곳이 없는지 확인 한 후, 이상이 있다면 즉시 주최 측에 수정을 요청한다. 이때 주최 측으로부터 전시회 디렉토리 입수가 가능하다면 디렉토리에 자사 부스 정보가 제대로 수록되었는지도 확인한다. 다음에는 주최 측에서 제공하는 기본 집기(테이블, 의자, 전시대, 조명 등)가 이상이 없는지 확인 한 후, 전기, 전화, 인터넷 등 Utility 상태도 체크한다. 아울러 부스 내 바닥 카펫이 찢기거나 오물이 떨어져 있지는 않은지 살펴보고 부스 바닥이 전선이나 설치된 바닥 뚜껑으로 고르지 못하고 돌출된 부분이 있다면 걸려 넘어지지 않도록 최대한 평평하게 한다. 일부 참가업체들은 사전에 주최 측에 전시대 위치 변경이나 별도의 비품 임차를 요구하는 경우도 있는데 당초 요청대로 설치 또는 반입되어 있는지도 살펴본다. 조립식 부스의 경우, 별도로 현지어 또는 영문으로 제작된 회사 및 제품을 소개할 수 있는 판넬, 배너, 모형, 소도구 등을 별도 준비해가는 것도 바람직하다. 일부 국내 기업들 중에는 한국어로만 제작된 판넬이나 배너를 부스에 부착하기도 하는데 이는 바람직하지 못하다. 동일한 형태의 부스라도 참가업체의 작은 아이디어로 많은 효과를 얻을 수 있다.

28) 전시품이 제대로 도착되지 못하는 경우를 대비하여 출장자는 한국을 떠나기 전, 국내 운송업체 비상연락망과 현지 파트너의 연락처를 미리 파악해야 한다.

전시품을 Display하기 전에 벽에 부착된 전시대가 견고한지 확인한 후, 카펫에 입혀있는 비닐을 제거하고 바닥을 청소하도록 주최 측이 고용한 청소요원에게 요청한다. 특히, 독립식 부스로 참가하는 경우에는 장치일 내내 전시장에서 장치업체가 요청한대로 부스를 설치하고 있는지 확인하는 것이 바람직하다.

전시품 Dispaly하기 전 부스 체크 리스트

항목	체크 리스트
√	부스 간판에 번호와 업체명이 맞는지?(특히 영문 스펠링)
√	주최 측에서 기본적으로 제공하는 집기 및 그 수 그리고 상태 (의자나 테이블이 흔들거리지는 않는지?)
√	추가로 요청한 집기 및 그 수 그리고 상태
√	조명 상태(전구 숫자와 위치가 맞고 전기가 모두 들어오는지?)
√	전기 소켓 상태(전기가 들어오는지?)
√	인터넷이 터지는지 그리고 그 속도는 적정한지?
√	부스에서 휴대폰이 잘 터지는지? (같은 전시장 내에서도 의외로 휴대폰 통화 사각지대가 있음.)
√	카펫 상태(찢기거나 오물 자국은 없는지?)
√	부스 벽면(제대로 고정되어 있는지?, 벽면에 흠집은 없는지?)
√	바닥 평평도(전선이나 바닥 뚜껑으로 인해 바닥이 튀어나오지는 않았는지?)
√	부스 내 누수되고 있는 곳은 없는지?
√	부스 벽면에 설치된 선반은 튼튼하게 고정되어 있는지?
√	부스 벽면에 못을 박거나 접착제를 사용할 수 있는지?
√	전시대나 선반이 어느 정도까지 전시품 하중을 받쳐주는지?
√	급배수, 압축공기, 전화, 오디오, 비디오 등 부대 서비스를 신청하였다면 제대로 작동되는지?
√	소화기, 비상구 위치

전시회에서 전시부스는 그 업체와 출품된 제품을 나타내는 얼굴과 같은 역할을 한다. 따라서 전시부스의 규모와 디자인 그리고 장식 등이 자사나 출품국가의 위상 및 전시 제품의 중요성과 조화를 이루면서 경쟁 업체와 비교할 때 뒤떨어지지 않도록 신경을 써야 한다. 특히 독립식 부스의 경우, 참가하는 전시회 성격에 맞게 부스 장치 형태를 선택해야 한다. 해외 유명 전시회의 경우 전체 부스수가 2,000~5,000개사나 되기 때문에 참가업체 중 독특한 아이디어로 수천개의 부스 중에서 눈에 띄는 부스를 만들어야 한다. 특히, 소비재, 섬유 전시회의 경우 백화점의 쇼 윈도우처럼 부스 내 조명도 신경 써야 한다. 그러나 부스 설치가 늦어져 전시품 Display에 지장이 없도록 각별히 유의해야 한다.

KOTRA가 국내업체를 모집하여 한국관 형태로 해외전시회를 참가하고 있으며 매년 한국관 디자인을 업데이팅하여 기본 시안을 제시하고 있으나 최근에는 각 전시회별로 선정된 디자인 기획사가 자체 설계하고 있다.

▶ 2005년 한국관 기본 시안

▶ 2007년 한국관 기본 시안

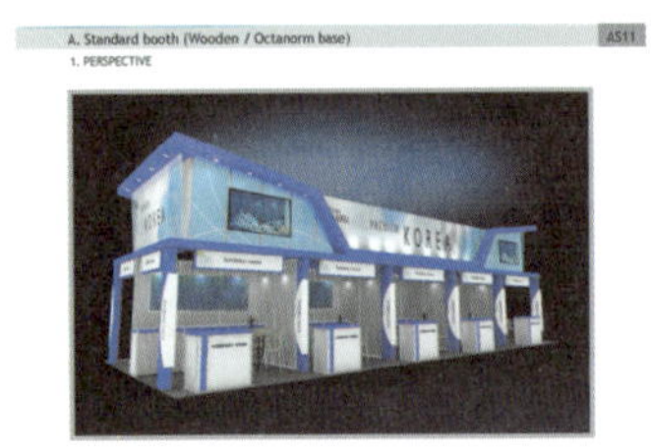

▶ 2010년 한국관 기본 시안

▶ 2012 레바논건축박람회 한국관

라. 전시품 Display

좁은 부스 안에 너무 많은 전시품을 Display하지 않도록 한다. 특히, 부스 벽면을 모두 배너, 사진, 샘플로 치장하는 일이 없도록 한다. 전시품은 현장에서 즉흥적으로 Display하는 것 보다 전시품 발송 때 미리 생각을 해두는 것이 좋다. 전시품 Display에 필요한 가위, 테이프, 고리, 줄(끈), 풀, 스티커, 스테플러, 압핀, 기타 간단한 공구들은 미리 챙겨온다. 부스 벽면에 못을 박거나 흔적이 남는 접착제를 사용해서는 안 된다. 4각 테이블 위에는 명함과 카탈로그 및 과자 등을 충분히 비치한다. 전시 제품은 내방객의 입장에서 무엇이 가장 중요한지 고려해 배치, 진열하여야 한다. 잘 꾸며진 부스는 회사의 이미지를 제고시키는 효과가 있지만 허세뿐인 디자인, 인위적인 장식, 너무 많은 전시품 진열은 오히려 역효과를 불러일으킬 수 있으므로 가식이 없으면서도 눈에 잘 띄도록 부스를 디자인하고 제품을 Dispaly한다. 또한 부스의 조명을 잘 활용하면 전시품을 훨씬 더 고급스럽게 연출할 수 있다.

▶ 전시품을 너무 많이 Display한 부스의 예

▶ 전시품을 산뜻하게 Display한 부스의 예

▶ 조명을 잘 활용하여 Dispaly한 부스의 예

전시회를 마치고 전시품을 반출할 때 필요할 수도 있으므로 전시품 포장 상자는 눈에 띄지 않는 부스 한쪽 구석으로 치워두던가 KOTRA가 파견하는 전시회인 경우, 통상 작은 창고가 있는 홍보관도 세우므로 홍보관내 창고에 보관토록 한다. 전시품의 양과 품목 성격에 따라 Display하는데 많은 시간이 걸릴 수도 있고 짧은 시간 내에 마칠 수도 있겠지만 늦어도 개막 전일에 Display를 마치도록 한다. 전시품 Display를 마쳤으면 부스 입구를 테이프로 돌려 막아둔다.

▶전시품 Display 장면과 Display가 종료된 부스

전시품 Display 시 유념해야 할 사항

항목	유념 사항
√	어떻게 하면 내방객의 시선을 끌 수 있겠는가?(디자인, 색상, 포장, 배치방법)
√	어떻게 하면 내방객들이 전시품을 직접 만져보고 시연해 볼 수 있겠는가?
√	어떤 전시품을 가장 중앙에 배치할 것인가?
√	어떤 정보를 내방객들에게 전달할 것인가? 효율적인 도구로 무엇을 사용할 것인가? (플립차트, 진열대, 오디오 및 비디오기, 시연 샘플 등)
√	어떤 전시 집기를 활용할 것인가?
√	조명 장치를 어떻게 활용할 것인가?
√	상담용 테이블과 의자는 어떻게 배치하고 테이블 위에는 무엇을 놓을 것인가?
√	부스 벽면에는 무엇을 부착할 것인가?
√	부스 내에서 바이어들의 동선 이동에 지장은 없는가?
√	통역과 안내원 위치는 어디로 할 것인가?
√	전시품 이외 내방객 시선을 끌만한 포인트는 무엇이고 어디에 배치할 것인가? (예 : 한복을 입은 한국 여성 사진)
√	통로까지 전시품이나 비품, 홍보판이 침범하지 않았는가?
√	부스 내 지저분한 박스, 전선 등은 눈에 안 띄는 곳으로 옮겨졌는가?
√	전시품, 포스터 등은 안전하게 부착되었는가?
√	주최 측에서 금지하는 전시품이나 비품이 부스내로 반입되지는 않았는가? (전열기구, 가스기구, 소음이 큰 오디오기 등)

전시부스 Display가 마무리되었으면 전시장 전체 배치도를 확인한다. 또한 전시장내 전시주최자 사무실, 현장 서비스데스크, 식당, 의무실, 화장실, 비상구 등을 확인하고 바이어 동선을 예상하며 바이어 방문 시 대처 방안을 검토한다. 아울러 경쟁사를 비롯하여 다른 기업들의 부스 디자인이나 전시 상태도 확인하여 자사 부스에 적용할 수 있는 아이디어를 얻는다.

마. 통역 및 안내원 관리

별도 통역을 채용하기도 하는데 통역은 상품 전문가들이 아니다. 따라서 전시회 개막 전일 또는 개막 당일 일찍 전시장으로 나오도록 하여 사전, 상품에 대한 충분한 교육을 시키도록 한다. 특히, 전문용어가 영어나 현지어로 무엇인지도 파악토록 한다. 아울러 바이어 상담 시 통역의 역할이 어디까지인지 업무분담을 확실히 한다. 안내원(도우미)을 채용하는 경우, 한복을 입히면 내방객들의 눈에 더욱 띄어 참관객들을 부스로 유도하는데 도움이 될 수도 있다.

바. 부스 운영 및 상담

전시회 기간 동안에는 적어도 개막 1시간 전까지 전시장에 도착하여 전시품 및 부스 상태를 점검하고 통역과 함께 상담 준비를 한다. 전시회가 개막된 후 부스만 지키고 있다고 바이어들이 찾아오는 것이 아니다. 전시회 기간 내내 전시회에 방문하는 많은 참관객들을 대상으로 집중적인 마케팅 활동을 수행해야 한다. 따라서 전시회 기간 중 가장 핵심이 되는 활동이 부스 운영과 상담이다. 최대한 많은 바이어들을 자사 부스로 끌어들여야 하고 이들 바이어들의 마음을 잡아야 한다. 또한 부스를 방문한 바이어 중에서 가능성이 있는 바이어인지 아닌지를 순간적으로 판단해야 하며 동시에 같은 전시회에 참가한 경쟁업체들과 경쟁을 하여야 한다. 전시회 참가업체가 가장 명심해야 할 단어는 친절, 꼼꼼, 청결이다. 특히 대부분의 한국 기업들은 전시회 기간 중 부스에서 식사를 하는 경우가 많은데 이는 절대 피할 일이다. 한국 음식 특성상 냄새가 강해 바이어들에게 불쾌감을 주기 때문이다. 도시락을 물론이고 김밥, 컵라면 등도 마찬가지이다. 식사는 가능한 전시장내 카페테리아나 식당을 이용하도록 하고 굳이 한국 도시락을 먹겠다면 잠깐 전시장 밖으로 나가 야외 벤치에서 식사하도록 한다. 보다 구체적으로 전시회 기간 중 파견자가 해야 할일과 피해야 할 일을 열거하면 다음과 같다.

전시회 참가 시 해야 할 행동 10가지

항목	해야 할 행동
√	항상 부스를 찾아오는 바이어에게 친절하고 웃는 낯으로 대한다.
√	바이어와의 상담 일지를 꼼꼼하게 작성한다.
√	유력 바이어에게 증정할 판촉물 또는 기념품을 준비한다.
√	바이어 접대용 다과를 준비한다.
√	시간을 내어 경쟁사의 제품 정보를 최대한 수집한다.
√	통역에게 전시품에 대한 정보를 제공하고 사전 교육한다.
√	전시회 기간 중 부스로 출근하면 전시품을 정리하고 주변을 청소한다.
√	복장은 정장을 하고 면도, 두발 상태 등 외모를 확인한다.
√	다음 날 전시회를 위해 가능한 일찌감치 잠자리에 든다.
√	전시품을 전시회 종료 후 판매할 경우, 사전에 반드시 계약금을 받아둔다.

전시회 참가 시 삼가야 할 10가지

항목	삼가야 할 행동
√	부스에서 식사하지 않는다.(특히, 한국음식)
√	부스를 비우지 않는다. (잠깐 비우는 경우, 통역/KOTRA 직원/인접부스에 미리 이야기를 해둔다.)
√	바이어가 안와도 무료한 표정을 짓거나 졸지 않는다.
√	부스 밖으로 까지 통로에 전시품을 전시하지 않는다.
√	구매 의사가 없는 바이어로 속단하고 무시하지 않는다.
√	지키지 못할 약속이라면 하지 않는다.
√	호객 행위나 직매 행위를 하지 않는다.
√	부스 안이나 밖을 지저분하게 하지 않는다.
√	전시회 기간 중에는 음주하지 않는다.
√	단체로 참가하는 전시회의 경우, 지나친 개별 행동을 하지 않는다.

바이어들은 한정된 시간에 여러 곳의 부스를 방문하고 가장 좋은 상품을 가장 좋은 조건으로 구입하고자 한다. 그러므로 이들 바이어들에게 자사 제품, 부스 그리고 파견 직원에 대한 선명한 이미지를 심어 주어야 한다. 이를 위해 파견 직원이 상담 시 유념해야 할 20가지 Tip을 제시하면 다음과 같다.

상담 Tip 20가지

항목	상담 Tip
√	자사 제품의 우월성을 명료하게 설명한다.
√	구매가능성에 따라 바이어를 분류한다.
√	바이어 앞에서 시연을 해보이거나 동영상을 활용하여 설명한다.
√	바이어의 명함을 반드시 받아두고 상담일지를 꼼꼼하게 작성한다.

상담 Tip 20가지 (계속)

항목	상담 Tip
√	절대 서두르지 않는다.
√	상담을 통역에게만 맡겨두지 않는다.
√	바이어의 말을 잘 알아듣지 못했다면 이해할 수 있을 때 까지 확인한다.
√	바이어 요청 사항을 확실히 숙지하고 귀국 후 Follow-up 한다.
√	진지한 상담 자세로 바이어에게 신뢰감을 준다. 과장, 허풍은 금물이다.
√	너무 경직적인 상담 태도보다는 유머러스하게 상담을 진행한다.
√	내 말 보다는 바이어의 이야기를 잘 듣는다.
√	바이어 국가와 바이어를 칭찬하고 친밀감을 표현한다.
√	바이어가 충분히 전시품을 관찰할 수 있도록 시간을 준다.
√	가능성이 높지 않은 바이어라도 친절하게 대하되 지나치게 시간을 배정하지 않는다. 이들 바이어에게는 긴 설명보다 카탈로그로 상담을 대신토록 한다.
√	가능성 있는 바이어라면 별도 약속을 해서 다시 만난다.
√	한국이나 외국 언론에 보도된 기사, 광고 등을 바이어에게 보여준다.
√	KOTRA 주관 단체 전시회라면 상담 결과를 해당 무역관에 충분히 설명한다.
√	명함과 카탈로그, 샘플은 충분히 준비한다. 명함을 복사하여 주는 행위는 절대 피해야 한다.
√	다른 바이어와 상담 중, 부스를 방문하는 바이어가 있다면 양해를 구하고 얼마 후에 다시 방문해줄 것을 정중히 요청한다.
√	많은 바이어를 만나 상담을 성사시키려는 것보다 소수지만 확실한 바이어를 잡도록 한다. 선택과 집중이 중요하다.

부스를 찾아준 바이어들이라고 해서 모두 가능성이 있는 바이어는 아니다. 그렇다고 밖으로 들어난 외모만 보고 속단하여 무례하게 응대하는 행위는 절대 피해야 한다. 그러나 찾아오는 모든 바이어들에게 무한정 상담 시간을 할애할 수는 없다. 일반적으로 가능성 있는 바이어와 가능성이 크지 않은 바이어들의 특징은 다음과 같다. 가능성이 크지 않은 바이어로 판단되면 바이어가 기분 상하지 않도록 유념하면서 상담 시간을 최소화 한다. 하루의 상담이 종료되면 부스를 깨끗이 정리하고 전시품 상태를 확인한 후 부스 주변을 테이프로 둘러 상담이 종료되었음을 표시한다. 별도의 약속이 없으면 호텔로 돌아와 그날 상담한 내용을 정리하고 주요 사항 및 상담 결과를 본사에 보고한다.

가능성 있는 바이어의 특징

항목	가능성 있는 바이어의 특징
√	전시품을 꼼꼼히 살펴본다.
√	부스를 2번 이상 방문한다.
√	꼬치꼬치 묻는다.
√	대회 내용을 수첩에 적는다.

가능성 있는 바이어의 특징 (계속)

항목	가능성 있는 바이어의 특징
√	제품과 시장에 대해 잘 안다.
√	처음부터 오더하겠다거나 에이전트 달라고 하지 않는다.
√	명함을 받아보면 전시품과 관련된 회사에 근무한다.
√	바이어 쪽에서 먼저 다시 만나자고 제안한다.
√	카운터 샘플이나 도면, 사진 등을 휴대하고 부스에 들어온다.
√	상담 후, 전시품이나 샘플을 구입하겠다고 한다.
√	혼자 보다는 2명 이상이 부스를 여러 차례 방문한다.

▶ 전시회 상담에서는 최대한 예의를 갖추고 진지한 자세를 보여야 한다.

가능성이 크지 않는 바이어의 특징

항목	가능성이 크지 않는 바이어의 특징
√	제품과 시장에 대해 잘 모른다.
√	상담은 하지 않고 샘플부터 요구한다.
√	당장 오더를 하겠다거나 에이전트를 달라고 한다.
√	명함이 없거나 명함을 주더라도 전시품과 관련 없는 회사에 근무한다.
√	성격이 다른 여러 품목을 취급한다.
√	수출입 절차에 대해 무지하다.
√	전시품을 건성으로 본다.
√	말에 과장이 심하다.
√	부스에 들어와 상담 후, 자사 전시품과 별 관련이 없는 옆 부스로 들어간다.
√	영어 소통이 잘 안되는 바이어이다.

참관객과 바이어 증정용 추천 기념품

□ 부스 참관객들에게 가볍게 줄 수 있는 한국 과자(예시)

□ 가능성이 중간 정도인 바이어에게 줄 수 있는 선물(예시)

□ 가능성이 매우 높은 바이어에게 줄 수 있는 선물(예시)

전시회 참가에서 향후 성약을 위해 상담일지 작성은 매우 중요하다. 상담일지에는 바이어와 상담한 직원 이름, 상담일자 및 시간, 바이어 성명/기업명/부서/연락처(명함), 관심제품명, 향후 바이어가 더 얻고자 하는 정보, 향후 바이어와 재미팅 기간, 향후 조치 요망사항, 상담 이후 조치를 취해야 할 직원 이름, 기타(신규/기존 바이어, 중요도, 시급성) 및 특기사항 등을 기재한다. 상담일지는 회사 및 품목에 맞게 각자 미리 준비해간다.

상담일지 예시

상담일지

전시회명			
1. 참관객 (바이어) 주소 〈명함으로 대체 가능〉			
이름		전 화	
직 책		팩 스	
부 서 명		이 메 일	
회 사 명		홈페이지	
영어구사정도	매우 유창 ( ) 유창 ( ) 보통 ( ) 빈약 ( ) 매우 빈약 ( ) 불통 ( )		
구분 I	수입상 ( ) 유통업체 ( ) 도매상 ( ) 소매상 ( ) 제조업체 ( )		
구분 II	기존 바이어 ( ) 신규 바이어 ( )		
구분 III	대기업 구매바이어 ( ) 샘플 주문바이어 ( ) 관심 많고 오더 가능성 있는 바이어 ( ) 일반바이어 ( ) 정부/단체 종사자 ( ) 일반인 ( )		

2. 부스 방문 일시

20 년 월 일 시 분

3. 관심품목

4. 관심분야

수입 ( ) 에이전트 ( ) 합작 ( ) 제3국 진출 ( )

5. 전달물품

명함 ( ) 카탈로그/리플렛 ( ) 가격표 ( ) 샘플 ( ) USB ( ) 기념품 ( )

6. 바이어 반응

가격	
품질	
디자인	
브랜드	
납기	
A/S	
최소주문량	
기타	

7. 향후 조치 요망사항

8. 현지 주문오더 내역

9. 바이어의 기존 거래국 또는 거래처

10. 성사 가능성

매우 높음 ( ) 높음 ( ) 보통 ( ) 낮음 ( ) 매우 낮음 ( )

11. 향후 상담일 확정 여부

예 ( ) / 날짜 아니오 ( )

12. 특기사항

13. 중요성 및 시급성

사. 전시품 처리

원칙적으로 대부분의 전시품은 면세로 반입된 관계로 현지에서 판매할 수 없다. 특히 유럽과 북미 등 선진국에서 개최되는 전시회에서는 전시품을 반드시 반출해야 한다. 따라서 전시회 종료 후, 현지 판매하거나 바이어들에게 무료로 줄 계획이라면 처음부터 관세를 납부하고 통관한다. 그러나 일부 국가와 주최자들은 관세 납부에 상관없이 큰 가치가 없는 전시품이라면 현장 직매를 크게 문제 삼지 않는 경우도 있다. 그러나 이 경우에도 가능하면 전시회 기간 중에는 예약만 받아두고 마지막 날 판매하도록 한다. 고가 전시품을 전시회 종료 후, 인수하는 조건으로 예약 할 때 반드시 적정한 계약금을 받아둔다. 구매하겠다고 약속한 바이어가 변심하거나 약속 시간에 나타나지 않는 경우도 있기 때문이다. 판매가 예약된 상품에는 『SOLD OUT』이라고 표기해둔다. 일부 참가업체들은 한국으로의 반송 운임을 생각하여 전시회 종료 후, 유력 바이어들 또는 기존 거래선에 전시품을 무료로 제공하기도 한다.

아. 철거

통상 대부분의 전시회는 마지막 날, 오후 3~4시 경부터 전시품 반출을 위한 포장을 허용하고 있다. 그러나 너무 일찍부터 전시품 반출 준비하는 것은 피한다. 전시회 마지막 순간까지 한명의 바이어라도 더 만나겠다는 자세가 중요하다. 한국으로 반송하는 전시품은 손망실 되지 않도록 포장에 유의한다. 이때 본인이 직접 휴대하여 갖고 갈 전시품과 운송회사에 위탁할 전시품으로 구분해둔다.

자. 상담요원의 정보수집 활동

전시회 참가의 가장 큰 목적은 바이어와의 상담을 통한 시장 개척이다. 그러나 이에 못지않게 전시회 기간 중 신상품 및 신기술, 트랜드 뿐 아니라 경쟁업체 관련 정보 수집 활동도 중요하다. 전시회에 한 회사에서 2명 이상이 파견되었다면 1명은 바이어와의 상담 위주로 활동하고 나머지 1명은 정보수집 및 인적 네트워크 구축에 주력한다. 만일 1명만 파견되었다면 부스에서의 상담 중에 틈틈이 시간을 내어 다른 참가기업들의 부스를 방문하여 정보를 수집한다. 가능하다면 부대행사로 개최되는 세미나, 설명회, 리셉션에도 참가한다. 또한 일부 전시장이나 부스에서는 사진 촬영을 금지하는 경우도 있으므로 유의해야 한다. 개별 부스를 방문하여 전시품 사진 촬영을 하고 싶다면 사전에 반드시 허락을 구한다.

정보 수집 시 주안점

항목	주안점
√	신제품, 신기술, 아이디어 상품을 파악한다.
√	바이어들이 몰리는 부스는 왜 바이어들이 몰려드는지 그 사유를 파악한다.
√	독특한 디자인, 소재의 전시부스와 효과적인 전시품 Display를 벤치마킹한다.
√	경쟁사들이 출품한 전시품을 살핀다.
√	앞으로 도움이 될 타 출품업체들의 카탈로그, 샘플을 최대한 수집한다.
√	전시회의 특성과 수준을 파악한다.
√	주요 전시 참관객의 수준을 파악한다.
√	인근 부스 출품자들과 전시회 기간 중 인사하고 지내며 상호 정보를 교환한다.
√	주최자가 개최하는 환영 리셉션에는 가능한 참석한다.
√	세미나, 설명회 등 부대행사에 참가하고 어려울 경우 설명 자료라도 챙겨둔다.
√	전시회 기간 중 무료 배포되는 각종 인쇄물(신문, 잡지 등)을 수집한다.
√	처음 참가하는 전시회라면 직전 전시회 참가업체(국내/해외)들로부터 이번 전시회가 직전과 비교하여 어떠하였는지를 파악한다.

4 전시회 종료 후 조치사항

가. 결과보고서 작성

전시회 출장을 마치고 귀국하면 바로 출장 결과보고서를 작성한다. 출장 결과보고서는 특별히 정해진 양식은 없으나 참가 기업의 특성에 맞게 작성하여 다음번 재참가시 참고자료로 활용한다.

출장 결과보고서 예시

출장 결과보고서	
전시회명	
전시기간	
전시장소	
출장자	
성명	
직급	
부서	

출장 결과보고서 예시

출장 내역	
출장기간	
항 공 편	
체류호텔명	
참가 내역	
참가규모	개 부스 m^2
부스형태	조립식 부스 – 보통 ( ), Premium ( ) 독립식 부스 ( ) – 전시장치업체명 ( )
주요 전시품	
전시품 운송회사명	
예산 내역(목표 대비 실집행액 기준)	
부스 임차료	
장치비	
비품 임차료	
Utility 이용료	
전시품 운송비	
지급수수료(통역/안내원 채용)	
광고선전비	
통신비	
도서인쇄비	
해외활동비	
국외여비	
총 예산	
목표 대비 성과	
내방바이어수	
상담건수	
상담총액	
계약총액	
정보수집건수	
기타	
주요 상담 내역	
①	주요 바이어와의 상담 내역을 요약 기술
②	
전시회 기간 중 수집한 주요 정보	
①	
②	
향후 추진 계획(사후 관리)	
①	
②	
성공 사례 및 요인	
이번 전시회에서 미흡했던 사항	
향후 개선 방안	
건의 사항	
총평	

나. 성과 분석

전시회 참가 전 수립한 목표 대비 참가 성과를 분석한다. 전시회 참가 후 성과 분석을 하지 않는다면 참가했던 전시회가 좋은 전시회였는지 아닌지 판단하기 어려우며 지속적인 참가 결정을 내리기도 쉽지 않다. 아울러 전시회 참가 후 현지에서 수집된 정보와 상담했던 바이어에 기초하여 시장의 변화를 읽어야 한다. 주요 분석해야 할 항목은 다음과 같다. 항목별로 분석을 통해 최소한의 예상보다 저조한 성과를 거두지 않거나 향후 가능성이 발견되어야 해당 전시회를 계속 참가하게 되는 것이다.

주요 분석 항목

항목	분석 항목
√	전시장에서 바이어들이 관심을 보인 제품과 그 이유
√	자사 제품에 대해 바이어들의 평가
√	부스를 찾아 온 바이어들의 성격상 분류
√	전년 대비 이번 전시회의 전체적인 개최 규모 및 내방 바이어 수
√	일자별, 시간대별 부스를 찾아 온 바이어 수 분석
√	전시장에 나온 신제품들의 특성, 디자인, 소재, 주요 성능
√	전년 대비 시장의 변화와 그 요인은?
√	전체적인 상품 트랜드 및 향후 시장 전망
√	틈새시장을 발견했는지? 있다면 그 공략 방안은?
√	새로이 부상하는 국가와 시장을 잃어가고 있는 국가, 그리고 그 요인
√	준비해 간 상담 자료는 충분했는지?
√	출품한 전시품은 적정하게 선정되었는지?
√	부스 위치는 적정했었는지?
√	전시장 부스 디자인, 소재, 전시대 등 집기, 조명 상태는?
√	주요 참가업체들의 전시 기법
√	주요 경쟁업체들의 참가 유무 및 참가 규모
√	사전 마케팅 활동이 어떤 효과가 있었는지?
√	사전 약속한 바이어들의 실제 방문 결과
√	당초 목표 대비 실적(바이어수, 상담의 질, 성약 및 계약, 정보 수집 건 등)
√	전년도 참가 성과와 비교 분석
√	유사 타전시회 참가 성과와 비교 분석
√	신제품 소개 성과
√	기업 브랜드 이미지 제고 여부
√	경쟁기업들의 성과 및 의견
√	참가 규모 및 파견 인원의 적정성
√	파견 기간과 체류 호텔의 적정성
√	전시회 참가 준비 기간은 충분했는지?
√	전시주최자, 장치업체, 운송회사, 여행사 등의 서비스는 어떠했는지?
√	예산 대비 실제 집행액간의 차이

주요 분석 항목 (계속)

항목	분석 항목
√	전시회 참가 준비 과정에서 미흡했던 점
√	전시회에 대한 언론 노출 및 평가
√	단체 참가가 좋은지? 개별 참가가 좋은지?
√	계속 참가, 불참, 한시적 불참, 향후 결정 중 무엇을 선택할 것인지?

전시회 참가 후, 당장 정확한 성과가 나오기는 어렵겠지만 성과가 좋았다거나 별 성과가 없었다거나 대략적인 판단은 가능하다. 특히, 성과가 기대만큼 안 좋았다면 그 원인을 분석하여 다음 전시회 참가에 대비한다. 그러나 많은 비용이 투입되는 해외전시회이지만 1~2회 참가하고 쉽게 포기하는 것은 옳은 전략이 아니다. 앞으로도 절대 가능성이 없다는 확신이 서지 않는 이상 어느 정도 여지가 발견되었다면 최소 3회 이상 참가 후, 재 참가 여부를 결정하는 것이 좋다. 참가 성과가 좋지 못한 가장 큰 이유는 대부분 자사 제품의 경쟁력 저하이지만 다른 요인들을 살펴보면 아래와 같다.

전시회 참가 후, 성과가 기대에 못 미치는 기타 요인

항목	성가 저하 요인
√	전시회 선정이 잘못되었다. ▸시기, 지역, 품목, 성격, 인근지에서 경쟁 유사전시회 개최, 주최자 능력 등
√	전시회는 잘 선정되었으나 출품 전시품 선정이 잘못되었다. ▸해당 전시회 주종 전시품과 거리가 있는 제품 ▸해당 지역에서 별 수요가 없는 제품 ▸현지 종교, 문화, 기후 등의 요인으로 인해 전통적으로 사용하지 않는 제품 ▸너무 오래된 모델(유행, 신제품 출시 등으로 판매 격감 상품) ▸디자인, 소재가 현지 실정에 안 맞는 제품 ▸인증, 수입 허가 등 현지 수입 요건을 못 맞춘 제품 ▸현지 소비자가 구입하기에는 너무 비싼 제품 ▸경쟁사에 비해 경쟁력이 떨어지는 제품 등
√	미흡한 사전 준비
√	정보 부족
√	예산 제약
√	주변국들 정세 및 경제 불안으로 바이어 격감
√	부스 위치가 나빠 바이어들 접근에서 불이익을 받음
√	파견자 자질 부족(외국어구사력, 상담능력, 상품지식, 매너, 책임감 등)
√	자사보다 경쟁력이 훨씬 앞선 경쟁국, 경쟁사들 대거 참가
√	너무 작은 규모로 참가(부스 면적 제약으로 충분한 상품 전시 불가)
√	파견 인력 부족
√	부적격 통역 채용

전시회 참가 후, 성과가 기대에 못 미치는 기타 요인 (계속)

항목	성가 저하 요인
√	빈약하고 너무 평범한 부스 Display로 바이어들의 시선을 끌지 못한 경우
√	전시장내 전력, 인터넷 등 Utility 서비스 부실로 시연, Presentation 어려움
√	자사 제품 경쟁력에 비해 너무 경직적인 비즈니스 전략 (과다한 최소주문량, 샘플 미제공, 경직적인 가격 제시 등)
√	돌발변수로 전시품 도착 지연, 통관 지연 및 불허, 전시품 도난 및 망실 등 파견자 몸 컨디션이 나쁜 경우(감기, 몸살, 소화불량, 불면 등)
√	단체로 참가하는 전시회의 경우, 파견 기관의 준비 소홀 및 업무 미숙

다. 사후 관리

전시회에서 이루어진 새로운 고객과의 만남은 단지 시작에 불과한 것이다. 발굴된 신규 거래선과 거래가 성사될 때까지는 여러 차례의 접촉이 필요한 만큼 관계가 계속 이어질 수 있도록 세심한 배려를 해야 한다. 철저한 후속작업은 전시회 참가를 결정할 때 목적했던 여러 가지 목표를 달성하는데 중요한 역할을 한다. 귀국 후, 1주일 안에 전시회 기간 중 만난 모든 바이어들에게 감사 편지를 보낸다. 통상 간편하고 신속한 이메일을 활용하기도 하나 주요 바이어들에게는 우편이나 특사배달편을 활용한 실물 감사 편지를 보내기도 한다.

전시회 개최 전 작성된 유치대상 바이어 명단, 전시회 기간 중 부스를 방문한 참관객과의 상담일지 및 카드 리더기를 통해 입수한 모든 참관객 정보를 종합해 바이어 명단을 정리하고 지속적으로 관리해야 한다. 특히, 상담일지를 근거로 각 바이어들과 상담 과정에서 바이어들에게 약속한 추가 자료 (가격표, 샘플, 카운터 샘플, 상품설명서, 도면, 제품 사진 등)를 기한 내 보내준다. 현지에서는 쉽게 약속하고 돌아와서 그 약속을 무시하는 행위는 절대 피할 일이다. 그러므로 현지 상담 시에 지키지 못할 약속은 하지 말아야 한다. 따라서 전시회가 끝나면 빠른 시간 내에 바이어와 다시 접촉하는 것이 중요하다. 전시회 참가 후, 실제 성약까지는 통상 3개월 내지 6개월 정도가 소요되며 1년~2년 이상 걸리는 경우도 있다. 성약 단계까지 왔다가 무산 되는 경우도 많고 무산 된 것으로 여기고 잊고 지냈는데 한참 시간이 지나 주문하겠다고 연락 오는 경우도 있으므로 쉽게 포기하지 않도록 한다. 따라서 집요함과 신뢰 구축이 성약에서 가장 중요한 자세라고 할 수 있다. 그렇다고 너무 서둘러서도 안 된다. 가능성이 높은 바이어들은 가능하다면 빠른 시간 내 방한을 권유하거나 전시회 참가 국내기업이 현지를 재방문하여 신뢰 관계 구축과 함께 보다 심도 깊은 상담을 하도록 한다. 현지를 재방문 할 때는 전시장에서 처음 만났던 국내 기업 직원과 함께 보다 직급이 높은 상사가 동행하는 것이 좋다.

일부 바이어들은 처음부터 외상거래, 독점 에이전트를 요구하는 경우도 있는데 이는 절대 피해야 할 일이다. 그 바이어에 대한 마케팅 능력, 재무상태, 신용도 등을 철저하게 조사한 후 결정을 내려야 한다. 바이어의 능력을 테스트하기 위해 한시적으로 에이전트 계약을 체결하든가 바이어 소재지에 있는 KOTRA 해외무역관을 통해 바이어의 신용 상태를 확인하는 것도 바람직한 방법이다. 특히, KOTRA가 국내기업들을 모집하여 파견하는 해외전시회에 참가한 경우에는 해당 무역관을 최대한 활용한다. KOTRA무역관은 전시회가 종료된 후에도 성약이 이루어질 수 있도록 후속 지원을 아끼지 않고 있다.

마지막으로 전시회 참가에 따라 습득된 각 참가기업만의 고유한 노하우를 활용하여 참가 매뉴얼을 만들어 놓는다. 참가 매뉴얼을 통해 직원의 퇴사, 보직 변경 등의 여러 가지 이유로 담당자가 변경될 경우라도 다음 전시회 참가 준비를 체계화 할 수 있기 때문이다. 바이어 유치 활동, 부스운영 방식, 상담결과, 사전 준비 및 사후관리 내용, 문제점 및 개선 사항 등을 상세히 기록하고 지속적으로 내용을 추가해 간다.

5 성공적인 전시회 참가를 위한 10계명

❶ 목적에 맞는 전시회를 찾아라.

자사의 전시회 참가 목적에 맞는 전시회를 제대로 찾는 것이 중요하다. 개최 장소, 시기, 품목, 전시회의 성격 등을 면밀히 검토하여 참가할 전시회를 선정하되 필요시 참가신청 전 참관을 통해 직접 눈으로 확인해보거나 적어도 이전에 참가했던 동종업체 또는 코트라 해외무역관을 통해 관련 정보를 최대한 수집한다.

❷ 참가하기로 결정하였다면 조기 신청하라.

참가하기로 결정하였다면 조기 신청하므로써 참가비 할인과 부스 배정의 우선권을 받도록 한다. 아울러 항공권 및 호텔 예약도 미리 미리 예약해둔다.

❸ 외부 기관의 재정 지원을 최대한 활용하라.

지자체나 중앙정부의 해외전시회 지원제도의 혜택을 최대한 누리도록 한다. 신청기한을 염두에 두고 제출 서류를 미리 미리 준비한다. 단체 참가지원과 개별 참가지원 중 어느 것이 더 유리한지 혜택을 면밀히 검토하여 선정한다.

❹ 참가업체 매뉴얼을 꼼꼼히 숙지한다.

참가업체 매뉴얼은 전시회의 바이블이다. 전시품 운송과 반입/반출, 디렉토리 원고 제출, 기타 서비스 신청 및 호텔 예약 등 전시회 참가에 필요한 주최 측이 제공하는 정보를 꼼꼼히 살펴라.

❺ 사전 마케팅 활동에 최대의 역량을 투입하라.

아무리 많은 바이어들이 방문하는 전시회라도 사전 마케팅 활동은 반드시 필요하다. 바이어 정보를 최대한 입수하여 바이어들을 상대로 사전 마케팅 활동에 혼신을 쏟아야 한다.

❻ 전시회 개최 지역의 상관습과 시장을 알고 전시품을 준비한다.

코트라 Global Window를 방문하거나 시중의 관련 도서를 구입하여 전시회 개최 지역의 상관습과 시장 상황을 미리 파악하고 전시품을 준비한다.

❼ 예기치 않은 상황에 항상 대비한다.

전시품 미도착, 통관불허, 고장, 파손, 도난 등을 대비하여 전시품에 대한 대비책을 마련하고 예상 밖의 예산 집행 가능성에 대비하여 예비비를 별도로 책정한다.

❽ 전시주최자가 제시한 규정을 준수하라.

반입 금지품목, 직매 불허, 디자인 및 상표 침해 행위, 전시장내 사진 촬영 불허, 호객행위 등 전시주최자가 금지하는 행위는 절대 하지 않는다.

❾ 눈높이를 낮추어라.

지나치게 높은 목표 책정은 오히려 역효과가 날 수 있다. 성과가 기대보다 못했다고 하여 바로 포기하지 말고 극단적인 경우가 아닌 한 전시회는 최소 3번은 계속 참가하는 것이 바람직하다. 그리고 성과가 기대에 미치지 못했다면 그 원인을 파악하라.

❿ 전시회가 끝나면 그때부터 본격 시작이다.

전시회에서 모든 거래 행위가 끝나는 것이 아니다. 전시회를 마치고 돌아와 얼마나 사후관리를 철저하게 하느냐가 전시회 승패를 가늠한다.

6 국내전시회 참가 요령

가. 참가절차

거의 대부분의 국내전시회는 인터넷을 통해 참가신청을 받고 있으며 기참가업체와 신규참가업체로 구분하여 신청받기도 한다.

2013 서울국제식품산업대전 기참가업체 신청절차

2013 서울국제식품산업대전 신규참가업체 신청절차

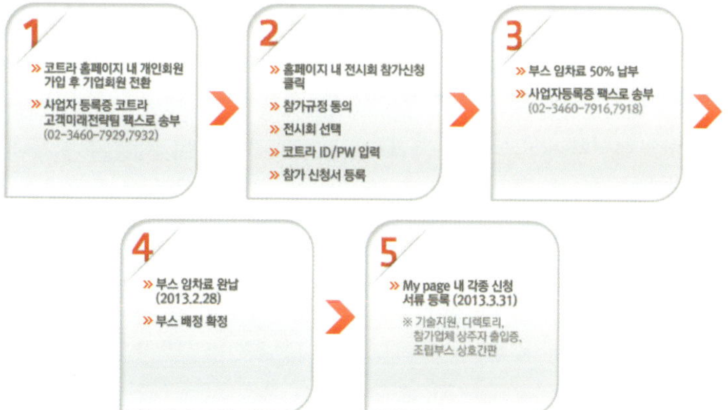

나. 부스 및 참가비

참가업체는 독립부스와 조립부스 중 택일하여 신청한다. 독립부스는 최소 임차부스가 정해져 있으며 전시구조물 시공이나 부대시설 설비는 전시회가 개최되는 전시장에 등록된 지정 용역업체를 이용해야 한다. 해당 전시장 등록 지정 용역업체가 아닌, 참가업체가 직접 자체 시공 시에는 반드시 자체시공사유서, 전시부스 설치(변경)신청서, 작업신고서, 평면도 및 입면도 등을 주최 측에 제출하여야 한다. 조립부스로 신청할 경우, 주최 측이 제공하는 기본장치내역–통상 조명, 바닥, 안내데스크, 상담테이블/의자, 전기 등–을 꼼꼼이 살펴보고 추가로 필요한 비품은 별도로 신청한다. 최근에는 조립부스도 디자인, 부스 장치 소재, 제공되는 비품 등에 따라 참가비를 차등 책정하여 공급하기도 한다.

A type : 200,000원(VAT별도)

B type : 350,000원(VAT별도)

C type : 1,000,000원(VAT별도)

▶ 2013 경향하우징페어의 조립식 부스 종류

참가비는 조립부스와 독립부스별로 상이하며 제시된 가격에 부가세가 포함되어 있는지 확인한다. 전시회에 따라 조기할인, 규모할인, 특별할인 혜택을 부여하고 있으나 중복할인이 되는지도 살펴본다. 참가비는 계약금과 잔금으로 구분하여 지정된 일자내 납부한다. 주최자는 부스배정 기준을 사전에 공지하는데 가능한 코너부스 등 좋은 부스를 배정받을 수 있도록 조기 신청하는 것이 바람직하다.

다. 기술지원서비스

전기, 전화, 인터넷, 급 · 배수, 압축공기 및 가스 (LNG)등은 필요로 하는 참가기업들이 전시회 홈페이지를 통해 별도 신청한다. 가구 및 비품 등도 지정용역업체를 통해 개별 신청한다. 지게차의 경우, 주최 측이 정해진 시간동안 무료 제공하기도 하고 참가기업들이 유료로 신청하기도 한다. 통역 및 도우미 등도 필요시 개별적으로 확보한다.

라. 부스 설치 및 철거

조립부스의 경우 주최자가 부스를 설치 및 철거하므로 참가업체는 지정된 시간 내 부스 장식 및 전시품 진열을 마치면 된다. 그러나 독립부스의 경우, 참가업체가 장치공사 기간 내 직접 부스를 설치 및 철거해야 한다. 규정된 시간외 작업을 추가할 경우에는 현장 주최자 사무실을 방문하여 시간 연장에 따른 제 경비(시간외 회장사용료, 경비비용, 전기요금 등)를 확인 한 후 「시간외 사용신청서」를 작성, 서명 날인하여 제출 후 연장 작업을 할 수 있다.

마. 반입 반출

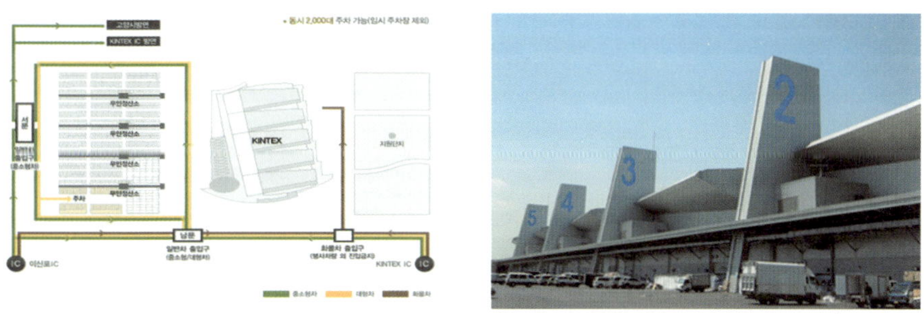

▶ KINTEX 화물 하역장 가는 길 및 외부

전시품 반입은 주최자가 사전 공지한 시간 내 화물 하역장을 통해 이루어져야 한다. 전시장에 따라 화물차량용 출입구가 매우 혼잡하여 반입시 지체되는 경우도 있으므로 서둘러 반입하는 것이 바람직하다. 반입 기간 중에는 일정 톤수 범위 내 에서 화물차, 승합차의 전시장 내부 출입을 허용하기도 한다. 또한 ㎡당 일정 톤 이상의 중량품 반입을 금지하거나 주최 측과 사전 협의를 요구하기도 한다. 화재, 폭발 등의 위험성이 있는 전시품 및 물품은 소정 양식에 의거 주최자로부터 사전 승인을 받아야 한다.

바. 추진일정

전시회 참가기업은 주최자가 공지한 추진일정을 숙지하고 있어야 한다.

▶ 2013 서울국제식품산업대전 추진일정

사. 초청장 및 홍보

주최 측은 참가업체의 신청 부스 수에 따라 기본초청장을 무료 배포하며 추가초청장은 전시장 현장 판매가보다 다소 저렴하게 유료 판매하기도 한다. 또한 공식 디렉토리 광고를 실기하기도 하는데 표지 4면, 표지 2면 및 대면, 표지 3면 및 대면은 한정면이기 때문에 선착순으로 신청을 받는다. 디렉토리 광고를 희망하는 참가기업들은 광고게재료 납부와 함께 원고 마감일전 E-mail 또는 웹하드에 파일을 업로드하여야 한다. 또한 이와 별도로 해당 전시회 홈페이지에 인터넷 배너 광고를 실시하기도 하는데 통상 신청일로부터 1년간 개설하며 인터넷 배너 광고 희망 참가업체는 JPG, GIF 파일 형식의 배너를 링크 될 인터넷 주소와 함께 주최 측에 E-mail 발송한다.

아. RF 전자명함 등록시스템

전시장 입장 시 등록한 전자명함을 발급받은 방문객의 정보를 손쉽게 제공 받을 수 있는 서비스로 전시기간 중 저장된 정보는 전시회 종료 후, 해당 전시회 홈페이지를 통해 제공받을 수 있다. 소정 신청양식과 함께 설치비용을 지불한다.

자. 출입증

참가업체 현장직원들을 위한 출입증은 각 업체의 신청부스 규모에 따라 차등 무료 배부하며 기본 출입증 배부는 소정의 「출입증 발급 신청서」로 신청한다. 추가로 필요한 출입증은 유료로 구입해야 한다.

차. 참가업체 해외바이어 초청 체재비 지원

국내 일부 전시회는 해당 전시회 참가업체 중 국내 제조업체들이 수출 상담을 목적으로 해외바이어를 초청하는 경우 예산 범위 내 에서 해외바이어 체재비를 지원하기도 한다. 지원 규모는 1개사 당 최대 인원 수 한도 내에서 신청 부스에 따라 지원 인원수가 결정된다. 또한 바이어 일인당 지원 금액 범위도 별도 정하며 용도는 통상 전시회 기간 사이 호텔 숙박비로 한정한다. 바이어 초청 체재비 지원을 희망하는 참가업체들은 기한 내 소정 양식과 함께 신청하되 사후 정산하며 숙박정산내역서(지불영수증, 투숙자여권사본, 명함원본 등)를 제출하여야 한다.

KiMES 2013 ⑩ 해외바이어 지원신청서

회 사 명				Booth No.	
담 당 자			부서/직위		
전 화		휴대폰		E-mail	

■ 지원 바이어명단 (총 :   명)

1	회사명			
	주 소			
	성 명		직 위	
	E-mail		국 적	
	숙박기간	2013. 3.___ ~ 3.___/ 박	호 텔	
2	회사명			
	주 소			
	성 명		직 위	
	E-mail		국 적	
	숙박기간	2013. 3.___ ~ 3.___/ 박	호 텔	
3	회사명			
	주 소			
	성 명		직 위	
	E-mail		국 적	
	숙박기간	2013. 3.___ ~ 3.___/ 박	호 텔	

* 인원 초과시 추가로 작성하여 제출하여 주시기 바랍니다.

※ 해외바이어 체재비 지원 신청시 구비서류 및 유의사항

1. 해외바이어 체재비 지원대상은 KIMES 2013 참가사 중 국내제조업체이며, 지원적용기간은 2013년 3월 20일 ~ 25일 사이 3박 4일입니다.
2. 지원내역은 1~3부스 업체는 3명, 4~6부스 업체는 4명, 7~9부스 업체는 5명, 10부스 이상업체는 6명까지 1인 한도 60만원 이내로 최대 360만원까지 지원되며, 숙박비 외에 부가세, 식음료 및 기타 부대비용은 지원되지 않습니다.
3. 해외바이어 체재비 지원을 적용 받으시려면 **전시 종료 후 5일 이내 투숙자의 숙박내역서(지불영수증 포함), 여권 사본 및 명함, 상담실적서를 반드시 제출하셔야 지원을 받으실 수 있습니다.**
4. 지원대상은 300명 내외이며, 기한 내 제출된 첨부신청서를 심사 후 개별통보 합니다.
5. 신청기한은 2월 28일(목)까지 접수 분에 한하며, 신청자가 초과 시에는 신청기한 이전에 마감될 수 있습니다.

본사는 상기와 같이 총 _______ 명의 해외바이어 체재비를 신청합니다.

201   년   월   일

신청사 : ______________________ 대표자 : ______________ ㊞

제출서류 양식-10
2013. 2. 28한

(주) 한국이앤엑스 KIMES 2013 사무국 귀중

135-729 서울시 강남구 삼성동 159-1 트레이드타워 2001호
Tel: 02)551-0102 Fax: 02)551-0103 www.kimes.kr kimes@kimes.kr

BOOT H NO.

카. 참가 규정

각 전시회마다 전시회 참가 규정을 두는 이유는 전시회 진행 과정 중 또는 종료 후, 전시 주최자와 참가업체간의 분쟁에 대비하여 참가비 납부조건, 전시면적 배정, 전시회 참가 취소 및 위약금, 전시품 반입 · 반출, 분쟁해결 등을 명확히 해두기 위함이다. 따라서 이들 항목을 꼼꼼이 숙지한 후, 참가업체의 동의 절차를 거쳐 온라인으로 신청을 받게 된다.

2013 서울국제식품산업대전 참가 규정

【제1조】 용어의 정의

1. "전시자"라 함은 본 전시회 참가를 위하여 온라인 신청과 함께 계약금을 납부한 회사, 지자체, 협회 및 단체 등을 말한다.
2. "전시회"라 함은 「2013 서울국제식품산업대전(SEOUL FOOD 2013)」을 말한다.
3. "주최자"라 함은 「서울특별시 서초구 헌릉로 13번지에 소재하고 있는 대한무역투자진흥공사(KOTRA)」를 말한다.

【제2조】 참가신청

1. 전시회 참가신청을 하고자 하는 전시자는 홈페이지(seoulfood.or.kr)를 통한 온라인 신청을 원칙으로 한다. 온라인으로 신청할 수 없는 경우 참가신청서 양식에 의거하여 작성하며, 반드시 서명 날인하여 주최자에게 제출한다.
2. 전시자는 온라인 신청 후 참가비(부스 임차료, 기술지원 사용료)를 납부하여야 하며, 참가비 납부가 확인 되었을 경우 참가 및 계약이 성립된 것으로 본다. 단, 전시장 면적이 소진된 경우 또는 전시품을 판매할 목적으로 참가하는 경우는 주최자가 참가신청 접수를 거부할 수 있다.

【제3조】 참가비 납부조건

1. 전시자는 참가신청 후 2주 이내에 부스 임차료의 50%를 계약금으로 납부하여야 하며, 신청 마감기한 내 기술지원 사용료를 포함한 잔금 50%를 납부하여야 한다. 기술지원 신청이 마감기한 이후에 확정된 경우 기술지원 사용료는 개최 2주전까지 100% 완납하여야 한다.
2. 신청 마감기한(2013년 2월 28일) 이후 참가신청 시에는 개최 1개월 전(2013년 4월12일)까지100% 완납하여야 한다. 기한 내 납부하지 않을 경우 주최자는 참가신청을 해지할 수 있으며, 일부 납부한 참가비는 반환하지 않는다.

【제4조】 전시면적 배정

1. 주최자는 부스임차료 납부 순서에 따라 전시품목, 참가실적(2000~2012), 신청규모 등 합리적 자료를 기준으로 전시자의 부스위치를 배정하고, 전시자는 이에 이의를 제기할 수 없다.
2. 주최자는 전시회 장치기간 이전에 특별한 사정이 있는 경우 전시자가 선택한 전시부스 위치 및 면적을 전시자와 협의 후 변경하여 배정 할 수 있으며 전시자는 불가항력적인 경우를 제외하고는 주최자의 요청에 최대한 협조하여야 한다.
3. 전시자는 주최자의 서면 동의 없이 배정받은 전시 면적의 일부 또는 전부를 타인에게 양도, 전매 또는 상호간에 교환할 수 없다.

【제5조】 전시홀 관리

1. 전시자는 참가신청서에 명시한 전시품을 전시하고 상주요원을 배치하여 자사 부스관리에 만전을 기하여야 한다.

2. 전시자가 참가신청서에 명시한 전시품과 상이한 물품을 전시하거나 전시회 성격에 부합되지 않는 물품을 전시할 경우 또는 직매행위를 하는 경우 주최자는 즉시 중지, 철거 또는 반출을 명할 수 있다. 이 경우 참가비는 반환되지 아니하며, 전시자는 이에 따른 배상을 청구할 수 없다.
3. 주최자는 필요한 경우 특정인의 전시장 출입을 제한할 수 있다.
4. 전시자는 전시홀의 바닥, 천장, 기둥, 벽면 등에 페인트칠, 접착제 등으로 원상 변경을 할 수 없으며, 전시장의 손상에 대해서는 주최자의 원상복구 요청 등에 따라 적절한 손해 배상을 해야 한다.
5. 주최자는 질서 유지와 안전관리, 사회적 물의를 일으킬 수 있는 행위의 예방 등을 위하여 전시품목 전시행위 등을 선택적으로 배제 또는 제한 할 수 있다.

【제6조】 전시자의 참가취소 및 위약금

1. 전시자가 계약한 전시면적 전부 또는 일부 사용을 취소할 경우 전시자는 즉시 주최자에게 서면으로 취소사유를 통보하여야 한다.
2. 본조 1항의 취소통보가 2013년 2월 28일까지 접수된 경우에 한해 주최자는 전시자로 부터 받은 부스 임차료를 전액 환불한다. 그렇지 아니하고 동 취소통보가 2013년 3월 31일까지 접수된 경우 기 납부한 부스 임차료 중 50%만을 환불하며 동 취소통보가 2013년 3월 31일 이후에 접수된 경우에는 일체 환불하지 아니한다.

2-1 마감기한 이후 부스 임차료를 납부하고 취소 통보할 경우 제6조 2항의 규정에 따른다.
2-2 기술지원 사용료는 취소일자와 상관없이 전액 환불한다.

3. 환불금액에 대해서는 이자를 지급하지 아니하며, 환불하지 않은 참가비는 차기 개최되는 전시회의참가경비로 일체 이월되지 않는다.
4. 전시자가 참가신청 후 부스 임차료를 2013년 2월 28일까지 완납하지 아니한 경우 주최자는 일방적으로 참가를 취소할 수 있다.
5. 전시자가 부스 임차료를 기한 내에 납부하지 아니하고 취소할 경우 주최자는 전시자에게 위약금을청구할 수 있다.

5-1 2013년 3월 31일 이후 취소 통보할 경우 부스 임차료의 50%를 위약금으로 납부한다.
5-2 2013년 4월 26일 이후 취소 통보할 경우 부스 임차료의 70%를 위약금으로 납부한다.

6. 모든 위약금은 부가세가 포함되지 않은 금액이며, 세금계산서도 발행하지 않는다.

【제7조】 전시회의 취소 또는 변경

주최자가 전시회 개최를 취소하는 경우 이미 납입된 부스 임차료 전액을 전시자에게 반환한다. 다만, 불가항력 및 기타 주최자의 귀책사유가 아닌 특별한 사정으로 전시회가 취소 또는 개최일이 변경되거나 축소되는 경우에는 이를 반환하지 않는다. 이 경우 전시자는 주최자에게 보상을 청구할 수 없다.

【제8조】 장치 및 전시품 진열

전시자는 지정 기간 내에 배정된 전시 면적 내에 장치를 진행하고, 참가 신청서 상에 명시된 전시품에 대해 반입, 진열을 완료하여야 한다.

【제9조】 전시품 및 장치물 반출

전시자는 지정 기간 내에 모든 전시품 및 장치물을 반출하여야 하며, 반출을 지연할 경우 주최측이 부담하게 될 제반비용을 즉시 주최자에게 납입하여야 한다.

【제10조】 전시장 경비, 위험부담 및 보험

1. 주최자는 전시자 및 방문객을 위하여 적절한 경비 조치를 취한다.
2. 전시자는 전시기간 및 장치, 철거 기간 중 발생되는 배당 면적내의 장치물 및 전시품에 대한 훼손 및 도난에 대하여 전적인 책임을 진다.
3. 전시자가 고의 또는 과실로 화재, 도난, 파손 기타 사고를 발생하게 하여 주최자 또는 타인에게 손해를 입힌 때에는 전시자가 전적인 배상책임을 지며, 전시품 등에 대한 보험 가입 역시 전시자의 책임으로 한다.

【제11조】 방화규칙

1. 장치물 및 전시장 내의 모든 자재는 소방 법규에 따라 불연처리가 되어야 한다.

2. 주최자는 필요에 따라 전시자에게 화재방지와 관련한 시정을 요구할 수 있다.

【제12조】 보충규정

1. 주최자는 필요한 경우, 참가규정에 명시되지 않은 보충규정을 제정할 수 있다.
2. 보충되는 규정은 참가규정의 일부가 되며, 전시자는 이를 준수하여야 한다.
3. 전시자는 주최자의 참가규정과 킨텍스(KINTEX)의 제규정을 준수하여야 한다.

【제13조】 분쟁해결

본 참가규정의 해석에 관한 주최자와 전시자 간에 발생되는 쌍방의 권리, 의무에 관한 분쟁은 대한 상사중재원의 중재 판정에 따르며, 그 판정에 대하여는 법원에 제소할 수 없다.

타. 참가업체 숙지사항

1) 참가업체 사전 설명회 참가

국내전시회의 경우, 통상 전시회 개최 1~2개월 전 무렵, 전시주최자는 참가업체 사전 설명회에서 참가가이드 자료를 배포하고 참가세부 사항을 설명하며 Q&A를 갖는다. 참가업체 설명회 때 언급되는 사항은 행사 개요, 운영일정 및 주요 마감일, 참관객 유치 및 홍보 계획, 전시장 도면 설명, 전시회 및 전시장 사용 규정, 통관 및 운송 그리고 무료주차권 지급 기준 예시 등이다. 따라서 전시 참가업체는 반드시 사전 설명회에 참석한다.

2) 참가업체 제품 홍보코너 활용

일부 국내전시회 주최자들은 전시회 홈페이지에 참가업체 제품 홍보코너와 참관객 (바이어)의 사전 상담신청코너를 마련하여 전시회 개최 전 1:1 매칭을 통해 전시회 기간 중 상호 상담을 할 수 있도록 지원하고 있으므로 참가업체 제품 홍보코너를 적극 활용한다.

3) 국내전시회 참가 시 피해야 할 사항

참관객의 시선을 끌기 위해 확성기를 사용한다거나 현장 직매를 불허하는 전시회에서 주최자 몰래 직매행위를 해서는 안 된다. 또한 해당 전시회와 관계없는 품목을 전시하는 행위도 금지된다.

전시회에서 있었던 일

【사례 4】 도덕적 해이로 다른 국내 기업 인기박람회 참가 기회 박탈

2008년 3월, 4일간 파나마에서 개최된 「파나마 종합박람회」에 국내 16개사가 참가하였다. 이 박람회는 1983년 3개국 140여개 전시업체로 시작하여 현재는 30여개국 500개 이상의 전시업체가 참가하고 있는 중미 최대 종합박람회로 자리매김하고 있다.

파나마는 미주 최대 규모의 콜론 자유무역지대를 바탕으로 중남미 물류 허브로 부상하고 있으며 특히 파나마 운하 확장을 통한 물류 인프라 개선으로 지리적 강점을 갖고 있어 국내 많은 기업들이 이 박람회 참가를 희망하고 있다.

당시 KOTRA는 16개 부스를 배정받아 참가기업 모집에 들어갔는데 20개사가 넘는 신청기업 중 심사를 거쳐 16개사를 선정하였고 그중 7개 부스를 수도권의 A시 지자체 관내기업들에게 배정하였다. A시 지자체 관내기업들은 중앙정부와 A시로부터 전시회 참가비는 물론이고 A시로부터 통역료 까지 전액 지원 받게 되어 각 기업들은 출장비만 부담하면 되는 상황이었다. 그러나 A시 관내 7개 기업 중 한 기업은 개별적으로 현지 도착하겠다고 하고는 실제 전시회 기간 중 현지 출장을 오지 않고 미리 보낸 전시품만 A시 관내 다른 참가업체에게 전시토록 요청 하였다. 따라서 출장을 오지 않은 기업 부스는 출장자 없이 카탈로그와 샘플 몇 점만 전시하고 그 회사와 아무런 상관이 없는 바로 옆 부스 출장자가 찾아오는 바이어들의 명함만 수집하였다. 결국 한 기업의 무단 불참으로 16개 부스로 이루어진 한국관의 한개 부스는 비싼 참가비를 부담한 상태에서 출장자 없이 몇 가지 상담 자료만 전시되어 있어 보기도 안 좋았고 그 박람회에 참가하고자 했던 다른 기업들에게 돌아갈 기회를 박탈하는 도덕적 해이의 모습을 연출하였다.

【교훈】

- 전시회 참가 신청을 했으면 반드시 참가한다. 부득이 불참하게 되면 시간 여유를 갖고 파견기관에 동 사실을 고지하여 타 기업에게 참가 기회가 돌아가게 한다.

Chapter 06

해외전시회 참가 지원제도

1 중앙정부 단체 참가지원

중앙정부의 단체 해외전시회 참가지원과 관련하여 산업통상자원부는 KOTRA를 통해, 중소기업청은 중소기업중앙회를 통해 지원하고 있다. 그중 KOTRA는 산업통상자원부로부터 위임받아 국내 중소기업의 신흥시장 및 전략시장 진출을 지원하기 위해 한국관을 구성하여 연간 100회 내외의 세계 유명 전시회에 참가[29]하고 있다. KOTRA는 신청 접수된 단체 참가 해외전시회들을 대상으로 전시회 참가 선호도, 수출품목 및 수출시장의 성장성, 국가정책 기여도 등의 평가항목들로 구성된 [별표1]과 같은 해외전시회 선정기준표에 의거 평가한 후, 산업통상자원부와 협의를 거쳐 단체 참가 해외전시회 선정위원회에서 최종 선정하고 있다.

각 기업들은 통상 전시회 개막 약 5~6개월 전부터 참가 신청을 해야 하며 참가비용 (임차료, 장치비, 전시품 운송료, 공동수행기관 관리비)의 최대 50%까지 국고 지원이 가능하다. 다만, 국가전략, 지원성과의 극대화를 위하여 일부전시회는 산업통상자원부와 협의하여 70%까지 지원할 수 있다. 또한 참가업체에게 제공되는 부스는 업체 당 1부스를 원칙으로 하되 최대 4부스 ($36m^2$)까지 배정할 수 있다.

29) 이하 지원제도는 2012년 기준임.

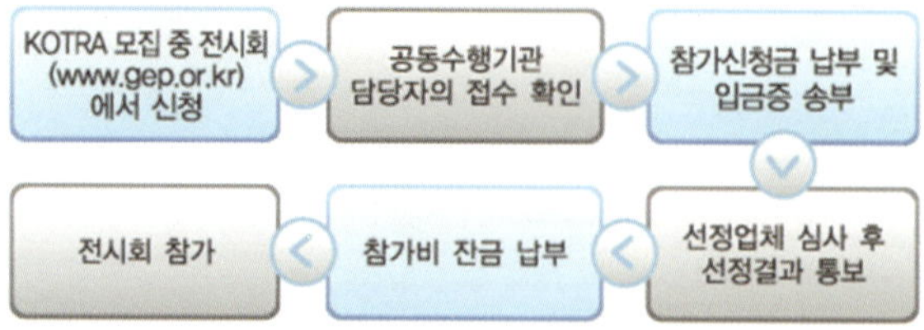

▶신청 방법

참가를 희망하는 기업은 수행기관 (KOTRA나 협회, 조합 및 단체)에 ① 해외전시회 참가신청서[별표2] ② 전시품목 상세서[별표3] ③ 신청기업의 카탈로그 또는 제품설명서(영문 및 국문자료) ④ 사업자등록증 사본 ⑤ 기업 선정 시 가점처리 사항의 증빙서류 ⑥ 해외전시회 참가를 위한 각서[별표4] 및 ⑦ 기타 수행기관과 KOTRA가 협의하여 정하는 서류 등을 제출하여야 한다. KOTRA와 공동수행기관은 다음 기준에 따라 신청 기업들을 평가하여 최종 선정한다.

참가 신청기업 평가기준(유관기관 공동수행 전시회)

기준항목	배점	평가기관	평가기준
공동수행기관 평가 기대성과	25	수행기관	유망(22-25), 보통(18-21), 저조(14-17)
제조기업 여부	10	수행기관	제조기업(10), 미제조기업(8)
정부기관 인증서 취득 여부	10	수행기관	취득(10), 미취득(8)
사전예약 여부	5	수행기관	예약(5), 미예약(3)
전시품목의 현지 시장성	35	KOTRA	유망(31-35), 보통(26-30), 저조(21-25)
KBC 평가 기대성과	10	KOTRA	유망(9-10), 보통(7-8), 저조(5-6)
수요조사 참가 여부	5	KOTRA	참가(5), 미참가(3)
합계	100		

참가 신청기업 평가기준(KOTRA 단독수행 전시회)

선정기준	중국	일본	구주	아대	중남미	CIS	중아	북미
전시품목의 현지 시장성	40	35	30	40	40	40	40	30
정부기관 인증서 취득	10	10	15	25	5	15	5	-
제조기업 여부	10	15	15	20	5	15	10	10
KBC 평가 기대성과	10	10	10	-	20	10	15	10
해당전시회 참가	5	-	-	-	-	-	5	-
전시회 참가횟수	-	-	-	-	15	-	-	-
현지시장 수출경험	-	-	10	-	-	-	-	10

참가 신청기업 평가기준(KOTRA 단독수행 전시회) (계속)

선정기준	중국	일본	구주	아대	중남미	CIS	중아	북미
신규참가여부	–	10	–	–	–	–	10	20
중국어 구사가능 인력보유	5	–	–	–	–	–	–	–
참가 예약신청	5	5	5	5	5	5	5	10
수요조사 참가	5	5	5	–	–	5	–	–
본사평가 기대성과	10	10	10	10	10	10	10	10
계	100	100	100	100	100	100	100	100

■ **[별표1]** 해외전시회 선정 기준표

평가요소		배점	평가방법
전시회 평가 (40점)	• 전시회 참가고객 만족도 평가결과 *미평가전시회는 보통 점수 반영	15	• 해당전시회 재참가 의향(6번항) – 정성 : 매우있음(15), 있는 편(12), 보통(9), 없는 편(6), 전혀없음(3)
		10	• 전시회에 대한 전반적인 만족도(5–1번항) – 정성 : 매우만족(10), 만족(8), 보통(6), 불만족(4), 매우불만족(2)
		5	• 한국관에 대한 전반적인 만족도(3–1번항) – 정성 : 매우만족(5), 만족(4), 보통(3), 불만족(2), 매우불만족(1)
	• 전시회별 수요조사(GEP)	10	• 정량 : 배점편차는 수요조사 결과를 반영
	• 전문전시회 인증실적(가점, 최대 +2)	+2	• UFI 또는 AUMA 인증획득 전시회 (인증 1건당 1점, 최대 2점까지 부여)
수출 시장 평가 (30점)	• 수출품목 성장성 – 전략시장, 미래성장시장 여부 – 수출산업으로서 역할가능성	20	• 정성 : 매우긍정(20), 긍정(18), 보통(16), 부정(14), 매우부정(12)
	• 현지시장 적합성 – 해당품목의 현지 적합여부 – 마케팅Tool로서의 유용성	10	• 정성 : 매우긍정(10), 긍정(8), 보통(6), 부정(4), 매우부정(2)
정책 평가 (20점)	• 국가정책기여도 – 국가정책적 필요성(정책수요 감안) – 산업별 품목 중요도	10 (5) (5)	• 정성 : 매우긍정(5), 긍정(4), 보통(3), 부정(2), 매우부정(1) • 정성 : 매우긍정(5), 긍정(4), 보통(3), 부정(2), 매우부정(1)
	• 신청단체기관 수행능력 – 전시회 수행실적(2개년간) – 해당품목 업계내 전문성, 대표성	10 (5) (5)	• 정량 : 5회 이상(5점), 3회 이상(4), 1회 이상(3), 전무(2) • 정성 : 매우긍정(5), 긍정(4), 보통(3), 부정(2), 매우부정(1)
	• 사업충실성(감점, 최대 –3점)	–3	• 정성/정량 : 취소경험, 중도포기, 축소여부, 고객불만사례 등 (사례1건당 1점, 최대 –3점까지 반영)
정책우대	• 선정위원회 등 정책반영사항 조정	10	
	합 계	100	

KOTRA가 모집하여 국고지원으로 단체 파견하는 해외전시회 참가 시 장점은 창립이래 50년 이상 해외 전시회 참가를 통해 축적된 KOTRA의 많은 노하우를 활용할 수 있다는 점이다. KOTRA는 해외무역관, 관련 조합, 협회 및 단체 그리고 국내기업들의 의견과 수요 조사를 통해 성과 위주로 참가 전시회를 엄선한다. 또한 KOTRA가 전시회 참가에 필요한 운송회사, 호텔, 현지교통편 및 통역을 알선해주고 있으며 세련된 한국관을 구성하기 때문에 전시회 참가 경험이 없는 수출기업들은 상담 준비에만 주력하면 된다. 아울러 KOTRA 해외무역관은 현지 시장정보와 상담요령을 사전 제공하며 주요 바이어들과의 상담도 지원한다. 특히 전시회 기간 중에는 본사 파견직원과 무역관 직원이 전시장에 상주하여 참가기업들의 요구에 즉각 지원하는 시스템을 갖추고 있으며 전시회 종료 후에도 성약될 때까지 철저한 사후 서비스를 제공하고 있다. 이밖에 국가관 형태로 참가하게 되면 「KOREA 브랜드」를 활용할 수 있어 상담에도 많은 도움이 된다.

▶ 세련된 한국관

▶ 전시회 기간 중 KOTRA 직원이 현장 지원한다.

KOTRA는 보다 심도 깊은 해외전시회 참가 지원 서비스를 참가기업들에게 제공하기 위해 뉴욕, LA, 프랑크푸르트, 도쿄 및 상해무역관에 전시사업 지원 전담요원을 두고 있으며 앞으로도 전시 전담직원 주재 무역관 수를 늘려나갈 예정이다.

▶KOTRA는 해외전시회를 엄선하여 파견한다.

KOTRA가 참가기업들에게 제공하는 「2013 디트로이트 자동차부품(박)」 사전 업무협의회 자료 예시

1. 2013년 박람회 개요

가. 명 칭

○ 국문 : 2013년 디트로이트 자동차부품 박람회

○ 영문 : SAE 2013 World Congress

나. 기 간 : 2013. 4. 16(화)-4. 18(목)

일자	시간	비고
4월 15일(월)	08:00-14:00	전시품 진열
4월 16일(화)	10:00-18:30	전시 기간
4월 17일(수)	10:00-18:00	
4월 18일(목)	10:00-18:00	

다. 개최주기 : 매년(2013년이 개최 108주년)

라. 장 소 : 미국 Detroit, Michigan / Cobo Center
(One Washington Blvd., Detroit, Michigan 48226, 전화 : 313-877-8777)

마. 주 최

○ 기관명 : Society of Automotive Engineers Int'l(SAE)

○ 연락처(www.sae.org)

- 주소 : 400 Commonwealth Dr., Warrendale, PA 15096, U.S.A
- 전화/팩스 : (1-724)772-4078 / (1-724)776-3087
- 담당/직위 : Ms. Amanda L. Grech / Director
(Automotive; Commercial Vehicle; Aerospace; Government)
- 이메일 : agrech@sae.org

바. 규 모 : 최대 100개사(부스기준 약 300부스) 이내

사. 품 목 : New Technology를 갖춘 OEM용 자동차부품

아. 슬로건 : Achieving Efficiency

자. 후 원 : Host Company - Chrysler, Tier1 Strategic Partner - ZF

차. 성 격

○ SAE World Congress는 세계자동차엔지니어협회(SAE)의 연례 총회적 성격으로, 동 기간 중 자동차부품 기술관련 세미나, 심포지움, 이벤트, 전시회 등이 개최됨

○ 동 박람회는 1906년 이래 매년 디트로이트에서 개최되고 있는 사실상 세계 유일의 기술중심의 OEM용 자동차부품 전문박람회임

2. 2013년 전시회 컨셉

○ 세계 최대의 OEM 자동차부품 박람회로 평가받아온 동 전시회는 2009년까지는 기술을 비롯한 부품 소싱관련 전시회로 진행되었으나,

- 금융/경제 위기 등으로 촉발된 자동차산업의 환경 변화와 더불어 비용 이슈의 현실화로 동력원 변경을 축으로 자동차산업이 격동기를 맞게 됨에 따라
- 2010년부터 New Technology를 보유한 최대 100개사만을 엄선하여 소규모로 개최하는 전시회로 컨셉 대폭 변경

최근 3개년 전시회 컨셉 비교

구분	2010년	2011년	2012년
전시기간	3일간	3일간	3일간
참가품목	Only 신기술 부품	Only 신기술 부품	Only 신기술 부품
참가업체	최대 100개사	최대 100개사	최대 100개사
선정과정	신기술 심사위원단	신기술 심사위원단	신기술 심사위원단
제공내용	패키지 (전시면적+기본부스+세미나)	패키지 (전시면적+기본부스+세미나)	패키지 (전시면적+기본부스+세미나)

3. 2013년 한국관 참가 개요

가. 참가목적 : 미국 자동차 OEM 시장에 대한 진출 기회 확대

나. 규모 : 19개사 20개 부스 (2,000 S/F) 및 한국관 안내홍보부스

※ 1 부스규격 100 S/F (10FX10F), 200 S/f (10FX20F)

다. 위치 : 디트로이트 Cobo Center내 SAE 당국 지정 한국관

라. 참가연혁 : 1981년 최초참가 이래 25회째 참가

4. 2013 디트로이트 자동차부품(박) 한국관 참가 주요일정

구 분	주 요 업 무	시행 예정일	비 고
부스장치	* 기본부스(SAE제공 표준부스) – 장치업체 : Freeman – 부스간판명, 추가비품신청 등	– – 2013. 03. 20	참가사⇒Freeman (cc:디트로이트 무역관)
	* (필요시) 추가 신청 – 전기 신청 – 인터넷 신청	2013. 04. 02	참가사⇒Cobo Center (웹싸이트 온라인 신청)
	* 부스 배정	–	SAE 당국에서 지정
박람회 공식 디렉토리 원고 및 배지신청	* 전시회 홈페이지에 참가업체가 직접등록 및 신청 – 전시자 2명(3일 기준) – 초청자 30명(1일 기준)	SAE 당국 지정일	SAE 당국에서 각 업체별로 ID/패스워드와 신청방법 공지예정
한국관 디렉토리 원고	* 디렉토리 원고 제출 (양식은 추후 아인글로벌에서 통보 예정)	2013. 03. 15	참가사⇒(재)아인글로벌
일반행정 사항	* 출장자 항공예약 * 출장자 호텔예약(첨부 양식 작성 제출)	2013. 03. 15	참가사⇒지정여행사 (범주여행사)
전시품수집 및 발송	* 전시품 선적서류 제출		참가사⇒운송사
	* 전시품 입고		
	* 전시품 발송(선편)		
	* 현지 도착(디트로이트)		
전시관관리 및 사후처리	* 디트로이트 향발	2013. 04. 14	
	* 디트로이트 도착 및 사전 간담회	2013. 04. 14	만찬(잠정)
	* 전시품 진열(시간)	2013. 04. 15	08:00–14:00
	* 개막 및 상담 실적제출	2013.04.16~18	참가업체(매일수령)
	* 전시품 처리(매각,기증,반송)	2013. 04. 18	참가업체 책임하에 처리
	* 관리요원 귀국	2013. 04. 19	20일 한국 도착

5. 디렉토리/뱃지/통역원

가. 박람회 당국 디렉토리 수록용 원고입력

○ SAE 당국에서 각 참가업체별로 신청서상 이메일 주소로 ID 및 Password와 입력방법 및 수정방법 통보 예정 (유의사항 : SAE 당국이 통보한 입력기한내 미입력시 SAE 공식 디렉토리에 미수록될 수 있음)

나. 뱃지 신청

○ SAE 당국에서 각 참가업체별로 신청서상 이메일 주소로 ID 및 Password와 입력방법 및 수정방법 통보 예정

○ 기본제공 뱃지 : 전시자용 2명분(1일 기준 6개), 초청자용 30명분

다. 한국관 디렉토리 홍보자료

○ 한국업체 부스방문 바이어/엔지니어 대상 홍보용으로 활용할 한국관 디렉토리 원고를 2013. 3. 15일한 (재)아인글로벌로 제출 요망

라. 유료 통역원 신청

○ 전시회 기간 중 통역원이 필요할 경우, 2012. 3. 15일한 (재)아인글로벌로 통역원 섭외를 요청 요망

- 통역료는 전시시간 기준 1일당 U$200 (3일 채용시 U$600)
- 통역료는 신청업체 부담으로, 현장에서 통역원에게 직접 지급

6. 전시 장치물

가. 기본부스

○ SAE 당국 기본 장치물 제공 내역

- 부스 설치 및 철거 서비스, 카페트, 회사명 사인보드 (Standard Blue header w/ White lettering) 1개, 디스플레이 카운터 1개, 기본 전기(120V) 아울렛 1개, 의자 2개, 테이블 1개, 조명 2개, 휴지통 1개, Lead retrieval(전시 뱃지 reader), 전시자용 뱃지 6개, 초청자용 뱃지 30개
- 기본부스 관련 Size(첨부사진 참조)

※ 유의사항

- 선반이 기본제공내역에 미포함되어 있으며, 별도 신청에 의해 벽면 1면당 2개씩 총 4개까지 신청가능 (비용 업체부담)
- 아래 기타비품 임차 설명부분 참조

○ 첨부2 부스간판명관련 SAE 당국 지정신청서상 기본부스 내역/치수/디자인 참조

나. 비품/전기/인터넷

○ 기타 비품 임차 (비용 업체부담)

- 선반, Showcase, Cabinet 등 기타 비품 필요시 별첨 신청서 작성, 제출
- 선반의 경우, 사이즈는 40"W x 8"D = 1016mm x 203.2mm 이며, 선반 1개당 비용은 코트라 할인가인 51.85불[6%소비세별도](3월 20일까지 신청시 – 정가는 71.65불)임

○ 비품 임차 절차 : SAE 기본부스 장치업체인 Freeman에 직접 신청 및 비용 납부 [Freeman 연락처]

- 담당자 : Lori Issac(Exhibitor Services Rep.)
- 주　소 : One Washington Blvd.| Detroit,　MI 48226
- 이메일 : lori.isaac@freemanco.com
- 전　화 : 1-313-393-0250
- 팩　스 : 1-313-393-0620
- 웹싸이트 : www.freemanco.com

○ 기본으로 제공되어지는 전기는 120V로, 추가 신청을 희망할 경우, SAE 신청 website (www.sae.org/congress/exhibit/manual) Electrical service 링크를 이용하여 4월 2일까지 신청 요망 (추가비용은 개별신청업체부담)

- 미국전압 : 110V(220V 제품 사용시 변압기 개별 준비)

○ 부스내 인터넷 설치 희망시, SAE 신청 website(www.sae.org/congress/exhibit/manual) Cobo Internet 링크를 이용하여 4월 2일까지 신청요망(비용은 개별신청업체 부담)

다. 신청서류 제출

○ 필수제출 : 부스간판원고 Letter Only(첨부2 Freeman 지정 신청서)

○ 선택제출 : (필요시) 선반 포함 비품 신청서(첨부 참조)

○ 제출기한 : 각 신청서상에 명기된 데드라인 이전

○ 제출방법

- 부수간판원고 : 첨부 Freeman 지정 신청서 작성 후 이메일로 제출
- 선반포함 추가신청비품 : 첨부 Freeman 지정 신청서 작성 후 이메일로 제출
- 전기/인터넷 : 박람회 당국 정책에 따라 웹싸이트 링크 활용 직접 제출

○ 제 출 처 : (수신) 각 해당업체/기관 (참조) KOTRA 디트로이트 무역관

7. 전시품 포장 및 입고

가. 전시품 포장

○ 전시품은 파손예방을 위하여 가급적 WOODEN BOX로 포장 [부득이 카톤박스에 포장시 테이프 밀봉과 노끈처리를 단단히 할 것]

○ CONSUMABLE ITEM(팜플렛, 카탈로그, 브로슈어, 선물용품, 패널 등)은 "반드시" 전시품과 별도로 포장하여 전시품과 함께 우든 박스로 포장

○ LIST OF EXHBITION GOODS 작성 요령

- HS Code NO. 8단위 이상 필히 기재 요망
- 카달로그, 브로슈어, 부속 장치물 등도 인보이스 VALUE 기재 요망(REMARK란에 N. C. V명기)
- REMARKS란에 영문 상호, 전화번호, FAX번호 명기
- 합계금액은 SUB-TOTAL 로 명기
- 하단부위에 회사 대표자 성명이나 직인을 날인하지 말 것
- NET WEIGHT 기입 요망

○ 전시물 발송지원물량은 1부스(약 9 s/m)당 1CBM(최대 167Kg)이며, 지원 기준 초과물량은 참가업체 개별부담 하여야 함(*입고 장소까지의 전시품 운반 및 포장은 개별적 책임하에 수행)

○ Shipping Mark-정식 표기는 '프리웨이'에서 작업

박람회명 : SAE 2013 업 체 명 : 부스번호 : 발송품 일련번호 : '1 of 3' 등으로 표기

나. 전시품 입고 : 유첨 운송업체의 안내자료 참고

○ 운송업체 :

- 담당자 :
- 전 화 :
- 이메일 :

○ 입고일자 :

※ 사전 고지된 입고기한 내 전시품이 입고되지 않은 경우, "업체부담"으로 "개별발송"하여야 하며, 한국 및 현지에서의 "통관업무도 개별적으로" 실시하여야 함

○ 전시품 발송/통관을 위한 인보이스 제출 : 프리웨이

다. 핸드캐리

○ 인보이스 3부를 반드시 작성하여 지참할 것

또한 인보이스 금액 비례하여 디트로이트 공항세관에서 관세예치를 요구할 수 있으니 예상관세 준비요망

8. 항공편 및 투숙호텔

가. 선정 여행사

○ 여행사명 : ○○여행사

- 담당자 : ○○○ 팀장
- 전　화 : 02-318-1717
- 휴대폰 : 000-0000-0000
- 팩　스 : 02-318-1833
- 이메일 : bise1207@gmail.com

○ 항공임(10명 이상 동일일정이용 그룹기준)

- 인천출발 :
- 부산출발 :

나. 항공일정

○ 항공일정 : 인천-디트로이트-인천

출발항	도착항	편명	일자	출발시간	도착시간
인천	디트로이트				
디트로이트	인천				

○ 항공일정 : 부산-디트로이트-부산

출발항	도착항	편명	일자	출발시간	도착시간
부산	나리타				
나리타	디트로이트				
디트로이트	나리타				
나리타	부산				

다. 투숙호텔

1) 투숙호텔 정보

○ 호텔명 : Drury Inn & Suite

○ 주소 : 575 W. Big Beaver Rd. Troy, MI 48084

○ 전화 : (1-248)528-3330

○ 팩스 : (1-888)547-1504

○ 홈페이지 : www.druryhotels.com

○ 투숙기간 : 2013.4.14(일)~4.19(금) (5박 6일)

○ 숙박료 : 트윈룸 $94.03($82.99+세금 13.3%), 싱글룸 $105.36($92.99+세금 13.3%) (조식, 서비스료, 세금 포함)

* 투숙 후 중간에 체크 아웃하여도 사전 예약된 호텔비는 미반환됨에 유의바람

* 전시기간 중 호텔↔전시장간 셔틀버스 운영

* 투숙기간 중 호텔측에서 인근 쇼핑몰 및 한식당으로의 교통편 제공

2) 호텔 담당자

○ 담당자 : Jill Schmidt

○ 직위 : Area Sales Manager

○ 이메일 : jill.schmidt@druryhotels.com

3) 호텔예약신청서

○ 제출기한 : 2013. 3. 15

○ 제 출 처 : 국내선정 여행사, KOTRA 디트로이트 무역관에 동시 제출(이메일)

9. 전시품의 사후처리

○ 전시품은 업체관리요원 현지 도착시 업체에 인계하여, 인수증을 징구함

○ 전시품 반송과 관련된 제반업무는 참가업체 책임하에 이루어져야 하며, 현지 무역관에서는 행정적 지원이 가능함

10. 유의 사항

○ 지적재산권 침해 시비의 우려가 있는 제품은 절대 진열 불가

○ 자사 부스는 주의의 관심을 끌도록 장치하고 항상 청결히 유지

○ 복장은 단정히, 표정은 밝게, 태도는 친절히

○ 부스내에서는 되도록이면 앉아 있거나 식사, 흡연 삼가

○ 전시회기간 중 상담 바이어명(가명 표기 가능), 품목, 상담액, 계약액 및 기타 특기사항 등의 실적 보고서 제출 요망.

11. 문의처

○ KOTRA 디트로이트 무역관(Korea Business Center, Detroit)

- 주소 : 101 West Big Beaver Columbia Center II Suite 545 Troy, MI 48084
- 전화 : (1-248) 619-1601
- 팩스 : (1-248) 619-1615
- 담당 : ○○○ 과장, ○○○ 대리
- 이메일 : detroit@kotradtt.org

○ (재)아인글로벌

- 주소 : 경기도 시흥시 정왕동 1366-9
- 전화 : (031) 433-0023
- 팩스 : (031) 433-4066
- 담당 : ○○○ 대리
- 이메일 : kimsh@ainglobal.org

○ KOTRA 해외전시팀

- 전화 : 02-3460-7268
- 팩스 : 02-3460-7916
- 담당 : ○○○ 과장
- 이메일 : sohnhs@kotra.or.kr

(첨부) 개별 E-mail 발송예정

1. 박람회 브로슈어(SAE 당국)
2. 부스간판명 관련 SAE당국 지정신청서 1부
   ※ 기본부스 제공내역, 치수 및 디자인은 동 신청서 참조 요망
3. 호텔예약 신청서 1부
4. 선반 등 추가 비품 신청서 1부
5. 기본부스 디자인
6. 한국관 위치도

- **[별표2]** 해외전시회 참가신청서(전시포탈을 통한 온라인 신청양식)

전시회명 :

회사정보

사업자등록번호		업태	
회사명	한글		
	영문		
대표자명	한글		
	영문		
홈페이지		전화	
주소			

담당자정보

이름	한글		영문	
	부서		직위	
연락처	전화번호		팩스	
	핸드폰		이메일	

신청내역

전시회명			기간			
KOTRA담당자			유관기관담당자			
신청금	₩ 0	(1부스 당:0)	과거참가횟수		신청부스	
지방관		◉ 단독신청	[단독신청 유형을 선택하세요[▽]]			
환불정보	계좌번호		입금은행		예금주	
결제(무통장)	[결제방법을 선택하세요[▽]]					
첨부파일	첨부1: [ ][찾아보기...]					
	첨부2: [ ][찾아보기...]					

- 첨부제출서류 : (첨부가능한 용량 5Mbyte 이하)
  사업자등록증사본, 벤처기업지정서사본, 유망중소기업 지정서(공공기관발행)
  카타로그/제품설명서(해당자에 한함), 첨부 파일이 많을 경우 zip로 압축 바랍니다.

등록된 전시품목

ITEM	E-Catalog	HS Code	
		[입력]	

문의처 : KOTRA 해당 전시회 담당 부서

첨부제출서류 : 사업자등록증사본, 벤처기업지정서사본,
유망중소기업 지정서(공공기관 발행), 카타로그/제품설명서(해당자에 한함)

첨부파일이 많을 경우 zip 파일로 압축 바랍니다.

[신청완료] [취소]

■ [별표3] 전시품목 상세서(참가신청서 부속서류)

전시품목 상세서

전시회 출품품목 중 주종 2개 품목에 대한 자세한 자료를 아래와 같이 제출합니다.

(*KOTRA는 동 자료에 의거, 현지 시장성 및 바이어 발굴 자료로 활용)

<table>
<tr><td>기업명</td><td colspan="3"></td><td>홈페이지 주소</td><td colspan="2"></td></tr>
<tr><td rowspan="2">담당자</td><td>부서명</td><td></td><td>직위</td><td></td><td>성명</td><td></td></tr>
<tr><td>전화</td><td></td><td>팩스</td><td></td><td>E-mail</td><td></td></tr>
</table>

<table>
<tr><td colspan="2">품 목 Ⅰ</td></tr>
<tr><td>한 글</td><td></td></tr>
<tr><td>영 어</td><td></td></tr>
<tr><td>HS Code</td><td></td></tr>
<tr><td>기능 및 용도</td><td></td></tr>
<tr><td>바이어에 대한 구체적 설명
(종류 등)</td><td></td></tr>
<tr><td colspan="2">품 목 Ⅱ</td></tr>
<tr><td>한 글</td><td></td></tr>
<tr><td>영 어</td><td></td></tr>
<tr><td>HS Code</td><td></td></tr>
<tr><td>기능 및 용도</td><td></td></tr>
<tr><td>바이어에 대한 구체적 설명
(종류 등)</td><td></td></tr>
</table>

■ [별표4] 해외전시회 참가를 위한 각서(참가신청서 부속서류)

KOTRA 해외전시회 참가를 위한 각서

당사는 "KOTRA 해외전시 참가안내" 내용을 숙지하였으며 귀 공사 주관으로 참가(개최)하는 전시회에 한국관 참가기업으로 선정될 경우 다음 사항에 충실할 것을 확약하오며 이에 각서를 제출합니다.

*** 다 음 ***

1. 당사는 박람회(한국상품전) 참가성과 거양에 적극 노력하고 회기 중 현지법률 준수는 물론 국위손상 행위를 일체 하지 않는다.
2. 당사의 현지 파견요원은 회기 중 원활한 한국관 운영을 위해 귀 공사 현지 KBC의 요청에 적극 협조하며 상담실적 제출요청 및 설문조사에 최대한 성실히 응한다.
3. 당사는 귀 공사에 발송 의뢰한 전시품을 박람회(한국상품전) 개막전 ○○○으로부터 인수받아 당사 책임하에 회기 중 관리함은 물론 현지매각 또는 반송에 따른 사후처리도 당사 부담으로 성실히 수행한다.
4. 당사 전시품과 관련 상표권, 특허권, 실용신안권 및 기타 이와 유사한 권리상의 분쟁이 발생할 경우 이에 대하여 당사가 전적인 책임을 진다.
5. 당사는 참가기업으로 선정된 이후 해외박람회(한국상품전) 참가를 포기할 경우 기납부 참가신청금을 포함한 참가비 전액의 환불을 일체 요구하지 않는다.
6. 당사는 귀 공사에서 규정하는 하기 불성실기업 내역을 숙지하고 당사의 불성실 행위로 인해 "Black List"에 등재됨에 이의가 없으며 귀 공사의 소정 제재조치도 감수한다.

□ 참가기업으로 선정된 후 정당한 사유없이 동 박람회(한국상품전)에 불참한 기업
□ 기업참가비 체납 또는 미납 기업
□ 직매가 허용되지 않는 박람회(한국상품전)에서 직매를 강행한 기업
□ 자사부스를 임의로 재임대 또는 타사와 공동 사용한 기업
□ 부당한 불만을 제기하여 참가기업을 선동하거나 또는 비협조적인 자세로써 참가성과를 저해한 기업
□ 기타 참가기업으로서의 의무를 태만히 하거나 국위 손상 행위를 자행한 기업

20 년 월 일

회 사 명:
대 표 자: (법인인감)

대 한 무 역 투 자 진 흥 공 사 귀 중

2012년 단체참가 전시회 현황(102회)

연번	품목	전시회명	전시기간	수행기관
1	건자재	UAE 두바이 건축기자재 전시회	11월 중	KOTRA
2	건자재	중국 상하이 건축 및 실내장식 전시회	0818-0821	KOTRA
3	건자재	알제리 건축, 건설 및 자재 전시회	0509-0513	KOTRA
4	건자재	러시아 모스크바 건축 전시회	0410-0413	홈덱스(주)
5	건자재	베트남 하노이 건설 건축 전시회	1207-1210	킨텍스㈜
6	고부가서비스	UAE 두바이 걸프 교육장비 전시회	0228-0301	한국과학기기공업협동조합
7	고부가서비스	중국 베이징 프랜차이즈 전시회	0511-0513	KOTRA
8	고부가서비스	미국 워싱턴 D.C 미 육군 전시회	1022-1024	KOTRA
9	녹색기술	캐나다 캘거리 석유 전시회	0612-0614	KOTRA
10	녹색기술	독일 프랑크푸르트 건축 조명 전시회	0415-0420	한국LED보급협회(사)
11	녹색기술	중국 상해 산업세라믹 전시회	0614-0616	한국파인세라믹스협회
12	녹색기술	베트남 하노이 환경에너지산업 전시회	0523-0526	벡스코
13	녹색기술	중국 전지 전시회(심천)	0620-0622	한국전지연구조합
14	녹색기술	일본 도쿄 이차전지 전시회	0229-0302	한국전지연구조합
15	녹색기술	UAE 아부다비 신재생 에너지 전시회	0116-0119	KOTRA
16	바이오나노	스위스 바젤 비타푸드 전시회	0522-0524	KOTRA
17	바이오나노	일본 도쿄 나노테크 전시회	0215-0217	나노융합산업연구조합
18	생활용품	이태리 밀라노 광학 전시회	0311-0313	한국광학공업협동조합
19	생활용품	프랑스 파리 광학 전시회	0923-0926	한국광학공업협동조합
20	생활용품	이태리 볼로냐 미용 전시회	0309-0312	KOTRA
21	생활용품	추계 홍콩 쥬얼리 & 젬페어	0921-0925	한국귀금속가공업 협동조합연합회
22	생활용품	미국 라스베가스 JCK 보석 전시회	0601-0604	한국귀금속가공업 협동조합연합회
23	생활용품	네덜란드 암스테르담 유통업체 자체상표 제품 전시회	0522-0523	KOTRA
24	생활용품	스위스 바젤 시계보석 전시회	0308-0315	한국시계산업협동조합
25	생활용품	춘계 홍콩 쥬얼리 & 젬페어	0621-0624	한국공예협동조합연합회
26	생활용품	홍콩 화장품 미용 전시회	1114-1116	대한화장품협회
27	선박	독일 함부르크 조선 및 해양 전시회	0904-0907	한국무역협회
28	선박	중국 대련 해사 전시회	1023-1026	한국조선해양기자재 공업협동조합
29	선박	그리스 아테네 포시도니아	0604-0608	한국조선해양기자재 공업협동조합
30	선박	미국 마이애미 보트쇼	0216-0220	KOTRA
31	섬유패션	추계 미국 뉴욕 텍스월드	0724-0726	한국섬유직물수출입조합(사)
32	섬유패션	춘계 프랑스 파리 텍스월드	0213-0216	한국섬유산업연합회
33	섬유패션	추계 프랑스 파리 텍스월드	0917-0920	한국섬유산업연합회
34	섬유패션	추계 일본 동경 제팬 크리에이션	1001-1030	한국섬유산업연합회
35	섬유패션	추계 러시아 모스크바 섬유 및 경공업 제품 전시회	0925-0928	한국섬유직물수출입조합(사)
36	섬유패션	중국 상해 인터텍스타일 섬유 전시회	1022-1025	한국패션소재협회(사)
37	섬유패션	춘계 미국 뉴욕 프리미에르비죵 전시회	0110-0111	KOTRA

2012년 단체참가 전시회 현황(102회) (계속)

연번	품목	전시회명	전시기간	수행기관
38	섬유패션	독일 프랑크푸르트 실내 장식용 직물 전시회	0111-0114	한국패션소재협회(사)
39	섬유패션	추계 미국 라스베가스 매직쇼	0814-0817	한국패션협회
40	섬유패션	춘계 미국 라스베가스 매직쇼	0215-0218	한국패션협회
41	섬유패션	춘계 홍콩 인터스토프 섬유 전시회	0314-0316	한국패션소재협회(사)
42	섬유패션	추계 미국 LA 섬유 전시회	1015-1018	KOTRA
43	섬유패션	추계 프랑스 파리 캐주얼 패션 전시회	0630-0703	한국의류산업협회
44	일반기계	미국 시카고 공작기계 전시회	0910-0915	한국공작기계산업협회
45	일반기계	태국 방콕 기계 전시회	1124-1127	한국기계산업진흥회
46	일반기계	독일 하노버 산업 전시회	0423-0427	한국기계산업진흥회
47	일반기계	터키 이스탄불 건설기계 전시회	0606-0610	한국건설기계산업협회
48	일반기계	중국 제냉 전시회(북경)	0411-0413	한국냉동공조협회
49	일반기계	중국 상해 가공, 포장 및 인쇄기술 전시회	0718-0720	(사)한국포장기계협회
50	일반기계	중국 북경 공작기계 및 공구 전시회	0612-0616	한국공작기계산업협회
51	일반기계	독일 쾰른 영상 및 광학기기 전시회	0918-0923	한국광학기기협회
52	일반기계	브라질 상파울로 건설, 광산기계 전시회	0529-0602	한국건설기계산업협회
53	일반기계	일본 도쿄 공작기계 전시회	1101-1106	한국공작기계산업협회
54	일반기계	독일 쾰른 하드웨어 전시회	0304-0307	KOTRA
55	일반기계	베트남 호치민 기계 전시회	0703-0706	한국기계산업진흥회
56	일반기계	이란 테헤란 산업 전시회	1006-1009	KOTRA
57	자동차부품	독일 프랑크푸르트 자동차부품 전시회	0911-0916	아인글로벌(재)
58	자동차부품	미국 라스베가스 자동차부품 전시회	1030-1101	아인글로벌(재)
59	자동차부품	미국 디트로이트 자동차부품 전시회	0424-0426	아인글로벌(재)
60	전기전자	남아공 요하네스버그 전력기자재 전시회	0326-0329	KOTRA
61	전기전자	중국 심천 IC 전시회	0223-0225	한국반도체산업협회(사)
62	전기전자	중국 상해 반도체 박람회	0320-0322	한국반도체산업협회
63	전기전자	추계 홍콩 전자 전시회	1011-1014	KOTRA
64	전기전자	미국 라스베가스 가전제품 전시회	0108-0111	KOTRA
65	전기전자	미국 라스베가스 보안기기 전시회	0328-0330	한국무역협회
66	전기전자	일본 동경 플랫패널 디스플레이 제조기술 전시회	0411-0413	한국디스플레이산업협회
67	전기전자	중국상해 플랫패널 디스플레이 차이나	0320-0322	한국디스플레이산업협회
68	전기전자	대만 타이베이 반도체 전시회	0905-0907	KOTRA
69	전기전자	독일 뮌헨 전자부품 전시회	1113-1116	KOTRA
70	전기전자	터키 이스탄불 보안기기 전시회	0920-0923	한국디지털CCTV연구조합
71	정보통신	독일 하노버 정보통신 전시회	0304-0310	KOTRA
72	정보통신	UAE 두바이 정보통신 박람회	1009-1013	KOTRA
73	정보통신	싱가포르 정보통신 전시회	0619-0622	KOTRA
74	종합	파나마 파나마시티 종합 전시회	0321-0324	KOTRA
75	종합	베트남 하노이 엑스포	0414-0417	KOTRA
76	종합 및 기타	추계 중국 광저우 수출입상품 전시회	10월 중	KOTRA
77	종합및기타	춘계 중국 광저우 수출입상품 전시회	0415-0419	KOTRA
78	종합및기타	중국 상해 플라스틱 고무 전시회	0418-0421	한국석유화학공업협회
79	종합및기타	중국 쿤산 수입상품 전시회	0329-0331	KOTRA

2012년 단체참가 전시회 현황(102회) (계속)

연번	품목	전시회명	전시기간	수행기관
80	철도	독일 베를린 철도차량 · 수송기계 전시회	0918–0921	한국철도차량공업협회
81	첨단융합	미국 시카고 방사선 의료기기 전시회	1125–1130	KOTRA
82	첨단융합	미국 플로리다 의료 전시회	0808–0810	KOTRA
83	첨단융합	중국 상해 의약품 전시회	0626–0628	한국의약품수출입협회
84	첨단융합	세계 원료 의약품 전시회(스페인)	1009–1011	한국의약품수출입협회
85	첨단융합	중국 상해 베어링 산업기술 전시회	0920–0923	한국베어링공업협회
86	첨단융합	프랑스 파리 이노로보 전시회	0314–0316	한국로봇산업협회
87	첨단융합	불가리아 소피아 의료기기 전시회	0515–0518	KOTRA
88	첨단융합	미국 바이오 전시회(보스톤)	0618–0621	한국바이오협회
89	첨단융합	스페인 바르셀로나 GSMA 모바일 전시회	0227–0301	KOTRA
90	첨단융합	미국 라스베가스 방송장비 전시회	0416–0419	한국방송기술산업협회
91	첨단융합	춘계 일본 도쿄 클라우드재팬	0509–0511	한국클라우드컴퓨팅연구조합
92 신규	고부가가치	베이징 서비스교역회		
93 신규	조합	중국 이우 국제 소상품 전시회		
94 후보	고부가서비스	스위스 바젤 월드디닥	1024–1026	한국과학기기공업협동조합
95 후보	건자재	레바논 건설자재 및 장비 박람회	0605–0608	KOTRA
96 후보	생활용품	북미 라스베가스 미용. 화장품 박람회	0724–0726	*KOTRA
97 후보	자동차조선	중국 상하이 자동차부품, 보수검측진단설비 및 서비스용품 전시회	1207–1210 (잠정)	KOTRA
98 후보	섬유패션	독일 프리드리히사펀 유러피언 아웃도어 박람회	0712–0715	한국섬유직물수출입조합
99 후보	종합 및 기타	일본 나고야 항공우주전	1009–1014	KOTRA
100 후보	종합 및 기타	캄보디아 프놈펜 종합 전시회	1215–1218	KOTRA
101 (예비비)	종합 및 기타	쿠바 아바나 국제 박람회	1104–1110	KOTRA
102 (예비비)	녹색기술	홍콩 환경 전시회	10.27–30	KOTRA

2013년 국고지원 단체참가 해외전시회(품목별-115회)

* 금회 선정(51회) 음영표시

NO	대분류	무역관	전시회명(국문)	단체명	개최기간
1	건자재	리야드	사우디 리야드 건축 전시회	KOTRA	1104-1107
2	건자재	암만	레바논 베이루트 국제 건설자재 및 장비 전시회	KOTRA	0604-0607
3	건자재	상하이	중국 상하이 국제 건축자재 및 실내장식 전시회	홈덱스	0815-0817
4	건자재	모스크바	러시아 모스크바 국제 건축 전시회	홈덱스	0402-0405
5	건자재	마드리드	스페인 발렌시아 주거 전시회	KOTRA	0917-0920
6	건자재	도하	카타르 도하 건축 전시회	KOTRA	0506-0509
7	건자재	두바이	UAE 두바이 국제 건축 기자재 전시회	KOTRA	1121-1124
8	고부가 서비스	마이애미	미국 올란도 일반 정부조달 전시회	KOTRA	0514-0516
9	고부가 서비스	워싱턴	미국 워싱턴 정부조달 전시회	KOTRA	0514-0516
10	고부가 서비스	워싱턴	미국 워싱턴 D.C. 미육군 전시회	KOTRA	1021-1023
11	고부가 서비스	베이징	중국베이징프랜차이즈전시회	KOTRA	0426-0428
12	고부가 서비스	두바이	UAE 두바이 걸프교육 장비 전시회	한국과학기기공업협동조합	0305-0307
13	고부가 서비스	베이징	중국 베이징 국제 서비스 교역 전시회	KOTRA	0528-0601
14	녹색산업	도쿄	일본 도쿄 이차전지 전시회	한국전지연구조합	0227-0301
15	녹색산업	실리콘 밸리	미국 샌프란시스코 인터솔라 전시회	KOTRA	0709-0711
16	녹색산업	밴쿠버	캐나다 캘거리 국제가스. 오일 전시회	KOTRA	0611-0613
17	녹색산업	쿠알라 룸푸르	말레이시아 쿠알라룸푸르 그린기술 친환경 제품 전시회	환경보전협회	1010-1013
18	녹색산업	두바이	UAE 아부다비 신재생에너지전시회	한국신재생에너지협회	0115-0117
19	녹색산업	도쿄	일본 도쿄 국제세라믹 종합 전시회	한국파인세라믹스협회	0925-0927
20	녹색산업	베이징	중국 국제 전지 전시회(베이징)	한국전지산업협회	0617-0619
21	생활용품	암스 테르담	네덜란드 암스테르담 유통업체 자체 상표제품 전시회	KOTRA	0528-0529
22	생활용품	취리히	스위스 바젤 시계보석 전시회	한국시계산업협동조합	0425-0502
23	생활용품	밀라노	이태리 밀라노 광학 전시회	한국광학공업협동조합	0302-0304
24	생활용품	밀라노	이태리 볼로냐 미용 전시회	한국미용산업협회	0308-0311
25	생활용품	파리	프랑스 파리 광학 전시회	한국광학공업협동조합	0929-1002
26	생활용품	홍콩	홍콩 선물용품 전시회	한국무역협회	0427-0430
27	생활용품	홍콩	홍콩 화장품 전시회	대한화장품협회	1108-1110
28	생활용품	홍콩	6월 홍콩 아시아패션주얼리 & 액세서리페어	한국공예협동조합연합회	0620-0623
29	생활용품	홍콩	9월홍콩주얼리 & 젬페어	한국귀금속가공업협동조합연합회	0913-0917
30	생활용품	로스앤 젤레스	미국 라스베가스 보석 전시회	한국귀금속가공업협동조합연합회	0531-0603
31	섬유패션	프랑크 푸르트	독일 프랑크푸르트 국제 실내 장식용 직물 전시회	한국패션소재협회	0109-0112

2013년 국고지원 단체참가 해외전시회(품목별-115회) (계속)

*금회 선정(51회) 음영표시

NO	대분류	무역관	전시회명(국문)	단체명	개최기간
32	섬유패션	로스앤젤레스	미국 솔트레이크시티 아웃도어용품 전시회	한국섬유직물수출입조합	0801-0804
33	섬유패션	베이징	중국 북경 복장 및 악세사리전시회 (프리뷰 인 차이나)	한국섬유산업연합회	0326-0329
34	섬유패션	파리	추계 프랑스 파리 캐주얼 패션 전시회	한국의류산업협회	0630-0703
35	섬유패션	파리	추계 프랑스 파리 텍스월드	한국섬유산업연합회	0916-0919
36	섬유패션	파리	춘계 프랑스 파리 텍스월드	한국섬유산업연합회	0212-0215
37	섬유패션	상하이	중국 상하이 인터텍스타일 국제섬유 전시회	한국패션소재협회	1021-1024
38	섬유패션	뉴욕	추계 미국 뉴욕 텍스월드 전시회	한국섬유직물수출입조합	0724-0726
39	섬유패션	로스앤젤레스	추계 미국 LA 섬유 전시회	KOTRA	10월중
40	섬유패션	로스앤젤레스	춘계 미국 라스베가스 매직쇼	한국패션협회	0218-0221
41	섬유패션	홍콩	춘계 홍콩 인터스토프 국제섬유 전시회	한국패션소재협회	0313-0315
42	일반기계	함부르크	독일 하노버 산업 전시회	한국기계산업진흥회	0408-0412
43	일반기계	테헤란	이란 테헤란 국제 산업 전시회	KOTRA	10월중
44	일반기계	뭄바이	인도 뭄바이 플라스틱 전시회	한국이앤엑스	1212-1216
45	일반기계	뮌헨	독일 뮌헨 국제 건축, 건설, 광산기계 전시회	한국건설기계산업협회	0415-0421
46	일반기계	쿠알라룸푸르	말레이시아 쿠알라룸푸르 국제기계 전시회	한국기계산업진흥회	0521-0525
47	일반기계	호치민	베트남 호치민 국제 기계 산업 전시회	한국합성수지가공기계공업협동조합	0718-0720
48	일반기계	뉴델리	인도 뉴델리 공작기계 전시회	한국공구공업협동조합	0704-0707
49	일반기계	뉴델리	인도 뉴델리 봉제기술 전시회	한국봉제기계공업협회	0301-0304
50	일반기계	자카르타	인도네시아 자카르타 국제 식품가공 및 포장 전시회	한국포장기계협회	1030-1102
51	일반기계	상하이	중국 상하이 국제가공,포장 및 인쇄기술 전시회	한국포장기계협회	0717-0719
52	일반기계	상하이	중국 제냉 전시회(상하이)	한국냉동공조협회	0408-0410
53	일반기계	방콕	태국 방콕 국제기계 전시회	한국기계산업진흥회	1120-1123
54	일반기계	함부르크	독일 하노버 유럽공작기계 전시회	한국공작기계산업협회	0916-0921
55	일반기계	호치민	베트남 호치민 건설 건축 광업 전시회	킨텍스	1203-1206
56	일반기계	자카르타	인도네시아 자카르타 국제섬유기계 전시회	한국섬유기계협회	0418-0421
57	일반기계	베이징	중국 베이징 공작기계 전시회	한국공작기계산업협회	0422-0427
58	일반기계	상하이	중국 상하이 국제 공작기계 전시회	한국기계산업진흥회	0702-0705
59	자동차조선	디트로이트	미국 디트로이트 자동차부품 전시회	아인글로벌	0416-0418
60	자동차조선	상파울루	브라질 상파울루 자동차부품 전시회	아인글로벌	0416-0420
61	자동차조선	두바이	UAE 두바이 자동차 부품 전시회	아인글로벌	0611-0613
62	자동차조선	암스테르담	네덜란드 로테르담 해양기술 전시회	KOTRA	1105-1108
63	자동차조선	스톡홀름	노르웨이 오슬로 선박 전시회	한국조선해양기자재공업협동조합	0604-0607
64	자동차조선	모스크바	러시아 모스크바 자동차부품 전시회	아인글로벌	0826-0829

2013년 국고지원 단체참가 해외전시회(품목별-115회) (계속)

*금회 선정(51회) 음영표시

NO	대분류	무역관	전시회명(국문)	단체명	개최기간
65	자동차 조선	모스크바	러시아 페테스부르그 조선항만해양 개발 전시회	한국전람	0924-0927
66	자동차 조선	로스앤젤레스	미국 라스베가스 자동차부품 전시회	아인글로벌	1105-1107
67	자동차 조선	상하이	중국 상하이 마린텍차이나	한국조선해양기자재공업협동조합	1203-1206
68	자동차 조선	상하이	중국 상하이 자동차 부품 및 서비스 전시회	킨텍스	1210-1213
69	전기전자	타이베이	대만 타이베이 평판디스플레이 전시회	한국디스플레이산업협회	0618-0620
70	전기전자	로스앤젤레스	미국 라스베가스 소비재 전자 전시회	KOTRA	0108-0111
71	전기전자	도쿄	일본 도쿄 플랫패널 디스플레이 제조기술 전시회	한국디스플레이산업협회	0410-0412
72	전기전자	도쿄	일본 도쿄 전설 공업 전시회	한국전기산업진흥회	0529-0531
73	전기전자	상하이	중국 상하이 플랫패널 디스플레이 차이나	한국디스플레이산업협회	0319-0321
74	전기전자	홍콩	추계 홍콩 전자 전시회	KOTRA	1013-1016
75	전기전자	상하이	상하이 아시아 전자 전시회	한국전자정보통신산업진흥회	1113-1115
76	전기전자	로스앤젤레스	미국 라스베가스 보안기기 전시회	한국무역협회	0410-0412
77	정보통신	싱가포르	싱가포르 정보통신 전시회	KOTRA	0618-0621
78	정보통신	두바이	UAE 두바이 정보통신 전시회	KOTRA	1020-1024
79	정보통신	함부르크	독일 하노버 정보통신 전시회	KOTRA	0305-0309
80	정보통신	다롄	중국 다롄 국제 소프트웨어 및 IT 서비스 교역회	KOTRA	0620-0623
81	종합 및 기타	하노이	베트남 하노이 엑스포	KOTRA	0410-0413
82	종합 및 기타	바그다드	이라크 아르빌 국제전시회	KOTRA	0923-0926
83	종합 및 기타	난징	중국 쿤산 국제 수입상품 전시회	KOTRA	0515-0518
84	종합 및 기타	광저우	중국 광저우 수출입 상품 교역회	KOTRA	1015-1019
85	종합 및 기타	청두	중국 청두 서부 국제 전시회	벡스코	1023-1027
86	종합 및 기타	광저우	춘계 중국 광저우 수출입 상품 교역회	KOTRA	0415-0419
87	종합 및 기타	프놈펜	캄보디아 프놈펜 종합 전시회	KOTRA	1215-1218
88	종합 및 기타	아바나	쿠바 아바나 종합 전시회	KOTRA	1104-1110
89	종합 및 기타	파나마시티	파나마 파나마시티 종합 전시회	KOTRA	0417-0421
90	첨단융합	타이베이	대만 타이베이 국제 반도체 전시회	KOTRA	0904-0906
91	첨단융합	로스앤젤레스	미국 라스베가스 국제방송장비 전시회	한국방송기술산업협회	0408-0411

2013년 국고지원 단체참가 해외전시회(품목별-115회) (계속)

*금회 선정(51회) 음영표시

NO	대분류	무역관	전시회명(국문)	단체명	개최기간
92	첨단융합	뉴욕	미국 워싱턴 NSTI 나노테크놀로지 컨퍼런스 및 전시회	나노융합산업연구조합	0513-0514
93	첨단융합	실리콘밸리	미국 샌프란시스코 클라우드 컴퓨팅 전시회	KOTRA	1118-1122
94	첨단융합	마이애미	미국올랜도RFID저널라이브	한국RFID/USN융합협회	0430-0502
95	첨단융합	도쿄	일본 도쿄 국제나노기술 종합전 및 기술회의	나노융합산업연구조합	0130-0201
96	첨단융합	도쿄	일본 도쿄 국제 로봇 전시회	한국로봇산업협회	1106-1109
97	첨단융합	베이징	중국 베이징 스마트카드 앤드 알에프아이디 전시회	한국RFID/USN융합협회	0604-0606
98	첨단융합	상하이	중국 상하이 반도체 전시회	한국반도체산업협회	0319-0321
99	첨단융합	광저우	중국 심천 국제 IC 전시회	한국반도체산업협회	0228-0302
100	첨단융합	파리	프랑스 리옹 국제로봇 전시회	한국로봇산업협회	0319-0321
101	첨단융합	시카고	미국 바이오(시카고)	한국바이오협회	0422-0425
102	첨단융합	시카고	미국 시카고 방사선 의료기기 전시회	KOTRA	1201-1206
103	첨단융합	프랑크푸르트	세계 원료 의약품 전시회(프랑크푸르트)	한국의약품수출입협회	1022-1024
104	첨단융합	마드리드	스페인 바르셀로나 GSMA 모바일 국제 전시회	KOTRA	0225-0228
105	첨단융합	함부르크	독일 하노버 생명공학 기술 전시회	KOTRA	1008-1010
106	첨단융합	마이애미	미국 플로리다 국제 의료기기 전시회	KOTRA	0807-0809
107	첨단융합	소피아	불가리아 소피아 국제 의료기기 전시회	KOTRA	0515-0517
108	첨단융합	취리히	스위스 제네바 비타푸드 기능성식품 소재 전시회	한국바이오협회	0514-0516
109	첨단융합	테헤란	이란 테헤란 의료기기 전시회	KOTRA	0518-0521
110	첨단융합	밀라노	이태리 밀라노 국제 치의학 및 치과장비 전시회	대한치과기재협회	1017-1019
111	첨단융합	광저우	중국 광저우 조명 전시회	한국LED보급협회	0609-0612
112	첨단융합	상하이	중국 상하이 의약품 전시회	한국의약품수출입협회	0625-0627
113	첨단융합	방콕	태국 방콕 국제 축산 전시회	한국동물약품협회	0313-0315
114	첨단융합	이스탄불	터키 이스탄불 의료기기 전시회	케이훼어스	0404-0407
115	첨단융합	상하이	중국 상하이 국제 산업 세라믹 전시회	한국파인세라믹스협회	0610-0612

2014년 조기선정 전시회(70회)

연번	품목	전시회명	전시기간	수행기관
1	건자재	카타르 도하 건축 전시회	5월 중	KOTRA
2	건자재	UAE 두바이 건축기자재 전시회	11월 중	KOTRA
3	건자재	사우디 리야드 건축전시회	11월 중	KOTRA
4	고부가서비스	UAE 두바이 걸프교육장비 전시회	0305-0307	한국과학기기공업협동조합
5	고부가서비스	중국 베이징 국제 서비스 교역 전시회 (기간 잠정)	0528-0601	KOTRA
6	고부가서비스	미국 워싱턴 육군 전시회	1013-1015	KOTRA
7	고부가서비스	스위스 바젤 월드디닥 전시회	1024-1025	한국과학기기공업협동조합
8	녹색산업	UAE 아부다비 신재생 에너지 전시회	1월 중	KOTRA
9	녹색산업	일본 동경 국제 이차전지엑스포	0226-0228	한국전지산업협회
10	녹색산업	독일 프랑크푸르트 국제 건축조명전	0330-0404	KOTRA
11	녹색산업	캐나다 캘거리 국제 석유 전시회	0612-0614	KOTRA
12	녹색산업	미국 샌프란시스코 북미 인터솔라 전시회	0708-0710	KOTRA
13	녹색산업	독일 후줌 풍력 전시회	0923-0926	KOTRA
14	녹색산업	미국 라스베가스 태양에너지 전시회	1007-1009	KOTRA
15	녹색산업	말레이시아 쿠알라룸푸르 그린기술 친환경 제품 전시회	1010-1013	환경보전협회
16	생활소비재	이태리 밀라노 광학전시회	3월 중	한국광학공업협동조합
17	생활소비재	스위스 바젤 시계 보석전시회	0327-0403	한국시계산업협동조합
18	생활소비재	홍콩 선물용품전시회	4월 중	한국무역협회
19	생활소비재	이태리 볼로냐 미용 전시회	0416-0419	KOTRA
20	생활소비재	프랑스 파리 광학 전시회	9월 중	한국광학공업협동조합
21	생활소비재	9월 홍콩 주얼리&젬페어	0921-0925	한국귀금속가공업협동조합연합회
22	생활소비재	홍콩 화장품미용 전시회	1112-1114	대한화장품협회
23	섬유패션	독일 프랑크푸르트 국제 실내 장식용 직물 전시회	0107-0110	한국패션소재협회
24	섬유패션	춘계 프랑스 파리 텍스월드	0213-0216	한국섬유산업연합회
25	섬유패션	중국 북경 복장 및 악세사리전시회 (프리뷰 인 차이나)	0326-0329	한국섬유산업연합회
26	섬유패션	추계 파리 캐주얼 패션 전시회	0630-0703	한국의류산업협회
27	섬유패션	추계 미국 뉴욕 텍스월드 전시회	0722-0724	한국섬유직물수출입조합
28	섬유패션	추계 프랑스 파리 텍스월드	0917-0920	한국섬유산업연합회
29	섬유패션	중국 상하이 인터텍스타일 국제섬유 전시회	1021-1024	한국패션소재협회
30	일반기계	독일 쾰른 하드웨어 전시회	0309-0312	KOTRA
31	일반기계	독일 하노버 산업 전시회	4월 중	한국기계산업진흥회
32	일반기계	중국 제냉전(베이징)	0408-0410	한국냉동공조협회
33	일반기계	독일 뒤셀도르프 국제 포장 전시회	0508-0514	한국포장기계협회
34	일반기계	중국 베이징 공작기계 및 공구 전시회	0617-0621	한국공구공업협동조합
35	일반기계	중국 상하이 국제 공작기계 전시회 (KOMAF)	0702-0705	한국기계산업진흥회
36	일반기계	방글라데시 대카 국제봉제,섬유기계 전시회	0905-0908	한국봉제기계공업협회
37	일반기계	미국 시카고 공작기계 전시회	0908-0913	한국공작기계산업협회
38	일반기계	태국 방콕 국제기계 전시회	11월 중	한국기계산업진흥회
39	일반기계	중국 주하이 에어쇼	1118-1123	한국항공우주산업진흥협회
40	자동차부품	미국 디트로이트 자동차부품 전시회	4월 중	KOTRA

2014년 조기선정 전시회(70회)

연번	품목	전시회명	전시기간	수행기관
41	자동차부품	그리스 아테네 포시도니아	0602-0606	한국조선해양기자재공업협동조합
42	자동차부품	독일 함부르크 국제 조선 및 해양 전시회	0909-0912	한국무역협회
43	자동차부품	독일 프랑크푸르트 자동차부품 전시회	0916-0920	아인글로벌
44	자동차부품	독일 베를린 국제 철도차량 수송기계 전시회	0923-0926	한국철도차량공업협회
45	자동차부품	미국 라스베가스 자동차부품 전시회	11월 중	아인글로벌
46	전기전자	중국 심천 국제 IC 전시회	0227-0301	한국반도체산업협회
47	전기전자	중국 상하이 플랫패널 디스플레이 전시회	0311-0313	한국디스플레이산업협회
48	전기전자	중국 상하이 반도체 전시회	0318-0320	한국반도체산업협회
49	전기전자	미국 라스베가스 보안기기 전시회 및 컨퍼런스	4월 중	한국무역협회
50	전기전자	추계 홍콩 전자전	1013-1016	KOTRA
51	전기전자	독일 뮌헨 국제 전자부품 전시회	11월 중	KOTRA
52	전기전자	상하이 아시아 전자 전시회	1111-1113	한국전자정보통신산업진흥회
53	정보통신	독일 하노버 정보통신 전시회	0304-0308	KOTRA
54	정보통신	중국 다롄 국제소프트웨어 및 IT 서비스 교역회	0615-0619	KOTRA
55	정보통신	싱가포르 정보통신전시회	0617-0620	KOTRA
56	정보통신	UAE 두바이 정보통신 전시회	10월 중	KOTRA
57	종합 및 기타	파나마 파나마시티 종합 전시회	3월 중	KOTRA
58	종합 및 기타	베트남 하노이 엑스포	0409-0412	KOTRA
59	종합 및 기타	춘계 중국 수출입상품 교역회(약칭:캔톤페어)	0415-0419	KOTRA
60	종합 및 기타	추계 중국 수출입상품 교역회(약칭:캔톤페어)	1015-1019	KOTRA
61	종합 및 기타	쿠바 아바나 국제전시회	1104-1110	KOTRA
62	종합 및 기타	캄보디아 프놈펜 종합 전시회	1215-1218	KOTRA
63	첨단융합	일본 동경 국제 나노기술 종합전 및 기술회의	0130-0201	나노융합산업연구조합
64	첨단융합	프랑스 리옹 국제로봇 전시회	0318-0320	한국로봇산업협회
65	첨단융합	스위스 제네바 비타푸드 기능성식품 소재 전시회	0514-0516	한국바이오협회
66	첨단융합	중국 베이징 스마트카드 앤드 알에프아이디 차이나	0601-0603	한국RFID/USN융합협회
67	첨단융합	중국 상하이 세계 제약원료 전시회	0625-0627	KOTRA
68	첨단융합	미국 플로리다 국제 의료기기 전시회	8월 중	KOTRA
69	첨단융합	중국 상하이 베어링 산업 기술 전시회	0925-0928	한국베어링공업협회
70	첨단융합	미국 시카고 방사선의료기기 전시회	1130-1205	KOTRA

*2014년 단체참가 전시회 일정은 잠정

한편, 중소기업청 (이하 '중기청')은 중소기업중앙회(이하 '중앙회')를 통해 업체당 천만원 범위내에서 해외전시회 단체 참가를 지원하고 있다. 항목별 지원기준[30]은 부스임차료의 경우, 업체당 1부스(최대 $12m^2$까지 인정하되 초과부분은 최대 $27m^2$ 한도 내에서 50% 인정) 이내 임차료의 50%를 지원하되 전시회에 따라 최대 3부스까지 지원이 가능하다. 임차료에는 보험료, 등록료 및 부가세 등이 포함된다. 장치비는 KOTRA 전시회별 산정금액의 50%

30) 동 기준은 2012년 시행 기준이다.

를 지원하되 보석, 화장품, 공예, 패션, 멀티미디어 업종은 80%까지 지원이 가능하다. 운송료는 1CBM이내 편도운송료의 50%(대형전시물의 경우 2CBM)가 지원되며 항공운송료의 경우 '선박운송경비'에 준하여 지원된다. 이외 홍보부스 설치 및 운영비, 바이어 초청 간담회비, 항공료(주관단체 1인에 한함) 및 사전간담회 등 운영경비를 지원받게 된다.

이 지원 프로그램은 중기청과 중앙회가 홈페이지 및 신문공고를 통해 모집공고를 하여 지원단체를 접수한다. 그리고 두 기관이 신청한 지원단체(조합, 협회, 유관기관 등)를 평가한 후 선정 심의위원회를 개최하여 최종 심사를 거쳐 선정 통보하게 된다. 선정된 전시회의 주관단체는 사업설명회를 개최하고 파견계획서를 중앙회에 제출한 후 해외전시회에 참가한다. 전시회 참가 종료 후, 주관단체는 중앙회에 사업결과를 보고하고 정산서를 제출한다.

▶ 중기청 단체참가 전시회 지원 프로그램 추진체계

2 중앙정부 개별 참가지원

한국관이나 단체관이 아닌 개별 기업들이 단독으로 해외전시회에 참가할 경우 지원해주는 제도로 지원금은 참가 후에 지급된다. 한국전시산업진흥회는 『해외전시회 개별참가 선정계획』을 글로벌 전시포탈 사이트(www.gep.or.kr)에 공고하는데 연 2회 선정계획을 공고하되, 상반기 참가기업 공고는 전년도 12월에, 하반기 참가기업 공고는 당해연도 4월에 모집공고 함을 원칙으로 하며, 예산집행 현황을 고려하여 필요시 추가로 모집공고를 할 수 있다. 개별참가 해외전시회의 신청은 전시포탈 사이트에서 인터넷 신청을 원칙으로 하고, 인터넷으로 신청을 한 기업은 인터넷 신청서[별표5] 및 증빙서류를 우편으로 제출하여야 한다.

지원 내역은 기본부스료(Shell Scheme, 기본장치 포함형)의 70% 또는 면적임차료(Space only, 기본장치 미포함형)의 100%와 1 부스당 1CBM 기준 전시품 국내 입고장소(운송회사 지정장소)에서 해외전시장까지 소요되는 해상운송 편도 운송비로 개별기업 당 최대 700만원 한도 내에서 지원된다. 한국전시산업진흥회는 예산사정에 따라 개별기업 당 지원한도를 조정할 수 있으며 개별참가 해외전시회의 기업별 지원횟수는 연 1회를 원칙으로 한다. 이때 운송비란 전시품 국내 입고장소(운송회사 지정장소)에서 해외전시장까지 소요되는 해상운송 편도비용이며 항공운송은 지원이 불가하다. 또한 해외전시회 단체참가 지원대상 사업으로 선정된 전시회는 개별 참가하여도 지원되지 않으며 동일한 전시회에 정부 지원금을 중복 지원 받을 수 없다. 지원대상 선정은 참가신청서 서류심사 및 해외전시회 지원대상 선정위원회의 심사를 거쳐 확정하는데 서류심사는 해외전시회 개별참가 신청서 및 증빙서류를 바탕으로 인터넷 신청여부, 증빙서류의 사실여부 등을 심사한다. 선정위원회는 서류심사를 통과한 기업을 대상으로 수출잠재력, 해외전시회 참가성과, 정책호응도 등을 기준 [별표6]으로 심사하여 지원순위를 정한 후 당해연도 예산 범위 내에서 최종 지원기업을 선정한다.

개별참가 해외전시회의 예산 집행방법은 사후정산으로 한다. 개별참가 해외전시회 지원대상으로 선정된 사업자는 해외전시회 종료 후 2월 이내에 한국전시산업진흥회에 상담실적, 계약 실적 및 예산집행실적(정산서)을 제출하여야 한다. 이에 앞서 해외전시회 지원대상으로 선정된 사업자는 전시회 참가 후 2주 이내에 전시포탈 사이트에 해외전시회 개별 참가 결과보고서를 등록하고 예산집행실적 등 관련 구비서류를 한국전시산업진흥회에 제출하여야 한다. 이때 관련 구비서류는 ① 해외전시회 개별참가 결과보고서 [별표7] ② 각서 ③ 부스임차 인보이스 ④ 참가비 납입증명서(외국환 거래계산서 등) ⑤ 부스 배치도 또는 참가기업 디렉토리 ⑥ 부스전면 사진 ⑦ 사업자등록증⑧ 법인 은행계좌 사본이다.

신청방법

■ [별표5] 개별참가 해외전시회의 인터넷 참가신청서 양식

해외전문전시회 개별참가 지원사업 신청서

기업 기본 정보			
기 업 명		사업자등록번호	
대 표 자		전 화 번 호	
업 종		업 태	

담당자 정보			
성명(국문)		성명(영문)	
부 서		직 위	
전화번호		팩스번호	
휴대전화		이 메 일	

전시회 개요		
전시회명	국문명	
	영문명	
	영문약어	
개최기간		
개최주기		
개최장소	국가명	
	도시명	
	전시장명	
개최규모		
개최년도		
대표전시품목		

참가 세부사항				
해외전시회 참가경험	총 참가횟수		지원신청 전시회 참가횟수	
	최근 참가횟수	2007~2009년		
	최근 참가 전시회명	2007~2009년		
개별참가 지원금 수혜횟수				

지원신청 내역				
참가형태	기본부스(Shell Scheme)( ) / 독립부스(Space Only)( )			
지원요청액 내역	부스임차료	화폐단위	부스면적	지원요청액(원)

동사는 상기 기재된 지원신청 내용이 허위이거나 지원대상 기업으로 선정된 후 정당한 사유없이 전시회 불참 등으로 행정업무에 지장을 초래할 경우 차후 해외전시회 지원대상 제외 등 어떠한 조치도 감수할 것을 서약합니다.

년 월 일

신청자 : (회사명판) (직인)

산업통상자원부장관 귀하

■ [별표6] 개별참가 해외전시회 지원대상 심사기준표

<table>
<tr><th>구 분</th><th>배 점</th><th>평 가 내 용</th><th colspan="2">점 수</th></tr>
<tr><td rowspan="4">해외전시회
참가계획</td><td rowspan="4">15</td><td rowspan="2">ㅇ 신청전시회 참가 신청 여부</td><td>신청</td><td>5</td></tr>
<tr><td>미신청</td><td>0</td></tr>
<tr><td rowspan="2">ㅇ 신청전시회 참가 계획(참가목적, 참가준비)</td><td>높음</td><td>10</td></tr>
<tr><td>낮음</td><td>5</td></tr>
<tr><td rowspan="4">신청전시회
참가 필요성</td><td rowspan="4">15</td><td rowspan="4">ㅇ 참가성과 예상
ㅇ 최근 참가실적
ㅇ 최근 전시회 정보</td><td>매우 높음</td><td>15</td></tr>
<tr><td>높음</td><td>10</td></tr>
<tr><td>낮음</td><td>5</td></tr>
<tr><td>매우 낮음</td><td>0</td></tr>
<tr><td rowspan="8">수출 잠재력</td><td rowspan="8">30</td><td rowspan="2">ㅇ 기업 일반현황
(영업이익률, 부채비율, 수출 및 해외진출 상황)</td><td>높음</td><td>10</td></tr>
<tr><td>낮음</td><td>5</td></tr>
<tr><td rowspan="2">ㅇ 전시품 국제경쟁력</td><td>높음</td><td>5</td></tr>
<tr><td>낮음</td><td>0</td></tr>
<tr><td rowspan="4">ㅇ 특허증, 실용신안등록증 등 국내외 특허
ㅇ UL, CE, ISO 등 해외수출규격 인증
ㅇ 수출유망중소기업지정증, 벤처·프론티어기업 지정서 등 국내 공공기관의 기술품질 인증서
ㅇ 신뢰성 인증기업, 우수산업디자인상품
ㅇ 환위험관리 우수기업 인증서(중소기업청장)</td><td>5건 이상</td><td>15</td></tr>
<tr><td>3건 이상</td><td>10</td></tr>
<tr><td>1건 이상</td><td>5</td></tr>
<tr><td>없음</td><td>0</td></tr>
<tr><td rowspan="2">해외전시회
참가실적</td><td rowspan="2">10</td><td rowspan="2">ㅇ 최근 3년간('07년~'09년) 참가실적</td><td>높음</td><td>10</td></tr>
<tr><td>낮음</td><td>5</td></tr>
<tr><td rowspan="5">정책호응도</td><td rowspan="5">20</td><td rowspan="3">ㅇ 최근 3년간('07년~'09년) 정부(지자체) 포상 및 수출탑 수상 실적</td><td>3건 이상</td><td>10</td></tr>
<tr><td>1건 이상</td><td>5</td></tr>
<tr><td>0건</td><td>0</td></tr>
<tr><td rowspan="2">ㅇ 수요조사 참여 여부</td><td>참여</td><td>10</td></tr>
<tr><td>미참여</td><td>5</td></tr>
<tr><td rowspan="3">지원금
수혜횟수</td><td rowspan="3">10</td><td rowspan="3">ㅇ 최근 3년간('07년~'09년) 산업통상자원부 해외전문전시회 개별참가 지원사업 지원금 수혜 횟수</td><td>없음</td><td>10</td></tr>
<tr><td>1회 이상</td><td>5</td></tr>
<tr><td>3회 이상</td><td>0</td></tr>
<tr><td>합계</td><td>100</td><td></td><td colspan="2"></td></tr>
</table>

※ 인증서는 현재 유효한 것에 한하며, 의장 및 상표등록증은 인정하지 않음

※ 유효기간이 없는 인증서의 경우 발행일 기준 최근 3년('07년~'09년)이내 내역만 인정

※ 법인사업자의 경우는 법인 명의와 대표자 명의(특허, 인증서, 수상내용 등)를 인정하며, 개인사업자의 경우는 대표자 명의(특허, 인증서, 수상내용 등)를 인정

※ 3년간의 실적이 없는 경우, '최근연도'의 실적만 기입

[별표7] 개별참가 해외전시회 참가결과 보고서

| 개별참가 해외전시회 참가결과 보고서 |

1) 기본정보*

1-1) 기업 기본정보				
기업명			사업자등록번호	
대표자			전화번호	
1-2) 담당자 정보				
이름	국문		영문	
	부서		직위	
연락처	전화번호		팩스	
	휴대폰		이메일	

* 회원정보로 자동입력됨

2) 주요내용 I

2-1) 전시회 개요**						
전시회명	국문					
	영문					
	약칭					
개최기간						
2-2) 전시회 참가 내역						
참가형태	기본부스(Shell Scheme) 또는 독립부스(Raw Sapce) / 지원요율					
지원요청내역	부스임차료	화폐단위	부스면적	면적단위	기준환율	지원요청액 (원)
참가규모	부스수 / 출장인원수					
실지원요청내역	부스임차료	화폐단위	부스면적	면적단위	기준환율	지원요청액 (원)
계좌정보	은행 / 예금주 / 계좌번호					

** 전시회정보로 자동입력됨

3) 주요내용 Ⅱ

3-1) 참가성과					
상담바이어수					
상담액					
계약액					
3-2) 참가기업 만족도					
참가성과 만족도	매우만족 ( )	만족 ( )	보통 ( )	불만족 ( )	매우 불만족 ( )
만족/불만족 사유					
향후 참가여부	참가 ( ) / 불참 ( )				
3-3) 기타정보					
결과 기타항목	전시제품에 대한 현지시장 반응 / 건의사항 / 전시회 관련정보				

4) 파일첨부

첨부파일	

상기한 바와 같이 전시회 참가에 따른 자금 지원을 신청하오니 협조해 주시기 바랍니다.

년 월 일

기업명 :
대표자 : (회사명판) (직인)

3 지자체 참가지원

각 지방자치단체에서도 도 및 광역시 내 공장 등록 기업 및 수출실적이 해당 지자체로 집계되는 기업들을 대상으로 부스 임차료, 통역비 및 항공임 등을 전부 또는 일부 지원하고 있다. 지원 희망 기업들은 각 지자체 홈페이지를 방문하여 [별표8]과 같이 신청서를 제출하여야 한다.

각 지자체별 해외전시참가지원 사업(2013년 기준)

지자체	연락처	주요지원내용
서울특별시	서울통상산업진흥원 www.sba.seoul.kr	■ 부스임차료 및 장치 설치비 ■ 사전마케팅 및 사후관리 지원 ■ 3단계 해외통상지원 시스템 • 1단계 : 사전마케팅 – 현지 시장동향 조사 및 바이어 조사 – 바이어DB 리서치 전문업체를 활용한 해외바이어 DB 확보 및 제공 – 해외바이어의 전시참관 유도 및 참가업체 – 바이어간 사전마케팅 추진 – 분야별 전문가 초청 세미나 개최를 통한 사전 해외진출 전략 모색 – 온라인 통상커뮤니티를 활용한 실시간 지식기반 통상지원 서비스 제공 등 • 2단계 : 현장지원 – 참가업체 부스 디스플레이 및 상담지원 – 바이어–참가업체 간 1:1 비즈니스 상담회 개최 – 참가업체 편의 위한 유틸리티 제공 및 서울시 홍보 – PC, 팩스, 인터넷 등의 설치 지원을 통한 현장 계약제고 • 3단계 : 사후관리 – 해외바이어 신용조사 서비스 제공 – 통상자문단 인력 풀 활용 등 무역지원 서비스 〈해외전시업무 Process〉 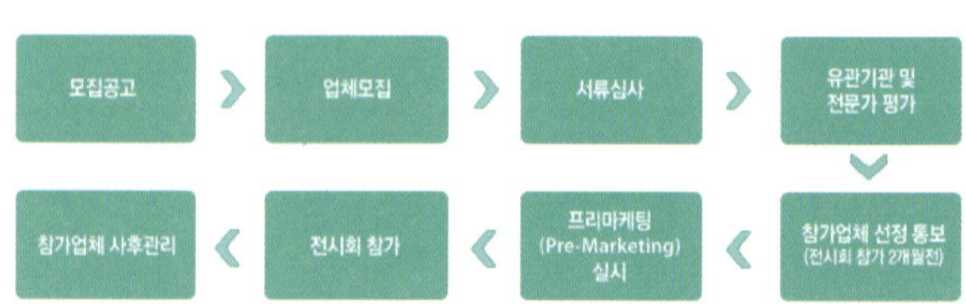

각 지자체별 해외전시참가지원 사업(2013년 기준)

지자체	연락처	주요지원내용
부산광역시	부산경제진흥원 www.bepa.kr	■ 부스 임차료 : 기본부스 100%(업체당 1부스, 최대 600만원 까지) ■ 전시품 운송비 : 왕복 50%(업체당 최대 100만원 까지)
인천광역시	인천인터넷무역지원프라자 http://kr.iitp.net	■ 단체참가 지원 부스임차료, 장치비, 전시품운송비(편도), 통역비(50%) ■ 개별참가 지원 : 업체당 500만원 한도
대구광역시	국제통상과 ☎ 053-803 3292/3 www.daegu.go.kr	■ 단체참가 지원 • 부스 임차, 바이어 조사, 통역지원(필요시), 기타 행정지원 ■ 개별참가 지원 ☞ 세계 유명 전시회 개별 참가 경비(부스 임차료) 지원 • 업체당 한도 10백만원, 스타기업 20백만원 한도 지원
광주광역시	국제협력관실 ☎ 062-613 3943 www.gwangju.go.kr	■ 조립부스료 80%, 왕복항공료 50%, 물품운송 및 통역 등 ■ 국고지원 전시회의 경우 : 참가비100%(국고지원외), 통역
대전광역시	대전비즈 ☎ 042-864 4502 www.djbiz.or.kr	■ 단체참가 지원 • 부스임차료, 통역비, 편도운송비 등 공동경비 *항공료, 현지체재비 등은 업체 부담 ■ 개별참가 지원 • 부스 임차료 및 장치비 50% 지원 400만원 한도
울산광역시	울산광역시 중소기업종합지원센터 www.ubsc.or.kr	■ 참가비 100% (참가비 구성 : 부스비, 편도통관비, 통역비) ※ 업체부담 : 파견자 왕복항공임, 현지 숙식비, 편도통관비(통관물품 있을시)
경기도	경기중소기업종합지원센터 www.gsbc.or.kr	■ 단체참가 지원 부스임차료, 장치비, 편도운송료의 60% 이내, 사전마케팅, 현장운영지원 등 ■ 개별참가 지원 부스임차료, 장치비, 편도해상운송료(1CBM) 등 기업당 500만원 한도
강원도	글로벌사업단 ☎ 033-249 2092 www.provin.gangwon.kr	■ 단체참가 지원 부스임차료, 통역비 등 ※ 예산 및 사업성격에 따라 지원기준은 변경될 수 있음 ■ 개별참가 지원 • 기업당 5,000천원이내(소요경비 70% 까지) 부스비 및 장치비 ※ 1기업 1회 참가 지원(전년도 참가기업 포함)
충청남도	충남경제진흥원 www.cepa.or.kr	■ 단체참가 지원 (전시회에 따라 약간 상이) • 참가비(9m^2 부스 1개 임차료, 기본 장치비)

각 지자체별 해외전시참가지원 사업(2013년 기준)

지자체	연락처	주요지원내용
충청남도	충남경제진흥원 www.cepa.or.kr	• 전시품 발송 및 현지 통관 수속 • 1개사 1CBM 한도/※ 반송은 자부담 – 통역비 (1업체 50만원 한도) – 1업체 당 1인 항공료의 40% ▪ 개별참가 지원 • 매회 500만원 이내 범위(업체당 연 2회) – 기본부스 (Shell Scheme, 기본 장치 포함) 1개 임차료의 70% ※ 기본부스란 해당 전시회에서 판매하는 최소 면적의 부스를 뜻하며 통상 $9m^2$ 또는 $100ft^2$를 말함. – 전시회 참가자 1인 왕복 항공료의 40%
충청북도	충북글로벌마케팅시스템 http://kr.cbgms.net	▪ 단체참가 지원 • 부스 임차료, 바이어조사 • 매체 광고 및 홍보, 바이어 섭외 및 상담 지원 • 기타 박람회 참가 관련 현지체재 등 행정 지원 ※ 참가업체부담 : 항공료, 체재비, 통역비, 운송비, 추가장치비 등 ▪ 개별참가 지원 1. 조립부스비(1부스, $12m^2$이내, 기본장치 포함형) 일부 또는 2. 독립부스비(1부스, $12m^2$이내, 기본장치 미포함형) 일부 ※ 장치비는 기본장치 포함형 조립부스의 경우에만 인정함. – 지원횟수 및 금액 : 업체당 연 2회, 1회당 250만원 이내 – 지급시기 : 상반기말 및 하반기말('12. 7월, '13. 1월) ※ 지원횟수는 업체당 연 2회를 원칙으로 하되, 신청업체가 많을 경우 연 1회, 250만원만 지원할 수 있음.
전라북도	기업지원과 ☎ 063-280 3377 www.jeonbuk.go.kr	▪ 단체참가 지원 표준 부스임차료 100%, 통역료 100%(전시회 기간 동안) ▪ 개별참가 지원 • 업체당 해외/국내 박람회 통합 총 2회 참가 한도(단체박람회 별도) • 표준 부스임차료와 운송비(지원한도 내) ※ 표준부스가 없는 경우 전시 주최 측 확인서 제출 • 지원내역 – 5백만원 한도 – 단, 중남미/중동/아프리카/유럽/일본/인도/러시아 : 7백만원 한도
전라남도	경제통상과 ☎ 061-286 3844 www.jeonnam.go.kr	▪ 지원내용 : 부스임차비, 장치비 등(자부담 : 항공료, 숙박비 등) ▪ 지원기준 : 참가비용의 70%이내에서 지역 별로 최대 15백만원 한도 지원
제주특별자치도	제주특별자치도 중소기업종합지원센터 www.jejusbc.or.kr	▪ 일본(오사카)과 중국(북경) 소재 자체 전시판매장 활용
경상북도	국제통상과 ☎ 053-950 3041 www.gb.go.kr	▪ 편도 운송료, 통역료, 전시장 부스 설치비 등 ※ 업체부담 : 편도 운송료, 왕복 항공료, 체재비 등
경상남도	경상남도 해외마케팅 사업지원시스템 http://trade.gndo.kr	▪ 단체참가 지원 : 기본부스 참가비 (부스임차료/장치비 등), 편도항공료(1사1인), 통역비(50%) 〈전시회마다 약간 상이〉

▪ [별표8] 개경상북도 국제전시박람회 개별참가지원 사업 공고문 및 신청서

SBC 중소기업진흥공단

2012 국제전시박람회 개별참가지원사업 모집 · 공고 (경상북도)

경상북도에서는 지역 중소기업의 해외마케팅 역량 강화와 세계 일류기업의 최첨단 기술과 제품 벤치마킹을 위하여 국제전시박람회 개별참가업체 지원사업을 아래와 같이 시행하오니 지역 기업의 많은 신청을 바랍니다.

□ 사업 개요

모집대상	**경상북도내 소재 수출 중소기업**
모집규모(예산)	100백만원
모집기간	공고일(2.13)~ 12월(사업비 소진시 까지)
주요내용	국외 개최 전시회(박람회) 부스1개 임차료 지원
지원금액	**부스임차료의 100%(업체당 1회 500만원 범위, 연간 800만원까지)** ※단, 부스 1개 비용이 1000원 이상인 경우 1회 800만원까지 지원가능
지원대상	경상북도내 본사 또는 공장이 있는 중소기업 ※산업통상자원부, 중소기업청, 경상북도 지원 전시회 및 한국전시산업진흥회 개별참가지원기업은 제외

□ 신청 접수

① 중소기업진흥공단 홈페이지(www.sbc.or.kr) 접속, 기업회원 가입 후 로그인
② 홈페이지 상단 좌측의[**지원사업**] 클릭▶ 지원사업란에서 [**수출연수종합진단**] 클릭
③ 해외마케팅 란에서 [**해외전시회**] 클릭▶ [**사업신청서 바로가기**] 클릭
④ 『**개별참가신청**』 선택 후 [**신청**] 클릭▶ 신청서 작성

〈 온라인 신청서 작성 시 첨부서류 〉

•[붙임1} 국제전시박람회 개별참가비 지원신청서 참고

□ 지원 절차

① 참가업체 신청 ② 참가업체 선정(중진공→기업)
③ 전시(박람회)참가(업체) ④ 결과보고서 제출(업체→중진공) ⑤ 참가비 지원

□ 문의

중소기업진흥공단 경북서부지부 조현정 사원, 심찬보 과장 (T: 054-476-9315)
(e-mail: 120118P@sbc.or.kr)

경상북도 국제전시박람회 개별참가 지원사업 안내

1. 지원사업 개요

○ 사 업 명 : 2012 국제전시박람회 개별참가 지원사업

○ 사업기간 : 공고일~2012. 12(사업소진시 까지)

○ 지원대상 : 본사 또는 공장이 경상북도에 소재하며, 해외전시회에 직접 개별참가한 중소기업

○ 사업주관 : 경상북도(국제통상과)

○ 사업수행기관 : 중소기업진흥공단 경북지역본부

○ 사업내용 : 해외전시회 개별참가시 부스비(1개) 지원

- 기본부스료(Shell Scheme)의 100% 또는 Space임차료(Space Only)의 100%
- 부스 1개 면적은 $9m^2$ 기준임(장치비 등 부대비용 지원불가)

*전시회 성격상 부스의 최소규모가 $9m^2$ 이상인 경우 증빙서류 제출시 지원 가능

※ 지원대상에서 제외되는 비용

• 기업 소속 직원이 직접 참가하지 않은 해외전시회 부스비

• 항공료, 체재비, 통역비, 보험료 등

• 기본부스(Shell Scheme)의 경우, 주최측이 기본으로 제공하는 장치, 비품 이외에 업체가 개별적으로 추가한 장치비용

• 독립부스(Space Only)의 경우, 전시공간 바닥(Space) 이외에 업체가 개별적으로 추가하는 공사 및 장치비용

○ 지원한도 : 1회 500만원 범위, 연간 800만원까지

*부스 1개 비용이 1,000만원 이상의 경우에는 1회 800만원까지 지원 가능

○ 지원절차

- 신청서 제출 → 지원업체 선정 → 전시회참가 → 결과보고서 제출 → 지원금 교부

※ 지원제외 해외전시회(명단 2월말 경 공지 예정)

- 산업통상자원부, 중소기업청, 경상북도에서 지원하는 전시회 및 한국전 시산업진흥회에서 개별참가시 지원하는 전시회

*동 사업 지원대상 업체로 선정되더라도 추후 확인 과정에서 지원 제외 대상 전시회로 확인된 경우 지원 취소

○ 지원금환수 : 참가기업의 위법한 행위(예 : 중복수혜 등)에 의한 지원 시

2. 참가 신청

○ 전시회 참가(前) 신청서 제출-참가 1개월 전

- 지원신청서(첨부파일), 사업자 · 공장등록증 사본, 계약서, 부스비 인보이스(전시회 주최 발급), 외화송금 영수증 , 참가품목 카탈로그, 참가전시회 팜플렛

○ 전시회 참가(後) 결과보고서 제출-참가 후 2주일 한

- 결과보고서(첨부파일), 부스배치도(회사상호 및 부스번호 표시) 또는 전시회 디렉토리(참가업체 표시), 부스사진 2매(부스상호, 참가품목, 참가자가 보이는 전면 사진, 전시회명, 참가자가 보이는 전시장 전체 사진), 참가자 여권(출입국 기록된 부분)사본, 부스비 납입증명서, 상담바이어 명함(사본), 지원금 수령용 통장 사본, 기타(필요한 경우 지원기관에서 요청하는 서류)

○ 제출방법 : 온라인 신청(www.sbc.or.kr→ 해외마케팅) 후 첨부서류 송부

○ 신청서 제출(문의)처

- 중소기업진흥공단 경북지역본부 : 담당 조현정 사원, 심찬보 과장

(Tel 054-476-9315, Fax 476-9319 E-mail: 120118P@sbc.or.kr)

• 경북 구미시 임수동 이계북로7 경북경제진흥원 2층(우 730-350)

국제전시박람회 개별 참가비 지원 신청서

당사의 국제전시박람회 개별 참가와 관련하여 아래와 같이 개별 참가비 지원을 신청합니다.

<table>
<tr><td rowspan="7">신청업체
내 역</td><td>업 체 명</td><td colspan="2"></td><td>대 표 자</td><td></td></tr>
<tr><td>주 소</td><td colspan="2"></td><td>2011총매출액</td><td>억원</td></tr>
<tr><td>종업원수</td><td colspan="2">명</td><td>자본금</td><td>억원</td></tr>
<tr><td>2011수출실적</td><td colspan="2">천$</td><td>주요생산품</td><td></td></tr>
<tr><td>담당자명</td><td></td><td>전 화</td><td></td><td>Fax</td></tr>
<tr><td>E-mail</td><td colspan="2"></td><td>홈페이지</td><td></td></tr>
<tr><td>무역업번호</td><td colspan="2"></td><td>사업자등록번호</td><td></td></tr>
<tr><td rowspan="7">참가대상
전시박람회
개 요</td><td rowspan="2">전시회명</td><td>한 글</td><td colspan="3"></td></tr>
<tr><td>영 문</td><td colspan="3"></td></tr>
<tr><td>개최기간</td><td colspan="2"></td><td>전 시 장</td><td></td></tr>
<tr><td>개최국가</td><td colspan="2"></td><td>개최도시</td><td></td></tr>
<tr><td>주최기관</td><td colspan="4"></td></tr>
<tr><td>전시회유형</td><td colspan="4">○ 종합 ○ 전문 ○ 한국상품전시회</td></tr>
<tr><td>총 개최면적</td><td colspan="4">m^2</td></tr>
<tr><td rowspan="5">신청업체
참가내역</td><td>출품품목</td><td colspan="4"></td></tr>
<tr><td>참가면적</td><td colspan="4">m^2 (부스 개)</td></tr>
<tr><td>기본부스비</td><td colspan="2">원</td><td>참가비 총액</td><td>원</td></tr>
<tr><td>상담목표</td><td colspan="2">천$</td><td>계약 목표</td><td>천$</td></tr>
<tr><td>특기사항</td><td colspan="4"></td></tr>
</table>

※ 첨부서류 : 사업자공장등록증 사본 1부, 계약서, 부스비 인보이스, 외화송금 영수증, 참가품목 카다로그, 전시회 팜프렛

2012. . .

신청인 업 체 명 :

대 표 : (인)

경상북도지사 · 중소기업진흥공단 이사장 귀하

국제전시박람회 개별참가 결과 보고서

<table>
<tr><td rowspan="2">회사명</td><td rowspan="2"></td><td>전화</td><td></td><td rowspan="2">E-mail</td><td rowspan="2"></td></tr>
<tr><td>팩스</td><td></td></tr>
<tr><td colspan="2">전시회(박람회) 명</td><td colspan="4"></td></tr>
<tr><td colspan="2">전시회개요(내용 및 기간)</td><td colspan="4"></td></tr>
<tr><td rowspan="5">참가
결과</td><td>참가 현황
(제품명, 전시면적 등)</td><td colspan="4"></td></tr>
<tr><td>참가성과
- 상담바이어수
- 상담액(US$)
- 계약추진액(US$)
- 현지계약액(US$)</td><td colspan="4"></td></tr>
<tr><td>전시품에 대한 현지반응</td><td colspan="4"></td></tr>
<tr><td>전시회 참가자 및 비용
- 참가자 수
- 부스비용</td><td colspan="4"></td></tr>
<tr><td>기타 의견 등</td><td colspan="4"></td></tr>
</table>

※ 첨부 : 부스배치도(회사상호 및 부스번호 표시)또는 참가업체 디렉토리, 부스사진2매(부스상호가 보이는 전면사진, 전시회명이 보이는 전시장 전체 사진), 부스비 납입증명서, 상담바이어 명함(사본), 참가자 여권사본(출입국기록), 통장 사본

2012. . .

신청인 업 체 명 :

대 표 : (인)

경상북도지사 · 중소기업진흥공단 이사장 귀하

잠시 쉬어가기

전시회에서 있었던 일

【사례 5】 도덕적 해이로 다른 국내 기업 인기박람회 참가 기회 박탈

매년 11월, UAE 두바이에서 개최되는 「두바이 건축기자재 전시회(Big 5)」는 중동 최대 건축 전시회이다. 2012년의 경우, 70여개국 2,500여 기업이 전시회에 참가하였고 약 4만명의 참관객들이 방문하였으며 우리나라도 매년 30개사 내외가 이 전시회에 참가하고 있다.

2008년부터 이 전시회 주최자는 중동 및 북아프리카 지역에 건축기자재를 공급하고 있는 「Big 5」 참가 및 비참가업체들을 대상으로 Facades & Structures, Energy Systems, Finishing Products, HVAC, Service Industry 및 Water Technology 등 6개 분야에서 에너지 절약과 환경 친화적인 건축기자재를 생산하는 우수 기업을 엄선한 후, 전시회 기간 중 금, 은, 동상으로 구분하여 시상하고 수상된 기업명을 공개하고 있다. 수상 기업은 수상 마크를 전시회 기간 중 부스에 부착할 수 있는 자격이 주어진다. 『Gaia Awards』로 명명된 이 상은 매우 영광스러운 상으로 인식되고 있으며 수상된 기업의 부스로는 더 많은 바이어들이 몰려들어 활발한 상담을 하게 된다.

2008년 첫해, 우리나라 참가기업도 영광의 수상을 하게 되어 수상 마크를 부스에 부착하였으며 많은 좋은 바이어들을 만나 커다란 성과를 올린 바 있다.

【교훈】

- 전시회 주최자가 수상하는 대회에 출품하여 수상 기회를 활용토록 한다.

Chapter

07 전시회 참관

1 참관 목적

많은 비즈니스맨들이 국내외에서 개최되는 전시회에 참관을 목적으로 방문하고 있다. 참관을 위한 전시장 방문은 직접 부스를 임차하여 전시회에 참가하는 것 보다는 예산도 적게 들고 많은 준비 기간이 소요되지는 않지만 참관 목적을 분명히 정하고 출장을 실시하여야 소기의 목표를 달성할 수 있다. 전시회를 참관하는 목적은 구매상담, 파트너 물색, 시장정보 수집, 인적네트워크 구축, 차기 전시회 참가를 위한 사전 조사 등을 들 수 있다. 짧은 전시히 기간 동안 전시회 참가업체들을 모두 만날 수는 없다. 따라서 각 기업나나 참관 목적이 상이하므로 참관 우선순위를 정해 체류 기간을 효율적으로 이용하여야 한다. 단순히 전시회 참관만을 위해 출장을 실시하는 것 보다는 전시회 개최국가의 인근지역으로 비즈니스 세일즈 출장을 다녀오면서 중간에 전시장을 잠시 방문하는 것도 바람직하다. 그리고 참관 목적이 구매상담이나 파트너 물색이라면 시장정보 수집 보다는 더 오랜 기간 전시장에 체류하여야 한다. 참관 목적이 여러 가지라면 체류 일자별로 1-2일간은 상담에 집중하고 나머지 1-2일은 시장정보를 수집한다든가 부대행사에 참가하도록 구분하는 것이 보다 효율적이다.

전시회 참관 세부 목적

- 구매상담
- 파트너 물색
- 새로운 사업 구상
- 경쟁사들의 참가 관련 정보 수집
- 시장 동향 파악
- 신제품, 신기술 출시 정보 수집
- 세미나 등 부대행사 참석
- 직원 교육 및 인센티브
- 인적네트워크 구축
- 차기 전시회 참가를 위한 사전 조사
- 전시회에 참가한 기존 파트너 현장 지원

▶ 해외전시회 참관 출장

2 참관 준비

참가 목적에 따라 어느 전시회를 참관할 것인가를 선정한다. 참관을 위한 전시회 선정 기준은 전시회 참가업체 선정 기준과 유사하나 참관을 위한 전시회 선정에서 가장 중요한 것은 얼마만한 규모로 어떤 기업들이 참가하는 가를 파악하는 것이다. 가능한 전년도 전시회 디렉토리를 입수하여 어떤 기업들이 참가하였는가를 사전에 파악하고 개최에 임박해서 참가 예정업체 명단을 입수할 수 있다면 더 좋을 것이다. 참관자 역시 전시회 기간 동안에는 항공편과 체류 호텔 예약이 어려울 수도 있으니 미리 예약을 해둔다. 전시회에 따라서는 입장료와 부대행사 참가비가 매우 비싼 경우도 있다. 온라인 사전 예약제는 보통 할인 혜택이 주어지고 현장에서 접수하는데 필요한 시간을 절약할 수 있으므로 이를 활용하는 것이 바람직하다. 또한 개별 전시회 참관만을 고집할 필요는 없다. 최근에는 조합 및 협회가 회원사 위주로 참관단을 구성하여 파견하거나 다수 국내여행사들이 해외 유명 전시회 참관단을 모집하여 파견하는 상품을 출시하고 있으므로 이들 참관단을 이용하는 것도 비용과 시간을 절약할 수 있는 좋은 방법이라 할 수 있다.

한국금형공업협동조합 참관단 모집 안내문

목록

전달하기 | 스크랩 | 프린트

• 제목	2012중국금형전시회 참관단 파견안내		
• 출처	한국금형공업협동조합 바로가기		
• 등록일	2012.04.26	• 조회수	355
• 지역	해외	• 유형	전시/박람회
• 시작일	2012.05.31	• 종료일	2012.06.03

한국금형공업협동조합에서 중국 상해에서 개최하는 2012중국금형전시회에 조합원사의 시장개척 및 수출 확대를 지원하기 위해 전시회 참관을 희망하는 업체를 모집합니다.

○ **전시회 개요**
- 기간 : 2012. 5. 31(목) ~ 6. 3(일) / 4일간
- 장소 : 상해 푸동 신국제전시장
- 규모 : 70,000㎡ (참가국 및 업체수 : 17개국 1,500개사)
- 전시품목 : 금형 및 부품, 금형가공공작기기, 금형CAD/CAM, 시험검사 및 측정기기, 금형용소재, 각종 성형제품등

○ **파견개요**
- 기간 : 2012. 5. 30(수) ~ 6. 2(토) (3박 4일)
- 지역 : 중국 상해

○ **신청기간** : 4. 27(금)까지

○ **신청방법** : Fax 신청
- Fax : 02-784-5937

○ **문 의 처** : 한국금형공업협동조합 최명종과장, 김옥선(02-783-1711)

전시회 참관단 이용 시 장단점

장점	단점
■ 가이드가 있으므로 초행자도 불편이 없다.	■ 내가 원하는 전시회에 참관단 프로그램이 없을 수도 있다.
■ 시간을 효율적으로 활용할 수 있다.	■ 체류 일정을 마음대로 정할 수 없다.
■ 항공권, 비자 취득, 숙식, 현지 교통편의, 전시장 입장권 등이 모두 해결된다.	■ 개별 행동에 제약을 받는다.
■ 전체적인 비용이 저렴하다.	■ 불필요한 옵션을 선택해야만 하는 경우도 있다.
■ 참관단 참여 기업간 정보 교환이 가능하다.	■ 가이드/운전사 팁 등 부수비용이 든다.

전시회 참관단 일정표(예)

일자	도시명	교통편	시간	주요 행사 일정
01 DAY 11/13 (화)	 인 천 프랑크푸르트 뒤셀도르프	 LH 713 전용버스	13:00 15:00 19:00 오 후	인천공항 3층 M카운터 **「아이다비 투어」** 테이블 집결 인천 출발 프랑크푸르트 도착 / 가이드 미팅 석식 후 뒤셀도르프 이동 호텔 CHECK-IN / 휴식
호텔	THE Rilano Hotel Cleve – 일급호텔 ★★★★			기내식 & 석식
호텔바로 앞에 마트가 있어서 이용이 편리하며, 호텔내 무선 인터넷 사용이 가능한 일급호텔입니다.				
02 DAY 11/14 (수)	뒤셀도르프	전용버스	전 일	호텔 조식 후 전시장으로 이동 **2012 독일 뒤셀도르프 의료기기 전시회 (MEDICA) 참관** 또는 **<프리미어 아울렛 Roremond 쇼핑>** 석식 후 **<구시가지 야경감상>** / 호텔 투숙
호텔	THE Rilano Hotel Cleve – 일급호텔 ★★★★			호텔식 & 석식
03 DAY 11/15 (목)	뒤셀도르프 <쾰른>	전용버스	전 일	호텔 조식 후 전시장으로 이동 **2012 독일 뒤셀도르프 의료기기 전시회 (MEDICA) 참관** 또는 **쾰른 시내관광 <쾰른 대성당, 시청, 중앙역 등>** 석식 후 호텔 투숙
호텔	THE Rilano Hotel Cleve – 일급호텔 ★★★★			호텔식 & 석식
04 DAY 11/16 (금)	 뒤셀도르프 프랑크푸르트	 전용버스 LH 081 LH 712	오 전 15:05 16:00 17:50	호텔 조식 후 CHECK-OUT **2012 독일 뒤셀도르프 의료기기 전시회 (MEDICA) 참관** 뒤셀도르프 출발 프랑크푸르트로 도착 프랑크푸르트 출발
호텔	THE Rilano Hotel Cleve – 일급호텔 ★★★★			호텔식 & 기내식
05 DAY 11/17 (토)	인 천		12:20	인천 도착 *** 대단히 감사합니다 ***

참관을 위한 출장에 앞서 체류 기간 동안 대략적인 현지 체류 일정을 사전에 수립해둔다. 특히 현장에 도착하여 어느 부대행사에 참가할 것인지를 정하는 것보다는 원하는 정보를 얻을 수 있는 부대행사 프로그램을 해당 전시회 홈페이지에서 파악하여 출장 전, 일정을

수립하는 것이 바람직하다. 전시회에 따라 부대행사 참가 시 별도의 입장료를 징수하거나 참석 부대행사 수에 따라 입장료를 차등 부과하는 경우도 있으므로 예산과 시간 절약을 위해 참석할 부대행사를 미리 정해두는 것이 중요하다. 또한 부스 방문 시 파악할 내용을 미리 정리해서 가는 것도 좋은 방법이다.

현지 체류일정 (예)

전시회명	○○○○○
1st Day	▪ 오전 : 상담 ▪ 오후 : 상담, 환영 리셉션 참가
2nd Day	▪ 오전 : 세미나 참가 및 시장 조사 ▪ 오후 : 시장 조사, 전시주최자 면담
3th Day	▪ 오전 : 상담 ▪ 오후 : 세미나 참가 및 시장 조사
4th Day	▪ 오전 : KOTRA 무역관 방문

3 전시장에서 해야 할 일

전시장에 도착해서는 출입증을 발부받고 Information Desk에서 박람회 디렉토리 (Official Cataloguc 또는 Shoc dircctory), 전시장 배치도 (Floor Plan 또는 Floor Map), 부대행사 일정 등을 입수한다. 무료입장이 가능한 전시장도 있지만 유료 입장인 전시장의 경우, 일일 입장권 보다는 여러 날 입장권이 저렴하므로 계획하고 있는 참관 일 수에 따라 일일 입장권과 여러 날 입장권을 골라 구입한다. 거동하는데 불편을 주는 불필요한 가방이나 외투 등은 Cloak Room에 맡겨둔다.

▶ CeBIT 입장권 및 디렉토리

▶ 전시장 입구 및 Information Desk

대부분의 전시회에서는 유·무료에 관계없이 참관객은 전시장 등록대에서 참관 등록을 해야 한다. 등록 양식에 필요사항을 기재하고 명함을 제출하면 등록카드와 목걸이를 지급받게 된다. 디렉토리와 위치도를 갖고 방문해보고 싶은 업체들을 일일이 체크해본다. 그런 관심업체들을 염두에 두면서 전시장 각 홀을 둘러보는 가운데 전시장 전체 분위기나 어떤 곳에 어떤 전시품이 나와 있는지 눈 여겨 본다. 각 홀의 중앙통로와 대통로에 나와 있는 출품업체들을 먼저 보는 것이 전체 분위기를 파악하는데 도움이 된다. 전체 분위기를 파악한 후, 관심을 가졌던 업체들을 중심으로 전시품을 세밀히 둘러본다. 카탈로그 및 명함 등을 수집하면서 특이사항은 잘 메모해두며 참관을 놓친 부스도 있을 수 있으므로 전시장은 가능한 한 여러 번 둘러보는 것이 좋다.

▶ 전시장 입장 목걸이

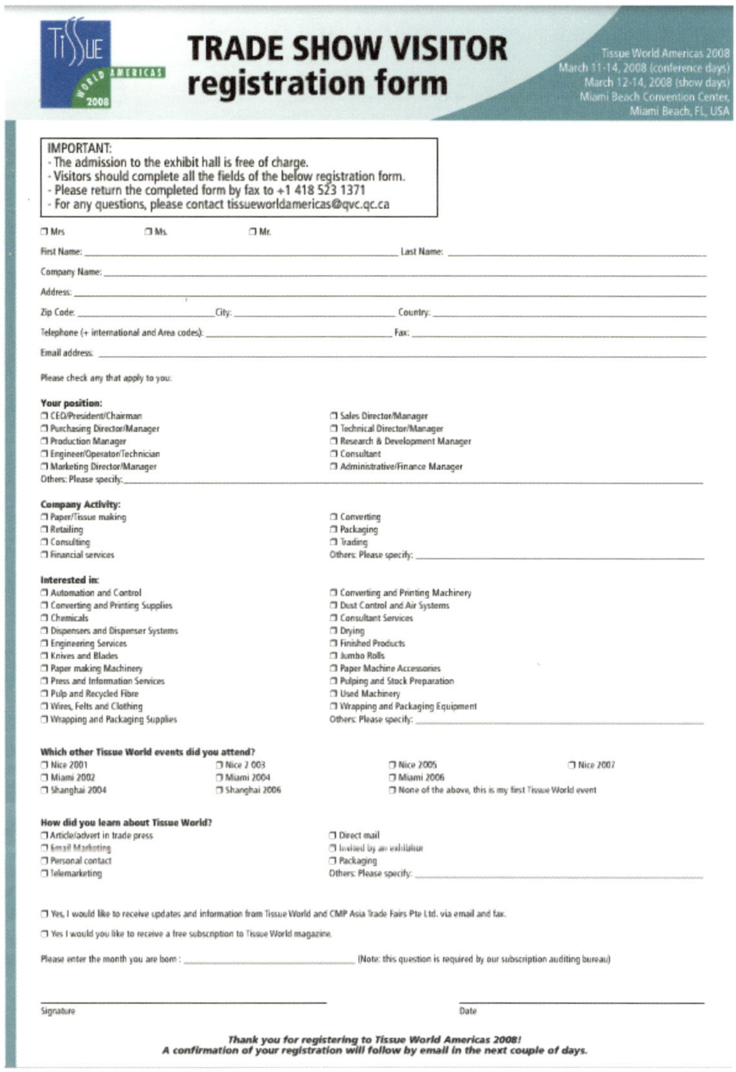
TRADE SHOW VISITOR registration form

Tissue World Americas 2008
March 11-14, 2008 (conference days)
March 12-14, 2008 (show days)
Miami Beach Convention Center,
Miami Beach, FL, USA

IMPORTANT:
- The admission to the exhibit hall is free of charge.
- Visitors should complete all the fields of the below registration form.
- Please return the completed form by fax to +1 418 523 1371
- For any questions, please contact tissueworldamericas@qvc.qc.ca

❒ Mrs ❒ Ms. ❒ Mr.

First Name: ______ Last Name: ______

Company Name: ______

Address: ______

Zip Code: ______ City: ______ Country: ______

Telephone (+ international and Area codes): ______ Fax: ______

Email address: ______

Please check any that apply to you:

Your position:
- ❒ CEO/President/Chairman
- ❒ Purchasing Director/Manager
- ❒ Production Manager
- ❒ Engineer/Operator/Technician
- ❒ Marketing Director/Manager
- ❒ Sales Director/Manager
- ❒ Technical Director/Manager
- ❒ Research & Development Manager
- ❒ Consultant
- ❒ Administrative/Finance Manager

Others: Please specify: ______

Company Activity:
- ❒ Paper/Tissue making
- ❒ Retailing
- ❒ Consulting
- ❒ Financial services
- ❒ Converting
- ❒ Packaging
- ❒ Trading

Others: Please specify: ______

Interested in:
- ❒ Automation and Control
- ❒ Converting and Printing Supplies
- ❒ Chemicals
- ❒ Dispensers and Dispenser Systems
- ❒ Engineering Services
- ❒ Knives and Blades
- ❒ Paper making Machinery
- ❒ Press and Information Services
- ❒ Pulp and Recycled Fibre
- ❒ Wires, Felts and Clothing
- ❒ Wrapping and Packaging Supplies
- ❒ Converting and Printing Machinery
- ❒ Dust Control and Air Systems
- ❒ Consultant Services
- ❒ Drying
- ❒ Finished Products
- ❒ Jumbo Rolls
- ❒ Paper Machine Accessories
- ❒ Pulping and Stock Preparation
- ❒ Used Machinery
- ❒ Wrapping and Packaging Equipment

Others: Please specify: ______

Which other Tissue World events did you attend?
- ❒ Nice 2001
- ❒ Miami 2002
- ❒ Shanghai 2004
- ❒ Nice 2 003
- ❒ Miami 2004
- ❒ Shanghai 2006
- ❒ Nice 2005
- ❒ Miami 2006
- ❒ None of the above, this is my first Tissue World event
- ❒ Nice 2007

How did you learn about Tissue World?
- ❒ Article/advert in trade press
- ❒ Email Marketing
- ❒ Personal contact
- ❒ Telemarketing
- ❒ Direct mail
- ❒ Invited by an exhibitor
- ❒ Packaging

Others: Please specify: ______

❒ Yes, I would like to receive updates and information from Tissue World and CMP Asia Trade Fairs Pte Ltd. via email and fax.

❒ Yes I would you like to receive a free subscription to Tissue World magazine.

Please enter the month you are born : ______ (Note: this question is required by our subscription auditing bureau)

Signature ______ Date ______

Thank you for registering to Tissue World Americas 2008!
A confirmation of your registration will follow by email in the next couple of days.

▶ 전시회 참관객 등록양식 예

가. 상담

출장자가 관심 있는 품목들을 출품한 기업들이 집결되어 있는 전시장이 어디인지 파악한다. 넓은 전시장에서 우선 주통로를 걸어다니며 유명기업, 대규모로 참가한 기업들을 먼저 본다. 그리고 나서 소통로 좌우에 위치한 소규모 참가기업들을 보며 관심이 가는 부스는 디렉토리에 별도 표시하되 방문 우선순위를 정한다.

우선순위에 따라 각 부스를 방문하더라도 참가기업이 타 참관객과 상담중이라면 상담이 비어 있는 부스를 먼저 방문한다. 경우에 따라 방문 시 참가기업이 타 참관객과 상담중이라면 언제 다시 오겠다고 선약을 해두는 것도 시간을 절약하는 방법이다.

상담 시 파악해야 할 내용 (예)

항목	상담 시 파악해야 할 내용
√	제품의 성능, 기존 제품과의 차별성
√	제품의 공급 가능 가격
√	제품의 납기
√	지불 조건
√	A/S 조건
√	최소주문량
√	판촉을 위해 공급자가 제공할 수 있는 혜택
√	공급회사의 규모 (자본금, 종업원수, 매출액 등), 브랜드 인지도, 재무상태, 제품개발능력, 주판매시장, 한국과의 거래 경험 등
√	에이전트 조건
√	샘플, 카탈로그, 사진, 동영상 등 상담자료 제공 여부

전시 규모가 매우 큰 전시회에서는 전시장을 둘러보는 것이 매우 피곤하고 시간도 많이 소요된다. 몸이 피곤하면 집중력이 떨어져 충실한 상담이나 조사가 어려우므로 시간 나는 대로 틈틈이 휴게실이나 카페테리아 등에서 휴식을 취하도록 한다. 별 생각없이 이 전시동 저 전시동 왔다 갔다 해서는 몸만 피곤하고 제대로 상담이나 조사를 할 수 없으므로 한 전시동에서 상담과 조사가 완료되면 다음 전시동으로 이동하되 전시동간 셔틀버스가 운행되고 있다면 이를 적극 활용한다.

▶ 이 넓은 전시장을 몇 일내 다 둘러본다는 것은 불가능하다. (Dusseldorf 전시장)

▶ 영국 버밍험전시장 내 무료 셔틀버스

상담을 위해 부스를 방문하는 경우, 자신의 명함을 먼저 제공한 후, 전시품이나 비치된 카탈로그를 세밀히 살펴본다. 상담 도중 여러 바이어들이 동시에 부스를 방문 할 수도 있으므로 너무 많은 시간을 빼앗는 것은 바람직하지 않다. 따라서 핵심적인 부분에 대해서만 문의하고 더 협의하고 싶은 사항이 있으면 참가기업과 재약속을 하는 것이 좋다.

나. 정보 수집

신상품 또는 신기술과 관련된 정보를 입수하고자 한다면 각 부스에 비치되어 있는 카탈로그를 수집하되 수집 양이 많을 것을 대비하여 휴대용 가방을 준비한다. 신제품, 신기술, 신소재 전시품 및 아이디어 상품을 전시한 부스와 유별나게 참관객들로 붐비는 부스 위주로 방문한다. 전시장과 부스에 따라 사진 촬영을 금지할 수도 있으므로 사전에 반드시 확인한다. 전시장에서는 사진 촬영을 허용한다 하더라도 각 부스에 전시된 제품의 근접 촬영 시에는 참가기업에게 먼저 양해를 구한다. 전시장에 따라 별도의 간행물 등 배포자료를 비치해두는 곳이 있으므로 이곳을 방문하여 관심 자료를 수집한다. 경쟁기업들이 어떤 제품으로 그리고 어느 규모로 참가하였는지도 파악한다.

다. 부대행사 참가

세미나와 같은 부대행사는 전시회 참관 전, 선정하여 신청하되 전시장 도착 후, 정확한 행사 위치와 시간을 확인한다. 시간에 늦지 않도록 행사장에 도착 한 후, 배포되는 자료도 잘 챙긴다. 동영상 촬영을 허용하다면 촬영을 하거나 강의 내용을 녹음하는 것도 정확한 이해를 위해 바람직하다.

라. 차기 전시회 참가를 위한 사전 조사

차기 전시회 참가를 위한 사전 조사를 목적으로 참관하는 경우에는 해당 전시회의 주종품목, 참가업체 규모 및 유명 또는 경쟁기업들의 참가 여부, 전시장 시설, 참가기업들의 부스 형태와 규모, 참관객 수 및 성격, 전시회 주최사의 조직력, 집객 능력, 제공되는 서비스의 질 등을 확인한 후, 현장감을 살려 정보를 수집한다. 아울러 전시주최자를 접촉하여 차기 전시회 참가 시 받을 수 있는 혜택도 파악한다. 전시회 개최 전후에 인근지 KOTRA 해외무역관을 방문하여 해당 전시회에 대한 무역관 의견을 구하는 것도 중요하다.

마. 환영 리셉션 참석

전시회에 따라 참가업체와 참관객들에게 인적네트워크 구축 기회를 제공하기 위해 환영 리셉션을 개최하는 경우도 있다. 참석 기회가 주어진다면 이런 행사를 적극 활용한다. 참석에 앞서 명함을 충분히 준비하고 참석 인사들과 자연스럽게 대화한다. 특히 그날 상담한 참가업체를 만나게 된다면 부스에서 나누지 못한 대화를 할 수 있고 친한 인간관계를 구축할 수 있다.

▶ 환영리셉션

전시회에서 있었던 일

【사례 6】 미국 주요 도시 순회 Bio 전시회의 엄청나게 비싼 입장료

대부분의 해외전시회는 무료입장인 경우도 많고 유료라 하더라도 100달러를 넘는 경우는 흔치 않다. 그러나 입장료가 수천달러나 되는 엄청나게 비싼 전시회도 있다. 그 대표적인 예가 매년 미국과 캐나다의 주요 도시를 순회하며 개최되는 「Bio International Convention」이다. 미국 최대 바이오 전문 전시회인 이 행사는 2012년 보스턴에서 개최되었는데 글로벌 경제 위기로 예년에 비해 다소 줄어들었지만 한국을 비롯한 60여개국 1,200개 업체들이 참가한 가운데 2만여명의 참관객이 다녀갔다.

지명도에 비해 참관객 수는 많지 않으나 이들이야 말로 바이오 관련 전문가들이다. 참가업체들과 참관객들은 전시회 기간 중 글로벌 제약사들과 파트너링 미팅을 갖고 전문가들로 구성된 각종 세미나, 포름 및 회의 등에 참석하게 된다. 이 전시회의 특징은 오후 3~4시경이면 각 부스마다 네트워킹을 위해 주류 및 음료 그리고 음식이 준비된 파티의 장이 마련된다는 것이다.

2013년에는 4월, 시카고에서 개최될 예정인데 전시장 입장료만 참관객 1인당 199달러이고 참석 가능 각종 부대행사 수에 따라 2013년 3월 14일 까지 등록하는 회원사는 최저 595달러에서 최고 1,890달러를, 비회원사인 경우 최저 995달러에서 최고 2,690달러를 지불해야 한다. 더구나 3월 14일 이후에는 회원사의 경우 참관객 1인당 최저 595달러에서 최고 2,490달러를, 비회원사의 경우 1인당 최저 995달러부터 최고 3,290달러를 지불해야 한다.

【요령】

- 입장료를 절감하기 위해서는 가능한 회원으로 가입하고 조기 신청하여 할인 혜택을 받도록 한다. 그리고 꼭 필요한 부대행사에만 참가토록 한다.

부록 1 KOTRA 추천 해외 유명 전시회

미국

[1] 신재생 에너지 기술 회의 및 전시회

Annual Renewable Energy Technology Conference & Exhibition

http://www.tradefairgroup.com/events.asp

[2] 라스베가스 소비재전자 박람회

Consumer Electronics Show (CES)

http://www.CESweb.org

[3] 미국 국제 냉동공조기기 전시회

International air-conditioning, heating, refrigerating exposition

http://www.ahrexpo.com

[4] 춘계 라스베가스 매직쇼

Magic Marketplace Show

http://www.magiconline.com

[5] 미국 마이애미 국제 보트쇼 (마이애미)

Miami International Boat Show 2013 (MIBS)

http://www.miamiboatshow.com

[6] 미동부 보안용품 박람회

International Security Conference & Exposition EAST (ISC East)

http://www.isceast.com

[7] 시카고 국제 가정용품 박람회

International Home & Housewares Show (IHS)

http://www.housewares.org

[8] 미국 의료정보관리시스템협회 컨퍼런스 및 박람회

Healthcare Information Management Systems Society Annual Conference & Exhibition

http://www.himss.org

[9] 미국 광통신 박람회

Optical Fiber Communications Conference and Expo (OFC/NFOEC)

http://www.ofcnfoec.org

[10] 라스베가스 방송기자재 박람회

National Association of Broadcasters (NAB)

http://www.nabshow.com

[11] 미국 국제 천연가스 컨퍼런스 및 전시회

International Conference and Exhibition on Liquified Natural Gas

http://www.ing17.org

[12] 국제 바이오 컨벤션

Bio International Convention

http://www.bio.org

[13] 미국 풍력 박람회

AWEA Wind Power Conference and Exhibition

http://www.awea.org

[14] 라스베가스 보석전

JCK LasVegas

http://www.jckgroup.com

[15] 밸브월드 아메리카 전시회

Valve World Americas 2011 Conference & Expo

http://www.valveworldexpoamericas.com/

[16] 미국 샌프란시스코 인터솔라

USA San Francisco Intersolar

http://www.intersolar.us

[17] 미국 임상화학협회 정기총회

AACC Annual Meetings and Clinical Lab Expo

http://www.aacc.org

[18] 추계 라스베가스 매직쇼

MAGIC SHOW (MAGIC, WWD MAGIC, MAGIC KIDS, SOURCING)

http://www.magiconline.com

[19] 플로리다 국제 의료기기 박람회

Florida Int'l Medical Expo (FIME)

http://www.fimeshow.com

[20] 시카고 국제 포장 박람회

Pack Expo International 2008 (Pack Expo)

http://www.packexpo.com

[21] 미국 라스베가스 무선통신 박람회

International CTIA WIRELESS (CTIA Wireless)

http://www.ctiawireless.com

[22] 라스베가스 자동차부품 박람회

Automobile Aftermarket Products Exhibition (AAPEX)

http://www.aapexshow.com

[23] 시카고 방사선 박람회

Radiological Society of N. America (RSNA)

http://www.rsna.org

독 일

[1] 독일 쾰른 하드웨어 박람회

German Koeln Hard Ware 2012

http://www.eisenwarenmesse.de

[2] 독일 프랑크푸르트 건축 및 건설 박람회

2012 Light+Building/Internationale Fachmesse fuer Architektur und Technik (Light+Building)

http://www.light-building.messefrankfurt.com

[3] 독일 국제 태양광 박람회

Intersolar

http://www.intersolar.de

[4] 독일 쾰른 게임 박람회

The trade show & event highlight for interactive games and entertainment (gamescom)

http://www.gamescom.de

[5] 독일 쾰른 국제 영상 및 광학기기 박람회

German Koeln Photokina World of Imaging (Photokina)

http://www.photokina.de

[6] 독일 프랑크푸르트 자동차 부품 박람회

Automechanika Frankfurt (Automechanika)

http://www.messefrankfurt.com

[7] 후줌 풍력박람회

HUSUM WindEnergy 2012 (HUSUM)

http://www.husumwindenergy.com

[8] 뮌헨 국제 부동산 박람회

Expo Real

http://www.exporeal.net

[9] VW 국제자동차 부품전

International Zuliefere Boerse (IZB)

izb-online.com

[10] 뮌헨 국제 전자부품 박람회

International Trade Fair for Components and Assemblies in Electronics (ELECTRONICA)

http://www.electonica.de

[11] 뉴렌버그 국제 임베디드 솔루션 박람회

Embedded World Exhibiton & Conference

http://www.embedded-world.de

[12] 프랑크푸르트 건물과 에너지 관련 냉동 및 공조 전시회

Internationale Fachmesse Gebaeude-und Energietechnik, Klima-und Lueftungstechnik

http://www.ish.messefrankfurt.com

[13] 슈투트가르트 패시브하우스, 주택열효율 전시회

Stuttgart CEP Passivhouse

http://www.reeco.eu

[14] 독일 프랑크푸르트 국제 모터쇼

Int'l Motor Show Cars (IAA)

http://www.iaa.de

[15] 독일 쾰른 국제 유아 및 아동 용품 박람회

The Trade Show for Kid's First Years (Kind + Jugend)

http://www.kindundjugend.de

[16] 독일 뒤셀도르프 국제 장애인용품 박람회

Rehacare International–Int.leading trade fair for those with special needs (Rehacare International)

http://www.rehacare.de

프랑스

[1] 프랑스 파리 신재생에너지 박람회

Salon des Energies Renouvelables (Renewable Energy Exhibition)

http://www.sepelcom.com

[2] 프랑스 파리 미용용품 박람회

International Exhibiton of Beauty Brands (COSMEETING)

http://www.beyondbeautyparis.com

[3] 프랑스 파리 광학 박람회

SILMO

http://www.comexposium.com

[4] 파리 캐주얼 패션 박람회

WHO'S NEXT

http://www.whosnext.com

이태리

[1] 밀라노 광학 박람회

International Optics, Optometry and Ophthalmology Exhibition (MIDO)

infomido@mido.it

[2] 이태리 볼로냐 미용 박람회

COSMOPROF

http://www.cosmoprof.it

[3] 이태리 밀라노 태양에너지 박람회

SolarExpo

http://www.solarexpo.com/SE/EN/

[4] 이태리 볼로냐 의료기 박람회

EXPOSANITA

http://www.senaf.it

[5] 이태리 밀라노 공작기계 박람회

BIMU

http://www.bimu-sfortec.com

[6] 밀라노 정보통신 박람회

International Exhibition of Information & Communications Technology (SMAU)

http://www.smau.it

영 국

[1] 유로 엘이디

Euro LED

http://www.euroled.org.uk

[2] 100% 디자인 런던 2012

100% Design

http://www.100percentdesign.jp

[3] 버밍햄 재생 및 폐기물 처리 박람회

Recycling & Waste Management Exhibition (RWM)

http://www.rwmexhibition.com

네델란드

[1] 국제 자체브랜드(Private Label) 전시회

PLMA' s World of Private Label International Trade Show (PLMA)

http://www.plmainternational.com

[2] 네덜란드 로테르담 해운 박람회

Europort

http://www.rotterdammaritime.nl

스위스

[1] 스위스 바젤 건축전시회

Swissbau

http://www.swissbau.ch

[2] 스위스 바젤 시계 보석 박람회

Baselworld

http://www.baselworld.com

[3] 스위스 프리부르그 재생에너지전시회

Swiss renewable energy & technique exhibition (Energissima)

http:///www.energissima.ch

[4] 스위스 제네바 비타푸드 전시회

Vitafoods

http://www.irr-events.com

[5] 스위스 로잔 마이크로 전시회

Environment Professional Micro Technology (EPMT)

http://www.epmt.ch/en/contact/

[6] 스위스 바젤 교육기자재 박람회

Worlddidac Basel

http://www.worlddidacbasel.com

[7] 스위스 바젤 건축부자재 전시회

Swiss Tech

http://www.swisstech2010.com

[8] 스위스 바젤 제약, 화학, 생명공학 산업 전시회

ILMAC

http://www.ilmac.ch/go/id/ss/lang/eng/

중 국

[1] 중국 화동 수출입 교역회

East China Fair (ECF)

http://www.ecf.gov.cn

[2] 중국 서안 서부국제의료기기박람회

West International Medical Apparatus Fair (医疗展览会)

med-china@med-china.com.cn

[3] 상하이 태양광 박람회

SOLARCON CHINA 2013

http://www.solarconchina.org

[4] 상하이 반도체 전시회

SEMICON China 2013

http://www.semi.org

[5] 플렛패널디스플레이 차이나

FPD China 2013

http://www.semi.org

[6] 중국 서안 중국서부국제장비제조업박람회

China West International Equipment Manufacturing Exposition (制博会)

http://www.cwieme.com

[7] 중국국제 환경보호 박람회

China international Environment Protection Fair (CiEPF)

http://www.instrument.com.cn/exhibition/introduce.asp?eid=E2416643

[8] 중국 서안 서부 국제 호텔설비 및 용품 박람회

Xi'an International Hopitality Equipment & Supply Fair (HOFAIR)

http://www.hofair.com.cn

[9] 칭다오 국제 자동차공업 전시회

Qingdao International Auto Show (青岛国际汽车工业展览会)

http://www.autoqingdao.com

[10] 세계제약원료 전시회

CPhI & ICSE China (CPhl)

http://www.cphi-china.cn/

[11] 중국 우한 환경 전시회

Wuhan International Energy Saving Environment Protection Expo (WIEPE)

http://www.jnhbz.org

[12] 상하이 국제 가공, 포장 및 인쇄기술 박람회

International Processing, Packaging & End-line Printing Exhibition (ProPak China)

http://www.Chinaallworld.com

[13] 중국 우한 국제 기계, 전기 제품 박람회

China International Machinery & Electronic Products Exposition (CWME)

http://www.regius.com.cn

[14] 중국국제 하드웨어 전시회

China International hardware Fair (CIHF)

http://www.hardware-fair.com

[15] 추계 상하이 인터텍스타일 국제섬유전시회

INTERTEXTILE SHANGHAI apparel fabrics

http://www.messefrankfurt.com.hk

[16] 중국 이우 국제 소상품 박람회

China Yiwu International Commodities Fair (CIYCF)

http://www.chinafairs.org

[17] 중국 우한 국제 광전자 박람회

The Optics Vally of China International Optoelectronic Exposition and Forum (OVC EXPO)

http://www.ovcexpo.com.cn

[18] 상하이 국제 자동차부품,보수검측진단설비 및 서비스용품 전시회

Shanghai International Trade Fair for Automotive Parts, Equipment & Service Suppliers (automechanika shanghai)

http://www.messefrankfurt.com.hk

[19] 중국 서부 국제 장비제조업 박람회

China West International Equipment Manufacturing Exposition (西部制博会)

http://www.cwieme.com

[20] 장춘 광고 및 LED조명 박람회

Changchun Advertising and LED Lighting Fair (CALLF)

http: //www.wdexpo.com.cn/

[21] 상하이 반도체 전시회

SEMICON China 2013

http://www.semi.org

[22] 중국 장춘 국제 공업 장비 전람회

China(Changchun) International Industrial Equipment Exhibition (CCIEE)

http://www.wdexpo.com.cn

[23] 중국 베이징 국제 의료기기 및 장비 전시회

International Medical Instruments & Equipment Exhibition (China Med)

http://www.chinamed.net.cn

[24] 길림 (장춘) 국제건축장식 및 자재박람회

Jilin (Changchun) International Building and Decoration Materials Fair (IBDMF)

http://www.wdexpo.com.cn

[25] 하얼빈국제수처리 설비 및 파이프전시회
China Harbin International water treatment equipment and water supply and drainage pipe valve Exhibition (CHWE)
http://www.99114.com/Supply/Detail_1530636_124103127.shtml

[26] 중국 베이징 국제 LED 조명 전기 기구 전람회
International LED, Lighting & Large Format Elec-Display Technology Show (4NSHOW)
http://www.4nshow.com

[27] 중국 프랜차이즈 전시회 (베이징)
China Retail Industry Convention (CHINA FRANCHINSE EXPO 2012)
http://www.chinafranchiseexpo.com

[28] 중국 베이징 국제 보건 산업 박람회
China International Healthcare Industry Exposition (CIHIE)
http://www.jianbohui.com

[29] 중국 하얼빈 국제 에너지 절약&친환경 건축 및 장식 재료 박람회
China Harbin International Energy Green Building Decoration Materials Exposition (CHIEGBDME)
http://www.xyexpo.com/

[30] 중국 베이징 국제 완구 유아 교육 용품 전시회
Beijing International Toys & Preschool Tool Exhibition (BJITE)
http://www.beijingite.com

[31] 국제 태양에너지 광복 대회(상하이) 전시회
PV POWER EXPO
http://www.snec.org.cn/

[32] 중국 국제 장애인, 노인 건강기구 박람회

China International Exhibition of Rehabilitation, Nursing & Healthcare (CHINA AID)

http://www.china-aid.com

[33] 다롄 국제 공업 박람회

Dalian International Industrial Fair (DIIF)

http://www.dongbeizhanlan.com/

[34] 다롄 국제 전자 설비 & 전자 소자와 부품 공업 전시회

Dalian Electronic Equipment & Electronic Parts and Components Industrial Fair (DEECIF)

http://www.dongbeizhanlan.com/index.asp

[35] 세계제약원료 전시회

CPhI & ICSE China (CPhl)

http://www.cphi-china.cn/

[36] 중국 우한 환경 전시회

Wuhan International Energy Saving Environment Protection Expo (WIEPE)

http://www.jnhbz.org

[37] 중국 하얼빈 국제경제와 무역 박람회

China Harbin International Fair for Trade and Economic Cooperation (Harbin Fair)

http://www.ichtf.com

[38] 중국 국제 소프트웨어 및 정보서비스전람회

China International software & Information Service Fair (CISIS)

http://www.cisis.com.cn

[39] 중국 베이징 국제 청정에너지 전람회

clean energy expo china (CEEC)

http://www.cleanenergyexpochina.com

[40] 중국 베이징 국제소프트웨어 전람회

International SOFT CHINA (SOFT CHINA)

http://www.csia.org.cn

[41] 중국(장춘)국제자동차박람회

China (Changchun) International Automobile Exhibition (CIAE)

http://www.auto-changchun.com/

[42] 하얼빈 국제 자동차 공업 전람회

Haerbin International Automobile Industry Exhibition (IAI)

http://www.AutoHarbin.org

[43] 대련 국제 자동차 전람회

Dalian International Automotive Industrial Exhibition (DIAE)

http://www.auto-show.com.cn/

[44] 중국 (시안) 전자전

China Electronics Fair (CEF)

http://www.iCEF.com.cn

[45] 다롄 국제 도시경관 조명 및 LED기술전시회

Dalian International Urban Landscape Lighting and LED display technology exhibition (DIULLLDTE)

http://www.dongbeizhanlan.com/

[46] 중국 우한 국제 기계, 전기 제품 박람회

China International Machinery & Electronic Products Exposition (CWME)

http://www.rugius.com.cn

[47] 추계 상하이 인터텍스타일 국제섬유전시회

INTERTEXTILE SHANGHAI apparel fabrics

http://messefrankfurt.com.cn

[48] 중국 양링 농업고신과학기술성과 박람회

CHINA YANGLING AGRICULTURAL HI-TECH FAIR (农高会)

http://www.agri-fair.com/main.do

[49] 상해국제 공업전시회

Shanghai International Industry Fair (INDUSTRY SHANGHAI)

http://www.ciif-expo.com

[50] 중국 우한 국제 광전자 박람회

The Optics Vally of China International Optoelectronic Exposition and Forum (OVC EXPO)

http://www.ovcexpo.com.cn

[51] 마린텍 차이나

MARINTEC CHINA

http://www.marintec.org

[52] 상하이 국제 자동차부품,보수검측진단설비 및 서비스용품 전시회

Shanghai International Trade Fair for Automotive Parts, Equipment & Service Suppliers (automechanika shanghai)

http://www.messefrankfurt.com.cn

일 본

[1] 동경 국제 나노바이오 엑스포2012

Nano Bio Expo 2012

http://www.nanobioexpo.jp

[2] 일본 오사카 자동인식 전시회

Autoid Expo

http://www.cnt-inc.co.jp

[3] 일본 오사카 복지용품 전시회

Barrier free

http://www.itp.gr.jp/bf/

[4] 일본 금형가공 전시회(오사카)

INTERMOLD (金型加工技術展)

http://www.itp.gr.jp

[5] 그린 IT 엑스포

Green IT EXPO JAPAN (GRIX)

http://www.grix-expo.jp/

[6] 후쿠오카 인터내셔널 기프트 쇼

Fukuoka International Gift Show (Gift Show)

http://www.giftshow.co.jp/figs/8figs/index.htm

[7] 메카트로닉스 재팬

MECHATRONICS JAPAN (MECT)

http://www.mect-japan.com

[8] 에코 · 테크노 2012

Eco-Technology Exhibition (Eco-Techno)

http://www.eco-t.net

[9] 차세대 모노즈크리 기반기술산업전

TECH Biz EXPO

http://www.techbizexpo.com

[10] 공작물건만들기 페어

MONOTSUKURI FAIR

http://www.nikkanseibu-eve.com/

[11] 메세 나고야

MESSE NAGOYA

http://www.messenagoya.jp/

홍 콩

[1] 홍콩 완구 전시회

Hong Kong Toys & Games Fair

http://www.hktdc.com/hktoyfair

[2] 홍콩 섬유 추계 인터스토프 국제 전시회

Interstoff Asia Essential

http://www.messefrankfurt.com.hk/fair_homepage.aspx?fair_id=6&exhibition_id=6

[3] 홍콩 아태 피혁 전시회

Hong Kong Asia Pacific Leather Fair (APLF)

http://www.aplf.com

[4] 홍콩 국제 정보통신 전시회

International ICT Expo (ICT Expo)

http://ictexpo.tdctrade.com/

[5] 홍콩 춘계 전자박람회

Hong Kong Electronics Fair

http://www.hktdc.com/hkelectronicsfairse

[6] 홍콩 선물용품 박람회

Hong Kong Gifts & Premium Fair

http://www.hktdc.com/hkgiftspremiumfair

[7] 홍콩 하계 소싱 전시회

China Sourcing Fair HomeProducts

http://tradeshow.globalsources.com

[8] 홍콩 패션 위크 봄/여름

Hong Kong Fashion Week (Spring/Summer)

http://www.hkfashionweekss.com/

[9] 홍콩 전자 부품 전시회

Electronic Asia 2012 (EA)

http://www.electronicasia.com

[10] 홍콩 추계 전자 전시회

Hong Kong Electronics Fair (Autumn Edition)

http://hkelectronicsfairae.tdctrade.com

[11] 홍콩 국제 조명 전시회

Hong Kong International Lighting Fair

http://hklightingfair.com

[12] 홍콩 국제 광학 전시회

Hong Kong Optical Fair (HKOF)

http://hkopticalfair.tdctrade.com

싱가포르

[1] 싱가포르 식품 및 호텔 박람회

Food and Hotel Asia (FHA)

http://www.sesallworld.com

[2] 싱가포르 정보통신박람회

CommunicAsia (CMMA)

http://www.sesallworld.com

[3] 싱가포르 글로벌 트로닉스

GLOBALTRONICS (GT)

http://www.reedexpo.com.sg

[4] 싱가포르 환경전

ENVIRO ASIA

http://www.sesallworld.com

[5] 메탈 아시아

Metal Asia (MTA)

http://www.mta.asia.com

[6] 아시아 안전 보안 박람회

Safety & Security Asia (SSA)

http://www.cems.com.sg

대 만

[1] 대만 컴퓨터 박람회(타이베이)

Taipei International Information Technology Show (COMPUTEX TAIPEI)

http://www.computextaipei.com.tw

[2] 대만 평면디스플레이 전시회(타이베이)

Display Taiwan 2012

http://www.pida.org.tw

[3] 대만 국제 반도체 전시회

Semicon Taiwan 2012

http://www.semicontaiwan.org

UAE

[1] 아부다비 미래신재생에너지전

World Future Energy Summit (WFES)

http://worldfutureenergysummit.com

[2] 두바이 교육기자재 박람회

THE GULF EDUCATION Supplies & Solutions (GESS)

http://www.mygetex.com

[3] 두바이 정보/통신 박람회

Gulf Information Technology Exhibition (GITEX)

http://www.gitex.com

[4] 두바이 건축기자재 박람회

The Middle East International Building & Construction Exhibition (The Big 5 Show)

http://www.thebig5exhibition.com

[5] 두바이 전기/발전 박람회

MIDDLE EAST ELECTRICITY (MEE)

http://www.middleeastelectricity.com

인 도

[1] 인도 방갈로 기계공구 전시회

IMTEX

http://www.imtma.in

[2] 인도 뉴델리 정보통신 박람회

21st Convergence India

http://www.convergenceindia.org

[3] 인도 첸나이 자동차 기술 전시회

Automotive Engineering Show (AES)

http://www.focussedevents.com

[4] 인도 방갈로 바이오 기술, 상품 전시회

Bangalore INDIA BIO (INDIA BIO)

http://www.indiatradefair.com

[5] 인도 뉴델리 국제 무역 박람회

Indian International Trade Fair (IITF)

http://www.indiatradefair.com

호 주

[1] 호주 정보 통신 박람회

CeBIT Australia 2012

http://www.hannoverfairs.com.au

부록 2 해외 주요 전시유관기관 명단

[1] Canadian Association of Exposition Managers (CAEM)

- 주소 : 160 Tycos Drive, Suite 2219, Box 218 Toronto, ON M6B 1W8, Canada
- TEL : (416)787-9377
- FAX : (416)596-1808
- URL : www.caem.ca

[2] Center for Exhibition Industry Research (CEIR)

- 주소 : 12700 Park Central Drive, Suite 308 Dallas, TX 75251, USA
- TEL : (972)687-9242
- FAX : (972)692-6020
- E-mail : info@ceir.org
- URL : www.ceir.org

[3] Exhibit Design & Producers Association (EDPA)

- 주소 : 10 Norden Place Norwalk, CT 06855, USA
- TEL : (203)852-5698
- FAX : (203)854-6735
- E-mail : kwilson@edpa.com
- URL : www.edpa.com

[4] Exhibitor Appointed Contractor Association (EACA)

- 주소 : 2214 NW 5th St. Bend, OR 97701, USA
- TEL : (541)317-8768
- FAX : (541)317-8749
- URL : www.eaca.com

[5] Exposition Service Contractors Association (ESCA)

- 주소 : 5068 West Plano Parkway Suite 300 Plano, TX 75093, USA
- TEL : (972)447-8212
- FAX : (972)447-8209
- URL : www.esca.org

[6] Healthcare Convention & Exhibition Association (HCEA)

- 주소 : 1100 Johnson Ferry Road Suite 300 Atlanta, Georgia 30342, USA
- TEL : (404)252-3663
- FAX : (404)252-0774
- E-mail : hcea@kellencompany.com
- URL : www.hcea.org

[7] International Association of Convention & Visitors Bureaus (IACVB)

- 주소 : 2025 M Street NW, Suite 500 Washington, D.C. 20036, USA
- TEL : (202)296-7888
- FAX : (202)296-7889
- E-mail : info@destinationmarketing.org
- URL : www.destinationmarketing.org

[8] National Association of Consumer Shows (NACS)

- 주소 : 147 SE 102nd Ave. Portland, OR 97216, USA
- TEL : (503)253-0832
- FAX : (503)253-9172
- E-mail : info@publicshows.com
- URL : www.publicshows.com

[9] Society of Independent Show Organizers (SISO)

- 주소 : 2601 Ocean Park Blvd. Suite 200 Santa Monica, CA 90405, USA

- TEL : (310)450-8831
- FAX : (310)450-9305
- E-mail : info@siso.org
- URL : www.siso.org

[10] Trade Show Exhibitors Association (TSEA)

- 주소 : McCormick Place 2301South Lake Shore Drive, Suite 1005 Chicago, IL 60616, USA
- TEL : (312)842-8732
- FAX : (312)842-8744
- URL : www.tsea.org

[11] Western Fairs Association (WFA)

- 주소 : 1776 Tribute Road, Suite 210 Sacramento, CA 95815-4495, USA
- TEL : (916)927-3100
- FAX : (916)927-6397
- URL : www.fairsnet.org

[12] Association of Exhibition Organizers (AEO)

- 주소 : 119 High Street Berkhamsted Hertfordshire HP4 2DJ, UK
- TEL : (44)1442-285810
- FAX : (44)1442-875551
- E-mail : info@aeo.org.uk
- URL : www.aeo.org.uk

[13] Exhibition Industry Association of Australia (EDPA)

- 주소 : PO Box 952 CHATSWOOD NSW 2057, Australia
- TEL : (612)9413-9520
- FAX : (612)8088-1325
- URL : www.eeaa.com.au

[14] Major American Trade Show Organizers (MATSO)

- 주소 : 7 Fox Creek Drive Rehoboth, DE 19971, USA
- TEL : (302)260-9487
- FAX : (302)260-9489
- E-mail : meg@matso.org
- URL : www.matso.org

[15] Singapore Association of Convention and Exhibition Organisers and Suppliers (SAEOS)

- 주소 : 135 Joo Seng Road PM Industrial Building #05-02, Singapore 368363
- TEL : (65)6339-7383
- FAX : (65)6339-2318
- E-mail : secretariat@saceos.org.sg
- URL : www.saceos.org.sg

[16] Union Des Foires Internationales (UFI)

- 주소 : 17 Rue Louise Michel F-92300 Levallois-Perret, France
- TEL : (33)1-46397515
- FAX : (33)1-46397501
- E-mail : info@ufi.org
- URL : www.ufi.org

[17] International Association for Exhibitions and Events (IAEE)

- 주소 : 12700 Park Central Drive Suite 308 Dallas TX 75251 USA
- TEL : (1) 972 458 8002
- FAX : (1) 972 458 8119
- E-mail : news@iaee.com
- URL : www.iaee.com

부록 3 해외 주요 전시주최자 명단

[1] Advanstar Communications Inc.

- 주소 : 2501 Colorado Avenue, Suite 280, Santa Monica, CA 90404, USA
- TEL : 310-857-7500
- FAX : 310-857-7510
- 홈페이지 : www.advanstar.com

[2] Goerge Little Management, LLC

- 주소 : 1133 Westchester Avenue, Suite N136, White Plains, NY 10604, USA
- TEL : 914-421-3200
- FAX : 914-948-6180
- 홈페이지 : www.glmshows.com

[3] Speciality Trade Shows. Inc

- 주소 : 3939 Hardie Road, Coconut Grove, Florida 33133-6437, USA
- TEL : 305-663-6635
- FAX : 305-661-8118
- 홈페이지 : www.spectrade.com

[4] Reed Exhibitions

- 주소 : 383 Main Avenue, Norwalk CT 06851, USA
- TEL : 203-840-4800
- FAX : 203-840-5805
- 홈페이지 : www.reedexpo.com

[5] Clarion Events Ltd

- 주소 : Earls Court Exhibition Centre, Warwick Road, London, SW5 9TA, UK
- TEL : 44-20-7370-8200
- FAX : 44-20-7370-8344
- 홈페이지 : www.clarionevents.co.uk

[6] EMAP Communications Ltd

- 주소 : Greater London House, Hampstead Road, London, NW1 7EJ, UK
- TEL : 44-20-7728-5000
- 홈페이지 : www.emap.com

[7] United Business Media Plc

- 주소 : Ludgate House 245, Blackfriars Road, London, SE1 9UY, UK
- TEL : 44-20-7921-5000
- 홈페이지 : www.unm.com

[8] DMG World Media

- 주소 : Northcliffe House, 2 Derry Street, London, W8 5TT, UK
- TEL : 44-20-7938-6000
- 홈페이지 : www.dmgworldmedia.com

[9] Penton Media Europe

- 주소 : Dorset House, 297 Kingston Road, Leatherhead, Surrey KT22 7PL, UK
- TEL : 44-1372-824284
- 홈페이지 : www.penton.com

[10] Centaur Communications Ltd.

- 주소 : St Giles House, 50 Poland Street, London, W1F 7AX, UK
- TEL : 44-20-7970-4000
- 홈페이지 : www.centaur.co.uk

[11] Ente Autonomo per le Fiere di Verona

- 주소 : V.le del Lavoro 8, 37135 Verona, Italy
- TEL : 39-045-8298111
- FAX : 39-045-8298288
- 홈페이지 : www.veronafiere.it

[12] Reed Expositions France(REF)

- 주소 : 52 -54, quai de Dion Bouton, CS 80001, 92806 Puteaux Cedex, France
- TEL : 33-(0)1-47-56-50-00
- FAX : 33-(0)1-47-56-14-40
- 홈페이지 : www.reedexpo.fr

[13] Nippon Omni-Management Association(NOMA)

- 주소 : 3-11-8 Sendagaya, Shibuya-ku, Tokyo 151-0051, Japan
- TEL : 03-3403-1330
- FAX : 03-3403-1341
- 홈페이지 : www.noma.or.jp

[14] JMA Exhibition

- 주소 : 3-1-22 Shiba Koen, Minato-ku, Tokyo 105-8522, Japan
- TEL : 03-3434-6211
- FAX : 03-3434-8076
- 홈페이지 : www.jma.or.jp/CONVENTION

[15] Nikkan Kogyo Shimbun Ltd.

- 주소 : 14-1, Nihombashi Koami-cho, Chuo-ku, Tokyo 103-8548, Japan
- TEL : 03-5644-7221
- 홈페이지 : www.nikkan.co.jp

[16] Shanghai UBM Sinoexpo International Exhibition Co., Ltd.

- 주소 : 7&8/F, Xian Dai Mansion, 218 Xiang Yang Road(S), Shanghai 200031, P.R. China

• TEL : 86-21-6437-1178
• FAX : 86-21-6437-0982
• 홈페이지 : www.ubmsinoexpo.com

[17] Hong Kong Trade Development Council
• 주소 : 38/F, Office Tower, Convention Plaza, 1 Harbour Road, Wanchai, Hong Kong
• TEL : 852-1830-668
• FAX : 852-2824-0249
• 홈페이지 : www.hktdc.com

[18] Nippon Omni-Management Association(NOMA)
• 주소 : 3-11-8 Sendagaya, Shibuya-ku, Tokyo 151-0051, Japan
• TEL : 03-3403-1330
• FAX : 03-3403-1341
• 홈페이지 : www.noma.or.jp

[19] The Japan Food Machinery Manufacturers' Association
• 주소 : 3-19-20 Shibaura,Minato-ku, Tokyo, 108-0023, JAPAN
• TEL : 03-5484-0981
• FAX : 03-5484-0989
• 홈페이지 : www.fooma.or.jp

[20] Japan Self-Service Association
• 주소 : 101-0047, 東京都千代田区内神田3-19-8, 櫻井ビル4F
• TEL : 03-3255-4825
• FAX : 03-3255-4826
• 홈페이지 : www.jssa.or.jp

[21] Japan 전자계측기 공업 협회
• 주소 : Keisokukaikan, 2-15-12, Nihonbashi-Kakigaracho, Chuo-ku, Tokyo 103-0014, Japan

- TEL : 03-3662-8181
- FAX : 03-3662-8180
- 홈페이지 : www.jemima.or.jp

[22] JMA Exhibition

- 주소: 3-1-22 Shiba Koen, Minato-ku, Tokyo 105-8522, Japan
- TEL: 03-3434-6211
- FAX: 03-3434-8076
- 홈페이지: www.jma.or.jp/CONVENTION

[23] Japan Packaging Institute

- 주소 : 10F Togeki Bldg. 4-1-1, Tsukiji, Chuo-ku, Tokyo 104-0045, Japan
- TEL : 03-3543-1189
- FAX : 03-3543-8970
- 홈페이지 : www.jpi.or.jp

[24] The Japan Refrigeration and Air Conditioning Industry Association (JRAIA)

- 주소 : Kikai Shinko Bldg. 201, 5-8, Shibakoen 3-chome, Minato-ku, Tokyo 105-0011, JAPAN
- TEL : 03-3432-1671
- FAX : 03-3438-0308
- 홈페이지 : www.jraia.or.jp

[25] Nikkan Kogyo Shimbun Ltd.

- 주소 : 14-1, Nihombashi Koami-cho, Chuo-ku, Tokyo 103-8548, Japan
- TEL : 03-5644-7221
- 홈페이지 : www.nikkan.co.jp

[26] Shanghai International Exhibition Co.

- 주소 : 8/F, OOCL Plaza, 841 YanAn Zhong Rd, Shanghai 200040, China
- TEL : 86-21-6279-2828

• FAX : 86-21-6545-5124
• 홈페이지 : www.siec-ccpit.com

[27] Legend Exhibition Design Engineering Co.,Ltd.

• 주소 : 3/F Fortune Center LongYu, No.7 Lane 98 Danba Road, Shanghai, China
• TEL : 86-21-5108 6677-8055/8016
• 홈페이지 : www.lizhan.com.cn

[28] SHANGHAI MODERN INTERNAIONAL EXHIBITION CO., Ltd.

• 주소 : 18F No.8 ShengZe Road, Shanghai, China
• TEL : 86-21-6328-8899
• FAX : 86-21-6374-9188
• 홈페이지 : www.chinamie.com

[29] Shanghai UBM Sinoexpo International Exhibition Co., Ltd.

• 주소 : 7&8/F, Xian Dai Mansion, 218 Xiang Yang Road(S), Shanghai 200031, P.R. China
• TEL : 86-21-6437-1178
• FAX : 86-21-6437-0982
• 홈페이지 : www.ubmsinoexpo.com

[30] Hong Kong Trade Development Council

• 주소 : 38/F, Office Tower, Convention Plaza, 1 Harbour Road, Wanchai, Hong Kong
• TEL : 852-1830-668
• FAX : 852-2824-0249
• 홈페이지 : www.hktdc.com

부록 4 세계 유명 전시장 정보

1 Deutsche Messe Hannover (독일)

Deutsche Messe
Hannover · Germany

가. 개요

1947년에 설립된 Deutsche Messe는 독일 하노버 소재 100만m^2의 부지에 전문 전시장을 보유하고 있는 세계 최고의 전시 기업 중 하나이다. 동사는 2010년 기준, 2억 1200만 유로의 매출을 올렸으며 870여명의 직원이 근무하고 있다. 세계 100여 개국에 66개 세일즈 파트너와 자회사 및 지점을 보유하고 있으며 매년 독일 및 해외에서 100여개의 전시회를 개최하고 있다. 이들 전시회에는 100개 이상의 국가들로부터 총 3만 6000여개 기업들이 참가하고 있고 300만 명 이상의 방문객들과 1만 5000여명의 언론인들이 참관하고 있다.

▶ Deutsche Messe 전경 및 전시장 외관

Deutsche Messe가 독일에서 개최하고 있는 대표 전시회로는 Cebit(IT전시회)과 Hannover Messe(기계전시회)가 있으며 그 밖에 중국, 터키, 인도, 브라질, 러시아 등 주로 신흥공업국에서도 다수 전시회를 개최하고 있다.

나. 지분 보유

전시장이 소재하고 있는 State of Lower Saxony (독일어 : Niedersachsen주)가 50%의 주식을 보유하고 있으며 하노버시가 49.871% 그리고 광역하노버가 0.129%를 보유하고 있다.

▶ Deutsche Messe 소재지

다. 계열사

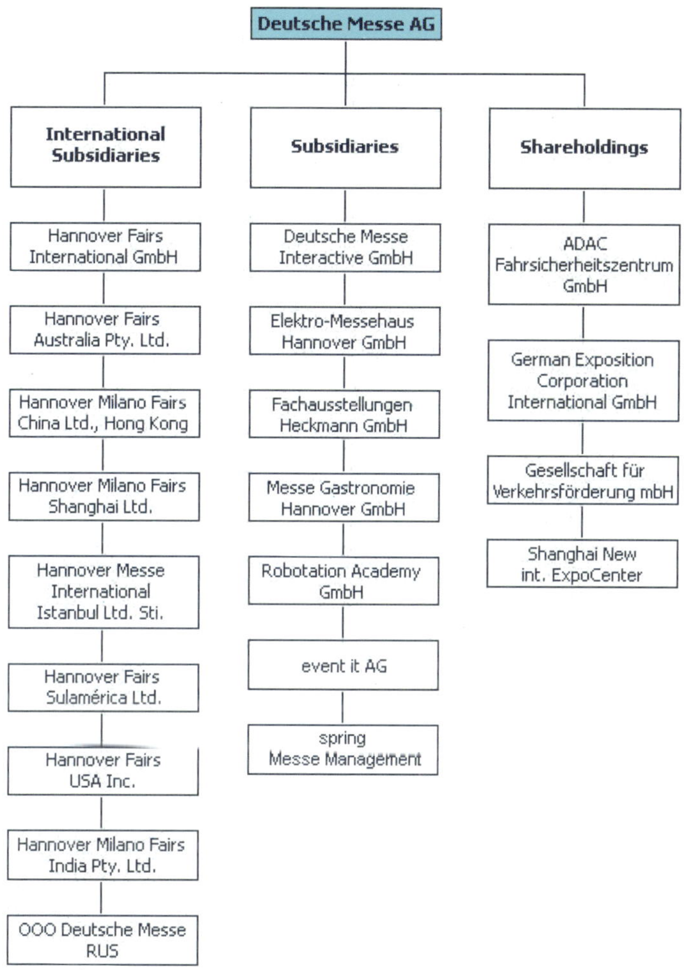

라. 전시장 규모

26개 홀과 6개의 파빌리온으로 구성된 466,100m^{2}의 실내전시장과 57,880m^{2}의 실외전시장을 보유하고 있다. 이와 별도로 5,232m^2 규모의 컨벤션센터에는 30~1,260m^2 (10명에서 1,300명까지 수용 가능) 규모의 총 35개 컨벤션룸이 있으며 Conference Area in Hall 2에도 6개의 컨퍼런스룸이 있다. 또한 3만 9000대의 차량 주차가 가능하다.

Messe Hannover 전시장 홀별 규모 및 배치도

홀	규모 (m^2)	홀	규모 (m^2)
1	69,890	18	3,225
2	15,515	19	9,730
3	14,090	20	9,590
4	19,805	21	16,445
5	16,700	22	7,535
6	23,105	23	8,985
7	10,615	24	8,020
8	6,860	25	17,605
9	23,360	26	21,365
11	23,945	27	30,845
12	21,885	P11	6,280
13	23,615	P32	5,260
14	6,280	P33	
15	20,630	P34	
16	12,610	P36	
17	18,590	P37	2,705
총	466,100		

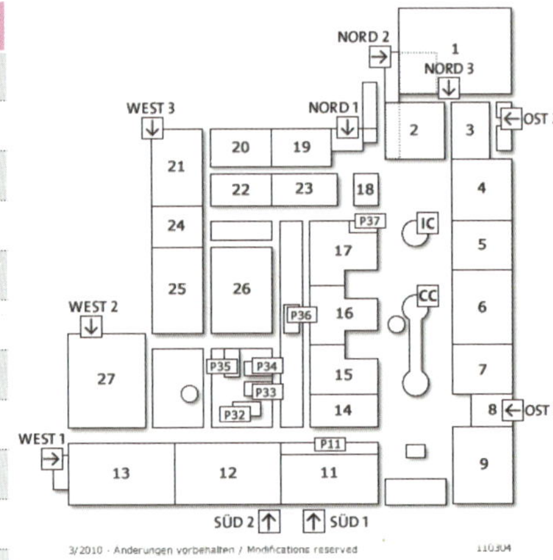

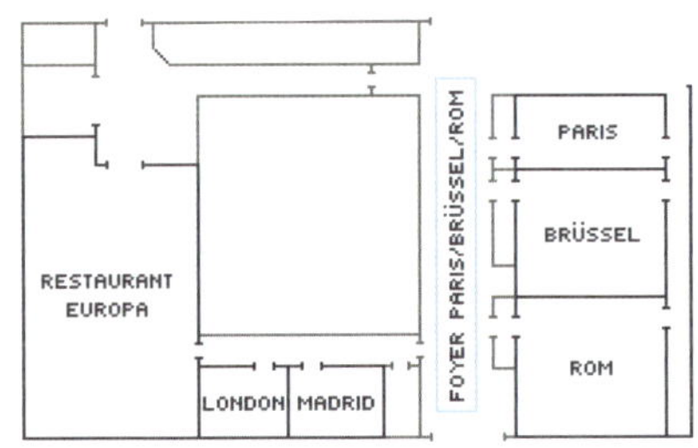

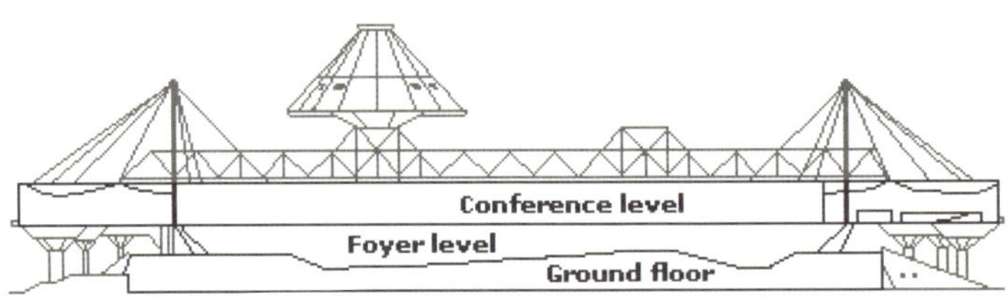

▶ 컨벤션센터 및 Conference Area in Hall2

■ 연락처 : Messegelande 30521 Hannover Germany

전화 : ++ 49 511 89-0

팩스 : ++ 49 511 89-32626

홈페이지 : http://www.messe.de

2 Messe Frankfurt GmbH (독일)

가. 개요

Mesee Frankfurt는 전시장 운영업체이자 세계에서 가장 큰 전시주최사이기도 하다. 동사에 소속된 1700여명의 최고 전시전문가들이 세계 각국에서 전시회를 개최하고 있다. Messe Frankfurt는 전 세계에 28개 자회사와 52개의 국제 세일즈 파트너, 5개 지점을 보유하고 있다. 2011년 기준 동사는 301 국내외 지역에서 총 100개 전시회를 개최하였는데 그중 63개 전시회는 해외에서 개최되었다. 독일에서 개최한 37개 전시회에는 총 38,184개 기업들이 참가하였으며 2백 30여만명의 방문객들이 참관하였다. 또한 동년 연간 매출액은 4억 6,750만 유로를 기록하였다.

▶ Messe Frankfurt 전경 및 전시장 외관

Messe Frankfurt가 개최하는 소비재 관련 주요 전시회로는 Ambiente, Beautyworld, Christmassworld 및 Paperworld가 있으며 섬유 및 섬유 기계 분야로는 Heimtextile, Techtextil과 Texcare가 있다. 기계, 자동차 및 인프라 관련 전시회로는 Automechanika, Light+Building, IFFA, ISH를 개최하고 있으며 이외 Musikmesee, Prolight+Sound, IAA motor show, Frankfurt Book Fair 및 세계 최대 화학 관련 전시회인 Achema도 널리 알려진 전시회이다.

나. 지분 보유

Mesee Frankfurt는 공공분야가 소유하고 있는데 전시장이 소재하고 있는 Frankfurt 시가 전체 지분의 60%를 그리고 Hesse주가 40%를 보유하고 있다.

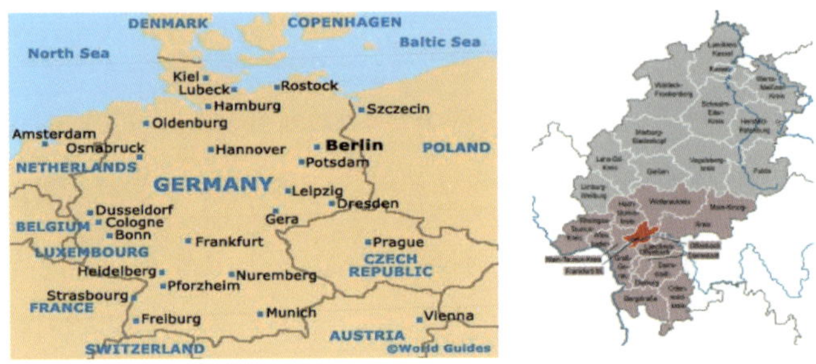

▶ Messe Frankfurt 소재지

다. 기업구조 및 계열사

Messe Frankfurt GmbH라는 지주회사 밑에 Messe Frankfurt Venue GmbH Co. KG와 Messe Frankfurt Exhibition GmbH라는 2개의 독자적인 자회사가 있으며 이들 3개사는 단일 이사회로 운영된다. 지주회사는 2개의 자회사의 기업 활동을 통제한다.

(1) Messe Frankfurt GmbH

지주회사로서 Messe Frankfurt 그룹의 전략적 통제와 조화 (협조)를 책임진다. 또한 재원 마련과 장기적으로 이윤 창출을 위한 투자를 결정한다. 동사의 주요 업무는 자산 매입, 감사, 마케팅, 통제, 디자인, 개발 및 조직, 연구, 인적자원 관리, 재무 및 회계, 정보관리, 법무, 의전, 자회사 관리 및 M&A 등이다.

(2) Messe Frankfurt Venue GmbH Co. KG

이 회사는 전시장을 관리하고 마케팅하며 향후 전시장 확장 관련 업무를 수행한다. 서비스 관련 기업인 Messe Frankfurt Medien und Service GmbH와 Accente Gastronomie Service GmbH도 관리 감독한다.

(3) Messe Frankfurt Exhibition GmbH

Mess Frankfurt Exhibition GmbH는 자체 전시장을 갖고 있지 않는 민간 전시주최자로서 전시회 개최 업무를 수행한다. 동사는 Messe Frankfurt Venue GmbH Co. KG가 보유하고 있는 전시장의 주요 임차 기업이다. 이 회사는 전시회를 개최하는 모든 국내외 자회사 뿐 아니라 자체적으로 개최하는 전시회도 총괄 감독한다. 아울러 새로운 전시회 개발 뿐 아니라 전 세계에서 Messe Frankfurt 브랜드로 개최되는 전시회를 관리하는 책임도 있다.

동사는 독일에 2개, 유럽에 4개 그리고 한국[31]을 비롯한 아시아에 5개, 미국에 4개의 자회사를 두고 있다. 특히, 아시아 지역에서의 전략적 위치를 확보하기 위해 2003년, 홍콩에 Messe Frankfurt Asia Holding Ltd를 설립하여 아시아 모든 자회사들의 전시 활동을 강화 및 통제하고 있다.

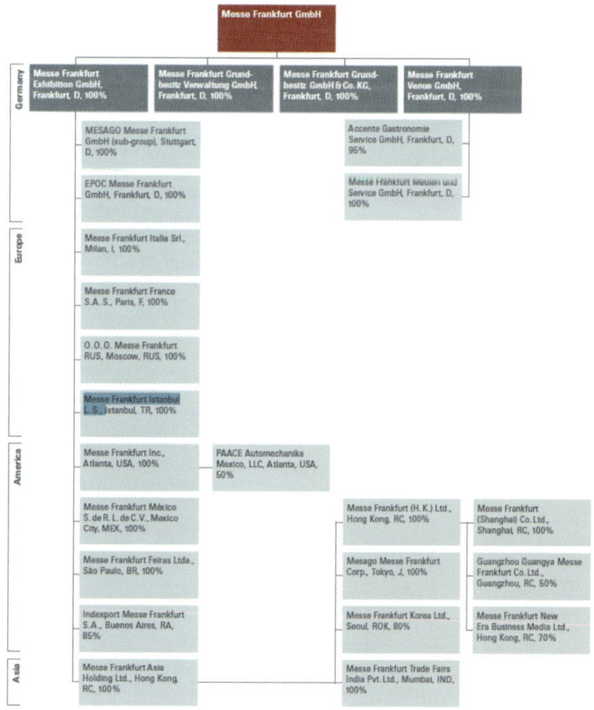

31) 한국에는 Messe Frankfurt Korea Ltd.라는 자회사를 두고 있으며 아시아에는 한국을 비롯하여 홍콩, 중국, 인도 및 일본에도 자회사를 보유하고 있다.

라. 전시장 규모

총 578,000m² 부지에 10개 홀로 구성된 355,678m²의 실내전시장과 96,678m²의 실외 전시장을 확보하고 있다. 또한 전시장 인근에 Congress Center를 보유하고 있는 세계 최대 전시장 중 하나이다.

Messe Frankfurt 전시장 홀별 규모 및 배치도

홀	규모 (m²)	홀	규모 (m²)
1	18,000	6	35,521
2[32]	6,000	8	30,223
3	38,000	9	56,200
4	43,000	10	
5	21,000	11	23,000
총	355,678		

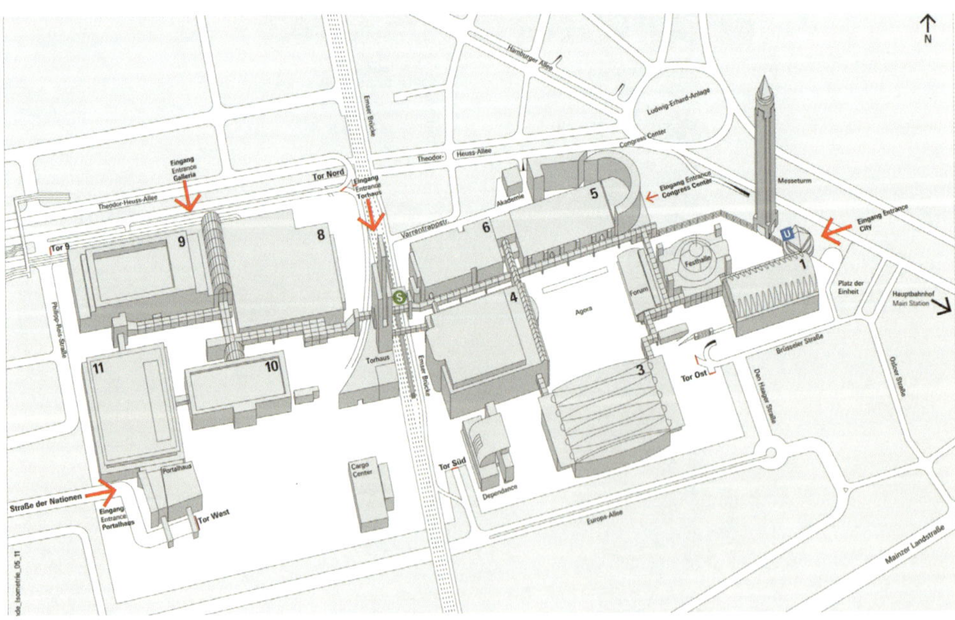

32) Hall 2는 Festhalle Messe Frankfurt라고도 불리운다.

■ 연락처 : Ludwig-Erhard-Anlagel 60327 Franfurt a.M. Germany
전화 : ++ 49 69 75 75-0
팩스 : ++ 49 69 75 75-64 33
홈페이지 : http://www.messefankfurt.com

3 Messe Dusseldorf GmbH (독일)

가. 개요

1947년에 설립된 Mesee Dusseldorf에는 2011년 현재, 1,253명의 전시전문가가 근무하고 있으며 전 세계 127개국을 관할하는 68개 해외 대리점[33] 및 에이전트와 8개 자회사를 보유하고 있다. Messe Dusseldorf에서는 연간 50개가 넘는 전시회가 개최되고 있는데 그중 24개 전시회는 세계 최대규모의 전시회이다. 2011년, 동사는 38개 전시회를 개최하였으며 이중 21개는 단독 주최전시회였다. 이외 해외에서 100여개의 각종 행사를 주관하고 있다. Messe Dusseldorf가 독일에서 개최한 전시회에는 총 28,000개 기업들이 참가하였으며 1백 40만명의 방문객들이 참관하였다. 참가업체의 1/2이상이 외국기업이며 참관객의 1/3이상이 외국인이다. 또한 매출의 40% 가량이 해외 부분에서 발생한다. 2011년 Messe Dusseldorf의 연간 매출액은 3억 7,270만 유로를 기록하였다.

33) 한국대리점
Rheinmesse Co., Ltd.27-7, Hannam-dong Yongsan-gu Seoul 140-210 Korea
Phone: +82 2 798 4343, Fax: +82 2 798 4383, eMail: info@rmesse.co.kr,
Website: http://www.rheinmesse.co.kr

▶ Messe Dusseldorf 전경 및 전시장 외관

Messe Dusseldorf가 가장 전문적인 전시 분야는 기계, 설비 및 플랜트, 소매 및 공산품, 의료 및 보건, 패션 및 레져 분야[34]이다. 이외 Dusseldorf 컨벤션센터에서는 연 200만명의 참가한 가운데 연간 3천개 가량의 행사가 개최되고 있다.

나. 지분 보유

뒤셀도르프市가 56.50%, Industrieterrains Dusseldorf-Reisholz AG 및 Northrhine-Westfalia州가 각각 20%, 뒤셀도르프 상공회의소 및 공예협회가 각각 1.75%를 보유하고 있다.

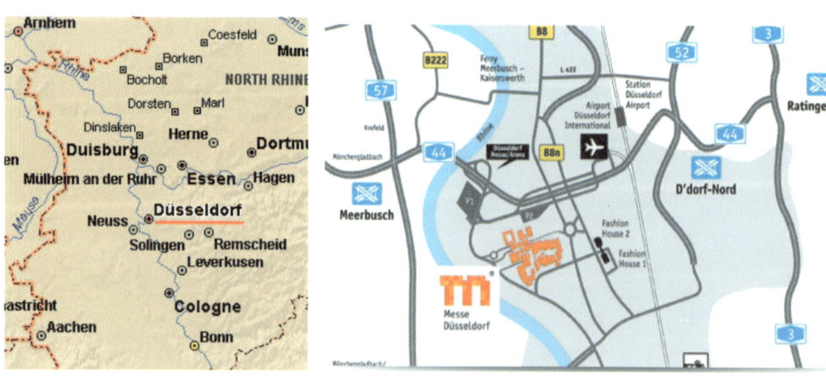

▶ Messe Dusseldorf 소재지

[34] Messe Dusseldorf 전시장에서는 2011년 기준, 총 52개 전시회가 개최되었는데 기계, 설비 및 플랜트 분야 19개, 소매 및 공산품 분야 19개, 의료 및 보건 분야 6개, 패션 분야 5개, 레저 분야 3개 전시회 였음.

다. 계열사

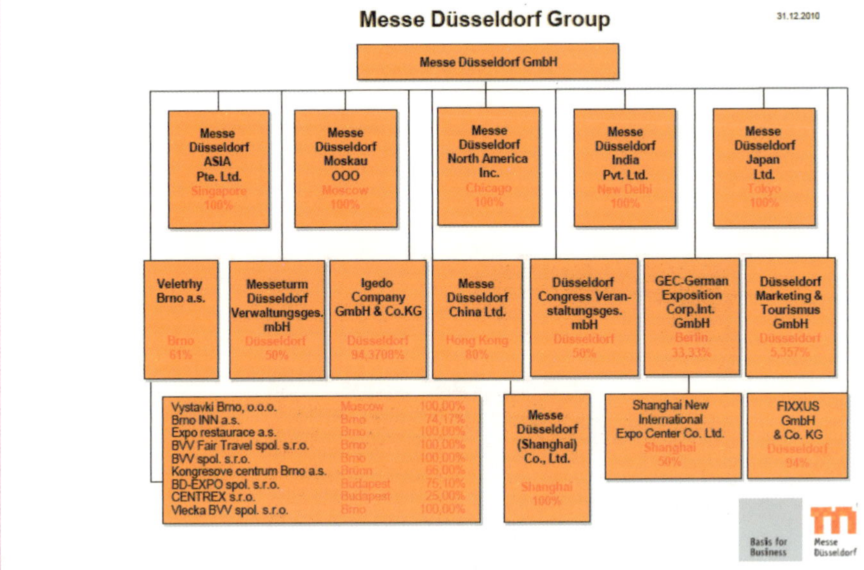

라. 전시장 규모

Messe Dusseldorf 전시장 홀별 규모 및 배치도

홀	규모 (m²)	홀	규모 (m²)
1	7,071	9	12,409
2	4,398	10	16,485
3	20,279	11	16,652
4	11,880	12	12,417
5	11,483	13	16,256
6	25,276	14	11,130
7-a	3,938	15	13,148
7-0	3,883	16	16,721
7-1	6,650	17	8,298
7-2	6,324	CCD	2,820
8a	12,850	특별	10,423
8-b	12,850		
총	262,704		

Messe Dusseldorf는 4,000m^2부터 25,000m^2까지 다양한 크기의 19개 홀로 구성된 262,704m^2의 실내전시장과 43,000m^2의 실외전시장 그리고 2만대 가량 차량을 주차할 수 있는 공간을 보유하고 있다. 이와 별도로 30개의 룸을 보유하고 있으며 7,500명 까지 수용이 가능한 CCD Congress Center도 갖고 있다. 이 센터는 전시장 1, 3과 연결하여 사용 시 최고 15,000명 까지 수용 가능이 가능 하며 독일에서 3번째로 큰 컨벤션홀이다.

▶ CCD Congress Center

- 연락처 : P.O. Box 101006, 40001 Dusseldorf Germany
  전화 : ++ 49 211 45 60-01
  팩스 : ++ 49 211 45 60-6 68
  홈페이지 : http://www.messe-dusseldorf.de

4 Messe Berlin GmbH (독일)

Messe Berlin

가. 개요

Messe Berlin은 1822년부터 국제전시회를 개최해오고 있으며 최근에는 연간 100개 내외의 전시회를 국내외에서 개최하고 있다. 그중 가장 유명한 전시회는 유럽 최대 가전전시회인 『국제가전박람회 (IFA)』이다. 동사는 매출액 기준으로 세계 10대 전시기업중 하나이며 특히, 유럽에서 가장 큰 컨벤션센터인 ICC Berlin을 운영하고 있다. 또한 해외 1개 자회사와 150여개국에 대리점을 두고 있다. 2011년 기준, 그룹 전체[35] 임직원 수는 721명이며 그룹 전체 매출액[36]은 1억 8,210만 유로였다. 동사가 주최한 전시회[37]에는 세계 180여개국으로부터 총 30,796개사가 참가하였으며 66% 이상이 외국인인 총 198만명의 방문객들이 참관하였다. 참관객중 66% 이상이 외국인으로 집계되었다. 이와 별도로 총 161,350명이 참가하는 438개 회의를 유치하였다.

▶ Messe Berlin 전경 및 전시장 외관

Messe Berlin이 주최하는 대표적인 전시회로는 세계 최대 규모인 관광 관련 전시회인 ITB Berlin을 비롯하여 식품, 농업 및 낙농 전시회인 국제 Green Week Berlin, 과일채소 전시회인 FRUIT LOGISTICA, 항공기 전시회인 ILA Berlin Air Show 및 자동차 및 부품 전시회인 InnoTrans가 있다.

나. 기업구조 및 계열사

Messe Berlin은 전시컨벤션 분야, 시설관리 분야, 서비스 분야 및 식음료 분야 등 4개 영역으로 구분하여 그룹을 운영하고 있다. 이러한 업무는 그룹내 다수 국외내 자회사들이

35) 이중 Messe Berlin GmbH의 채용자수는 375명이다.

36) 이중 Messe Berlin GmbH의 2011년도 매출액은 1억 2,820만 유로였다.

37) 2011년 Messe Berlin Group가 Messe Berlin에서 직접 개최한 전시회수는 15개, 유치 전시회수는 45개였으며 해외에서 개최한 전시회는 총 34개였다.

수행한다. 대표적인 자회사로는 전시회 및 각종 행사에서 식음료 서비스 업무를 담당하고 있는 Capital Catering GmbH, 전시장치, 협찬, 광고, 이벤트 대행 등 관련 서비스를 제공하는 MB Capital services GmbH, 전시장 시설 및 부동산 관리, 기술/조명/전기 및 청소, 위생, 경비 관련 서비스를 담당하고 있는 Capital Facility GmbH & Co. KG 및 특종 전시회를 개최하는 다수 전시주최사 등이 있다.

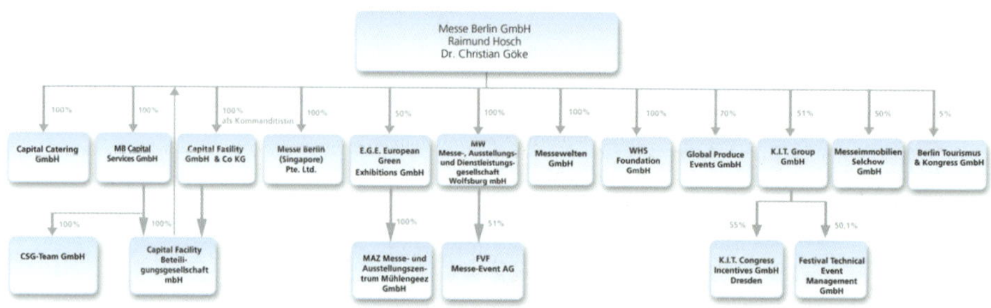

다. 전시장 규모

홀	규모 (m²)	홀	규모 (m²)	홀	규모 (m²)
1.1	6,058	7.1	a 1,218/b 1,218 c 1,130	15.1	2,309
1.2	6,058	7.2	a 1,218/b 1,218 c 1,130	15.2	1,228
2.1	6,058	7.3	Berlin 756 Europe 756	16	583
2.2	6,058	8.1	2,607	17	2,957
3.1	6,058	8.2	2,960	18	3,821
3.2	6,058	9	7,672	19	909
4.1	6,058	10.1	1,670	20	3,947
4.2	6,058	10.2	1,688	21	a 2,937/b 2,458
5.1	2,606	11.1	2,709	22	a 2,784/b 2,362
5.2	a 2,904/b 3517	11.2	2,706	23	a 2,661/b 1,996
5.3	3,209	12	2,705	24	1,238
6.1	2,607	13	583	25	7,458
6.2	a 2,904/b 3,369	14.1	765	26	a 4,259/b 3,453 c 3,189
6.3	3,257	14.2	359	총	160,000

Messe Berlin 전시장 홀별 규모 및 배치도

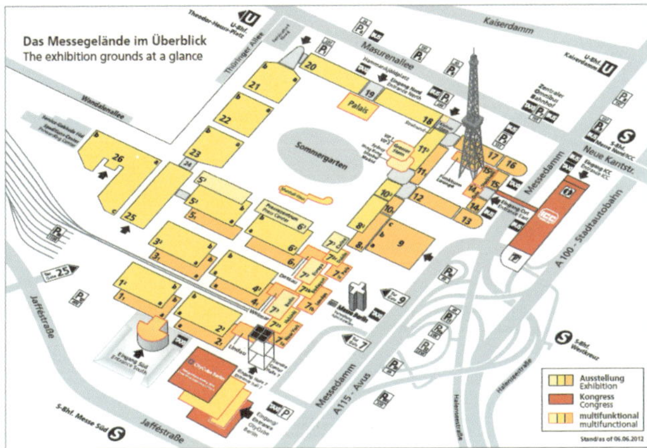

Messe Berlin은 총 26개 홀로 구성된 160,000m²의 실내전시장과 100,000m²의 실외전시장 그리고 12,000대의 차량을 주차할 수 있는 주차장을 구비하고 있다. 또한 전시장과는 별도로 유럽 최대 규모인 5,500m²의 컨벤션센터인 ICC Berlin을 보유하고 있는데 이곳에는 20명부터 9,100명까지 수용이 가능한 80개의 룸이 구비되어 있다.

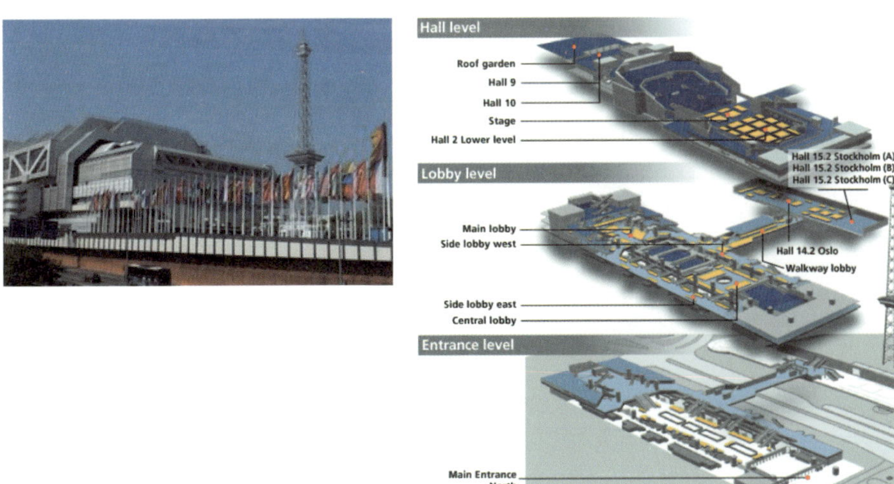

▶ ICC Berlin 외관 및 내부 배치도

■ 연락처 : Messedamm 22 D-14055 Berlin Germany
전화 : ++ 49 30/3038-0
팩스 : ++ 49 30/3038-2325
홈페이지 : http://www.messe-berlin.com

5 Hong Kong Convention and Exhibition Centre Limited (홍콩)

가. 개요

Hong Kong Convention and Exhibition Centre Management Limited (HML)는 Hong Kong Convention and Exhibition Centre(HKCEC)를 관리 및 운영하는 민간 전문기업이다. HML은 해외지사 관리, 마케팅, 예약 및 일정, 이벤트 조정, 전시장 관리, 보안, 식음료 관련 사업을 담당하고 있다. HKCEC는 홍콩 빅토리아 항에 위치하고 있으며 홍콩교역개발청 (TDC)와 홍콩특별행정구정부가 소유하고 있다. TDC는 홍콩정부로부터 전시장 개발, 디자인 및 경영 업무를 위탁받았으며 이를 위해 TDC는 HML[38]와 센터 관리 및 운영에 관한 계약을 체결하였다. HKCEC는 토지 가격을 제외한 2억 7천만 달러를 투입하여 1988년 11월에 개장하였으며 1997년 6월과 2009년 4월, 두차례에 걸쳐 확장한 바 있다.

---

38) HLM은 NWS Holdings Ltd의 자회사이다. 직원 수는 920명이다.

▶ HKCED 전경 및 전시장 내관

1988년 개장 이래 2011년 6월말까지 HKCEC는 총 39,606개 행사를 개최하여 총 7천만 명의 방문객들을 맞이하였다. 2010년 7월 1일부터 2011년 6월 30일까지 총 116개의 전시회를 개최하였는데 평균 총 전시면적은 16,272m^{2}이고 30,000m^{2}가 넘는 전시회는 18개였다. 이외 16개 국제회의와 연예 행사 포함 104개의 특별 이벤트가 개최되었다. 이 기간 중 HKCEC를 방문한 방문객수는 약 600만명이다. HKCEC에서 개최되는 대표적인 전시회로는 홍콩전자전, 홍콩시계박람회, 홍콩선물용품박람회, 홍콩 완구 및 게임박람회 및 홍콩가정용품박람회 등이 있다.

나. 회사 구조

HML은 기업을 총괄 관리하는 Managing Director와 Deputy director가 있으며 재무, 시설 개발, 식음료, 인사관리, 전시장 운영, 마케팅 및 사업 기획을 담당하는 부서장과 그 밑에 세부 업무를 담당하는 15명 내외의 과장과 실무자들로 조직되어 있다.

다. 전시장 규모

HKCED 홀별 규모 및 배치도

층	홀	규모 (m^2)
L1	1A-1E	19,890
L3	3B-3E	14,982
	3F-3G	8,917
L5	5BC	7,598
	5D-5E	6,255
	5F-5G	8,917
총		66,000

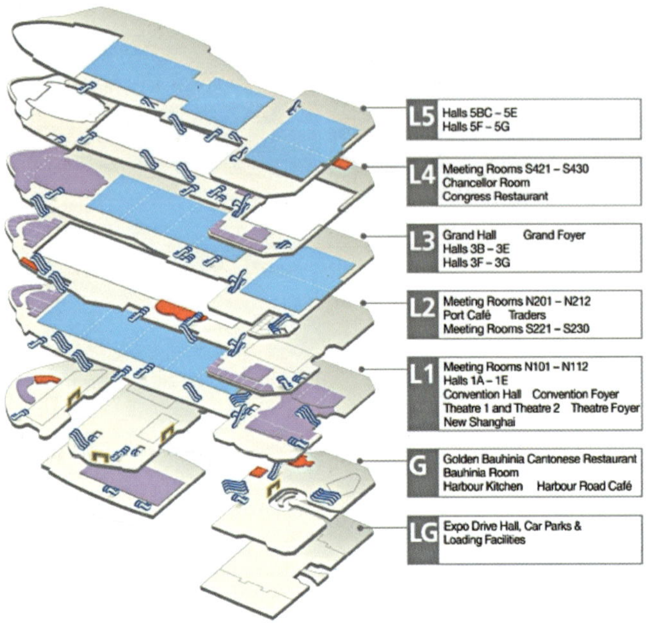

HKCEC의 연면적은 306,000m^{2}이며 부지면적은 92,400m^{2}이다. 이중 전시면적은 6개 홀 66,000m^{2}이고 컨벤션 등 다목적 용도로 활용 가능한 면적은 20,000m^{2}이다. 여기에는 각각 2개의 다용도 홀과 극장 및 52개의 회의실이 포함되어 있으며 이와 별도로 지하에는 700대의 주차가 가능한 설비가 갖추어져 있다.

■ 연락처 : 1 Expo Drive, Wanchai, Hong Kong, China
전화 : ++ 852 2582 8888
팩스 : ++ 852 2802 0000
홈페이지 : http://www.hkcec.com

6 National Exhibition Center, Birmingham (영국)

the nec
birmingham

가. 개요

1976년 2월에 개장한 National Exhibition Center (NEC)는 약 247만m^2 부시에 설립된 영국의 대표적인 국제전시장으로 매년 140여개의 다양한 전시회가 개최되고 있으며 연간 약 210만명의 참관객들이 방문하고 있다. 개장 당시 전시면적은 8만9천m^2였으나 1989년, 1993년과 1998년 세 차례 확장 공사를 통해 오늘에 이르고 있다. 대표적인 전시회로는 BBC Gardeners' World, BBC Good Food Show, Spring Fair Clothes Show Live, Warley National Model Rail Exhibition 및 Festival of Quilts 등이 있다. 이 전시장은 고속도로, 공항 및 철도역과 접근이 용이한 지점에 위치하고 있다. 또한 2014년 초, 개장을 목표로 대규모 카지노 시설을 건설할 예정이다.

▶ NEC 센터 전경

나. 전시장 규모

20개의 홀로 연결된 186,000m^2 규모의 실내전시장을 갖고 있으며 2만대의 차량을 주차시킬 수 있다. NEC는 유럽에서 6번째로 큰 전시장이다. 이외 컨벤션 시설로 Concourse

Suite, Plaza Suite, Toute suite 및 Gallery Suite 등이 있는데 이들 총 면적은 2,155m^2 이다. 또한 2만대의 차량을 주차할 수 있는 공간을 보유하고 있다.

홀	규모 (m^2)	홀	규모 (m^2)
1	14,100	10	4,811
2	11,500	11	5,132
3	10,610	12	10,195
3a	7,895	17	7,960
4	16,700	18	5,270
5	24,870	19	7,950
6	10,125	20	10,670
7	4,950	P1	3,785
8	4,950	P2	1,305
9	10,178	총	165,061

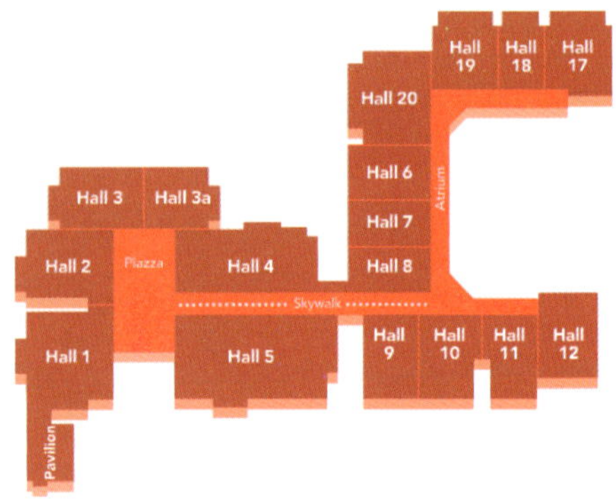

7 Makuhari Messe International Convention Center (일본)

가. 개요

1989년 설립된 Makuhari Messe는 일본 치바시에 위치하고 있는 국제전시장으로 연간 200건 내외의 전시회와 400건 가량의 각종 회의 및 60건 내외의 이벤트가 개최되고 있으며 이와 같은 행사에 연간 500만명을 상회하는 방문객들이 찾아오고 있다. Makuhari Messe를 운영하는 회사는 Nippon Convention Center였으나 2005년 Makuhari Messe, Inc.로 회사명을 바꾸었으며 전시회, 각종 회의 및 문화 체육행사 개최, 유치 및 기획 업무 뿐 아니라 전시장, 이벤트 및 컨퍼런스홀의 관리, 임대사업을 수행하고 있다. 이외 시설물 내 식당, 상점, 편의시설, 주차장, 비품 임대, 보험, 여행, 광고사업도 사업 영역에 포함된다.

▶ Makuhari Messe International Convention Center 전경

Makuhari Messe에서 개최되고 있는 대표적인 전시회로는 Tokyo Auto Salon, 격년제인 Tokyo Motor Show와 게임 전시회인 Tokyo Game, Jump Festa 등이 있다.

나. 지분 보유

Makuhari Mesee의 자본금은 40억엔이며 지분은 지바현 (25%), 일본개발은행 (20%), 지바市 (12.5%) 등 대주주와 일본전력회사, 도쿄가스회사, 일본통신 등 다수 소주주로 나뉘어져 있다.

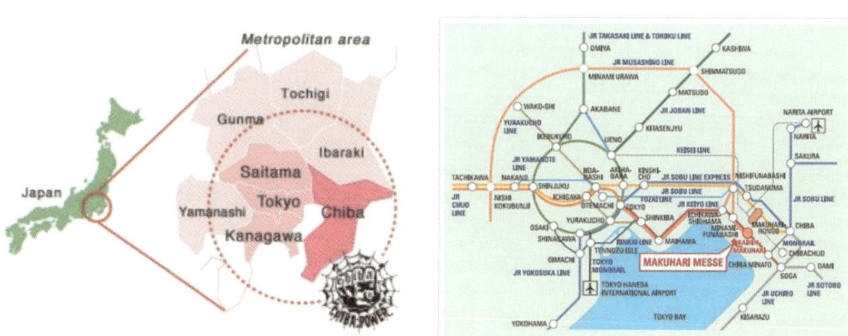

▶ Makuhari Messe International Convention Center 위치

다. 회사 구조

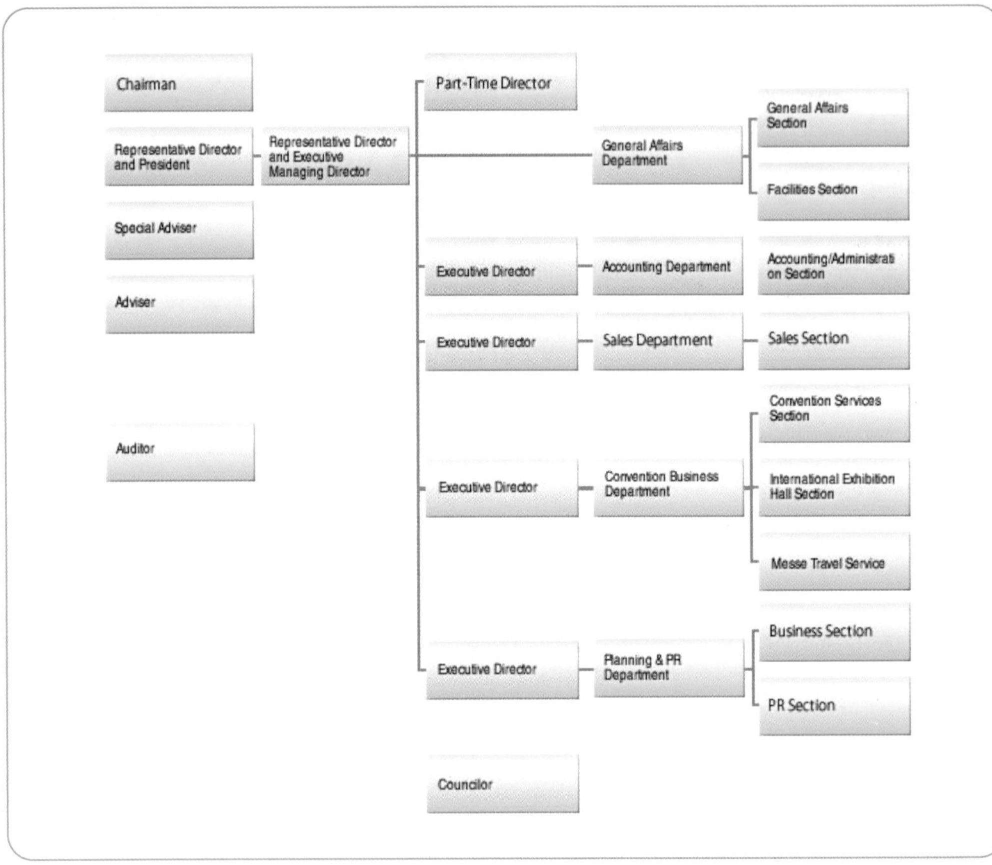

라. 전시장 규모

Makuhari Messe는 21만m^2 부지에 국제전시장, 컨퍼런스홀, 이벤트홀 및 6천대의 차량을 주차시킬 수 있는 주차장으로 구성되어 있다. 국제전시장은 11개 홀로 구성되어 있으며 총 전시면적은 72,000m^2이다. 이중 18,000m^2 규모의 9-11번 홀은 1997년 가을 확장 개장하였다. 또한 컨퍼런스홀은 총 면적이 6,846m^2이며 대형 컨벤션홀과 컨퍼런스룸, 20개의 중소형 컨퍼런스룸 등 총 22개 룸이 있으며 1,600명을 수용할 수 있다. 이외 3,098m^2의 이벤트홀은 9천명까지 수용이 가능하다.

❶ 전시장

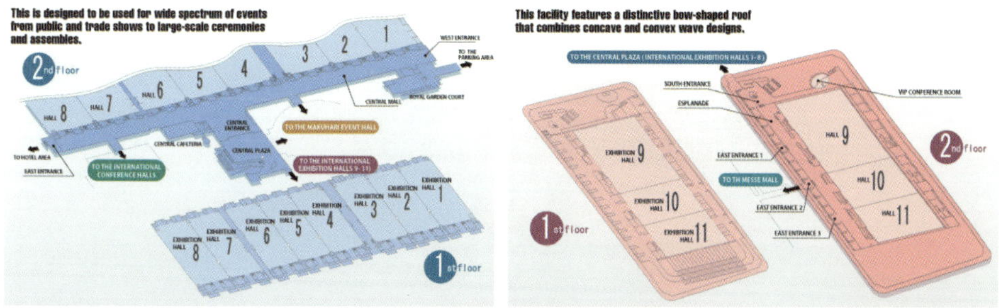

▶ Makuhari Messe International Convention Center 홀별 규모 및 배치도

홀	규모 (m^2)	홀	규모 (m^2)
1	6,750	9	9,000
2	6,750	10	4,500
3	6,750	11	4,500
4	6,750	소계	18,000
5	6,750		
6	6,750		
7	6,750		
8	6,750		
소계	54,000		
총	72,000		

❷ 컨퍼런스홀

구분	규모 (m^2)
컨벤션홀	1,390
국제컨퍼런스룸	635
중형컨퍼런스룸	10개
소형컨퍼런스룸	8개
리셉션룸	2개
총	6,846

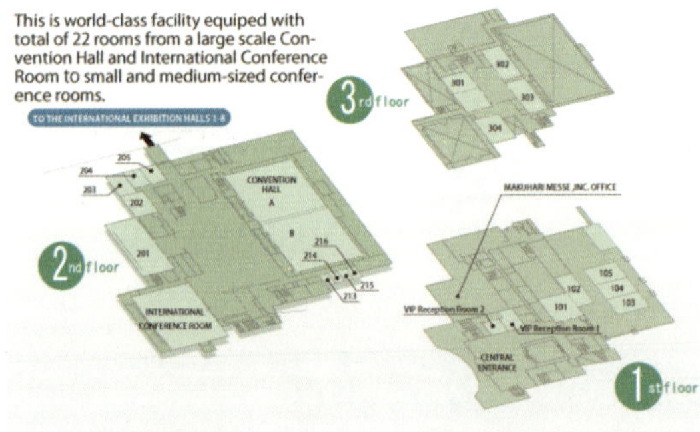

■ 연락처 : Nakase 2-1, Mihama-ku, Chiba City, 261-0023 Japan

전화 : ++ 81 43 296-0001

팩스 : ++ 81 43 296 0529

홈페이지 : http://www.m-messe.co.jp/en/index.html

8 Tokyo Big Sight (일본)

가. 개요

일본에서 가장 큰 규모의 전시장인 Tokyo Big Sight의 정식 명칭은 Tokyo International Exhibition Center이다. 이 전시장은 1996년에 건설되었으며 관리 회사는 100명의 직원들이 근무하고 있는 Tokyo Big Sight Inc.이다. 243,419m^2 부지에 건설된 Tokyo Big Sight는 크게 동전시관, 서전시관과 컨퍼런스타워로 구성되어 있다. 이 회사는 Tokyo Big Sight를 관리 운영하고 있으며 다수 전시회도 개최하고 있다. 이외 Ariake Park Building을 비롯하여 3개 빌딩도 운영하고 있다. Tokyo Big Sight는 우리나라 COEX 및 KINTEX와 파트너십을 체결하였다.

▶ Tokyo Big Sight 전경

Tokyo Big Sight에서는 연간 260-300개 정도의 전시회가 되고 있으며 총 참관객수는 120만명 내외이다.

이곳에서 개최되는 대표적인 전시회로는 Japan International Machinery Tool Fair, Security & Safety Trade Expo, Special Equipment Exhibition & Conference for anti-terrorism, Aerospace Industry Exhibition Tokyo, Tokyo International Fire and Safety Exhibition 등이 있다.

나. 지분

주요 지주로는 Tokyo Rinkai Holdings INC, Mitsui Fudosan Co. Ltd. Toshiba Corporation, Hitachi Ltd. Mitsubishi Electric Corporation이 있다.

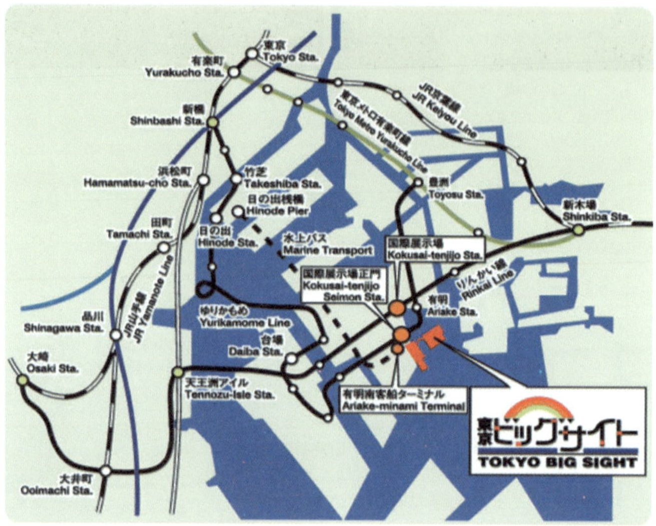

▶ Tokyo Big Sight 위치

다. 회사 구조

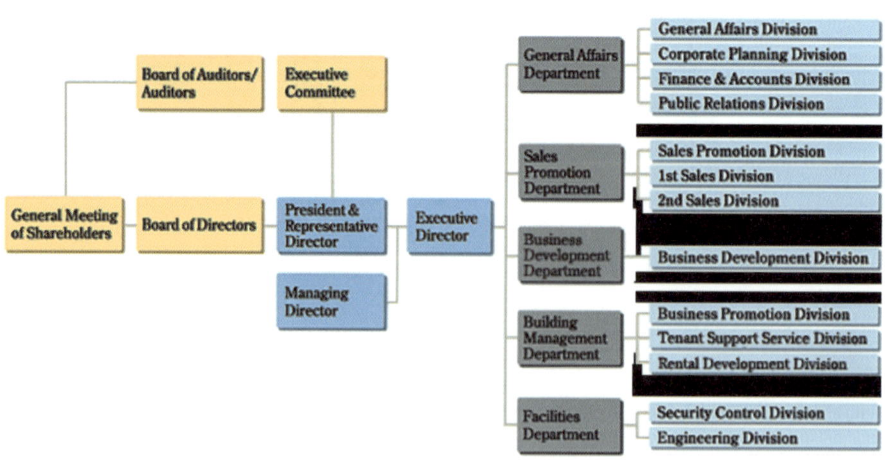

라. 전시장 규모

전시장은 동전시관의 6개 홀과 서전시관의 4개 홀로 이루어져 있으며 동 전시관 51,380m^2, 서 전시관 29,280m^2 등 총 실내전시장 면적은 80,660m^2이다. 또한 서 전시관 옥상에는 6,000m^2의 전시장과 휴식과 만남의 장소인 5,800m^2 규모의 넓은 광장인 아트리움 중 2,000m^2는 전시회나 기타 행사 장소로도 이용이 가능하다. 이외 9,000m^2 규모의 실외전시장이 있다. 컨벤션 행사를 할 수 있는 컨퍼런스타워에는 다양한 규모의 22개 룸(35m^2~760m^2)이 있다. 특히, 7층과 8층에는 1,000명을 수용할 수 있는 국제회의실과 1,700m^2 규모의 리셉션홀을 비롯하여 Entrance Plaza, Exhibition Plaza, Event Plaza 및 Entrance Hall 등이 있다. 주차는 4천대까지 가능하다.

구분		규모 (m^2)	구분		규모 (m^2)
East	H1	8,670	West	H1	8,880
	H2	8,350		H2	8,880
	H3	8,670		H3	4,680
	H4	8,670		H4	6,840
	H5	8,350		아트리움	2,000
	H6	8,670			
소계		51,380	소계		29,280[39]
총		80,660			

Tokyo Big Sight 홀별 규모 및 배치도

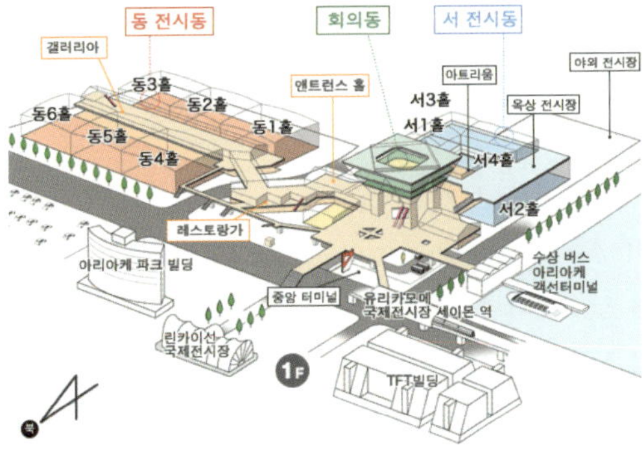

39) 아트리움 전시장은 포함되지 않음

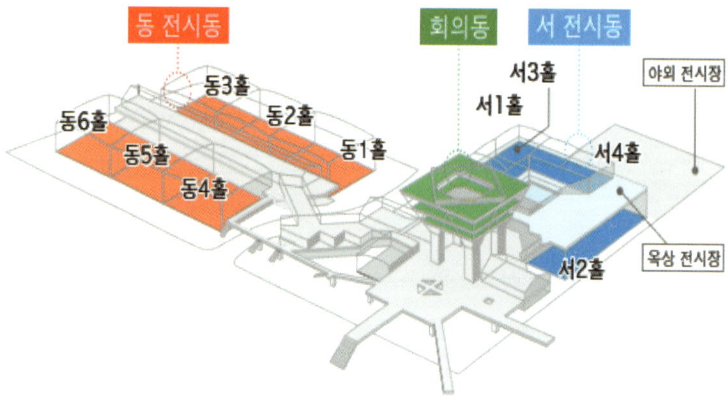

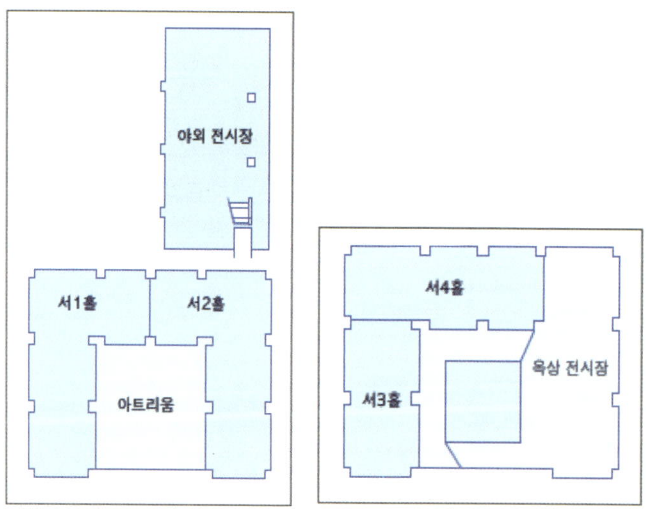

▶ 서 전시관과 야외전시장

■ 연락처 : 3-11-1 Ariake, Koto-ku, Tokyo 135-0063 Japan
전화 : ++ 81 3 5530-1111
팩스 : ++ 81 3 5530-1222
홈페이지 : http://www.tokyo-bigight.co.jp

9 INTEX OSAKA (일본)

가. 개요

일본에서 세 번째로 큰 전시장인 INTEX OSAKA는 1985년에 개장하였으며 재단법인 오사카국제경제진흥센터(International Business Promotion Center)에서 운영하고 있다. 부지면적은 128,986m^{2}이며 개장 이래 27년 동안 전시회를 중심으로 2,670건의 행사를 개최하였고 방문객 수는 9,600만명에 이른다. 2011년 4월부터 2012년 3월까지 INTEX OSAKA에서는 전시회를 비롯하여 158건의 이벤트를 유치하였다. 이곳에서 개최되는 주요 전시회로는 Osaka Auto Messe, Osaka Motor Show Barrier Free, 포켓몬페스타, Summer Sonic, Countdown Japan 등이 있다. 이 전시장은 오사카를 비롯하여 일본 간사이 지역 경제 발전에 크게 이바지 하고 있다.

▶ INTEX OSAKA 전경 및 입구

나. 지분

INTEX OSAKA의 최대 주주는 오사카市로 61.7%의 지분을 소유하고 있으며 이어 오사카縣과 오사카상공회의소가 각각 6.17%의 지분을 갖고 있다. 그리고 나머지 지분은 간사이 전력회사를 비롯하여 다수 기업과 금융기관 등이 분산 보유하고 있다.

다. 전시장 규모

INTEX OSAKA는 INTEX Plaza와 Sky Plaza를 둘러싸고 4,748m^{2}에서 10,535m^{2}에 이르는 6개 실내전시장으로 구성되어 있으며 또한 2,900m^{2}의 실외전시장과 3천대의 차량 주차 시설을 갖추고 있다.

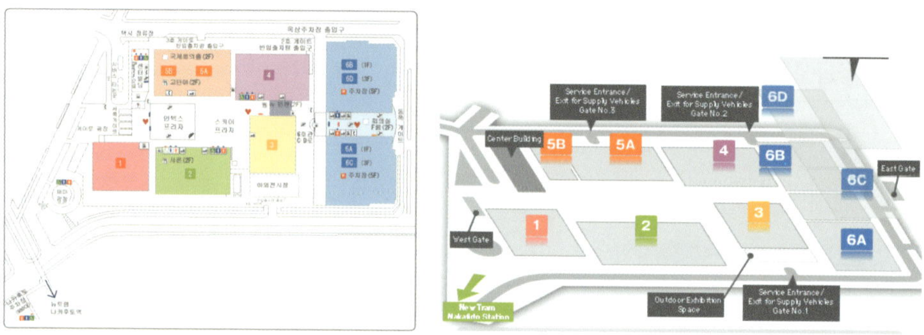

▶ INTEX OSAKA 홀별 규모 및 배치도

구분		규모 (m^2)	구분		규모 (m^2)
H1		5,087	H6	A	9,679.5
H2		6,729		B	9,679.5
H3		5,119		C	10,535
H4		6,729		D	10,167
H5	A	4,728	실내전시장		70,078
	B	1,625	실외전시장		2,00
총		72,978			

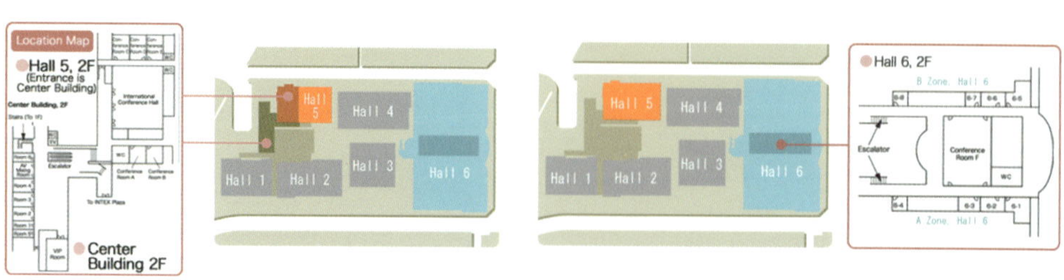

이외 센터빌딩, 홀 5와 홀 6의 2층에는 300명까지 수용이 가능한 국제회의실과 소형 회의실 6개 소형 방 14개가 있다.

■ 연락처 : 1-5-102 Narko-Kita, Suminoe-ku, Osaka 559-0034 Japan
전화 : ++ 81 6 6612 8800
팩스 : ++ 81 6 6612 8686
홈페이지 : http://www.intex-osaka.com

10 China International Exhibition Center (중국)

가. 개요

China International Exhibition Center (CIEX)를 관리 운영하고 있는 CIEC Management Co. Ltd의 소유 기업인 China International Exhibition Center Group Corporation (CIEC Group)은 중국국제무역촉진위원회 (CCPIT)의 산하 기업이다. 베이징 Chaoyang 구역에 소재하고 있는 CIEC는 1985년에 개장하였으며 지금까지 1천개 이상의 전시회를 개최하였고 총 전시면적은 1,100만m^2를 능가하고 있다. 최근에는 매년 100개를 상회하는 전시회를 개최하고 있고 연 총 전시면적은 100만m^2가 넘는다.

▶ 舊 China International Exhibition Center 전경

그러나 기존 CIEC의 시설 낙후와 전시면적 부족으로 2008년 공항 부근에 NCIEC (New China International Exhibition Center)가 1차 개장되어 현재 많은 대규모 전시회로 이곳으로 이전하여 개최되고 있다. NCIEC의 총 부지와 총 지상건축면적은 각각 155만 5천m^2 및 66만m^2인데 그중 20만m^2 규모의 16개 단층 無主 전시장을 포함하여 20만m^2의 관련시설, 10만m^2의 쇼핑몰과 위락시설, 8만5천m^2의 호텔 및 7만5천m^2의 사무동으로 구성될 예정이다. 현재에는 10만m^2 규모의 8개 전시장이 가동 중이다.

▶ 新 China International Exhibition Center 전경

나. 기업 구조

중국국제무역촉진위원회(China Council for the Promotion of International Trade CCPIT) 산하의 CIEC Group는 CIEC를 관리 운영하는 CIEC Management Co. Ltd를

비롯하여 중국 주요 전시장에서 전시회 및 컨퍼런스 기획 및 개최를 담당하고 있는 CIEC Exhibition Co. Ltd, 중국 기업들을 조직하여 해외전시회 참가 업무를 수행하고 있는 CIEC Overseas Exhibition Co. Ltd.와 전시장치업체인 CIEC International Exhibition Construction Co. Ltd 등 다수 전시관련 기업들을 자회사로 보유하고 있다.

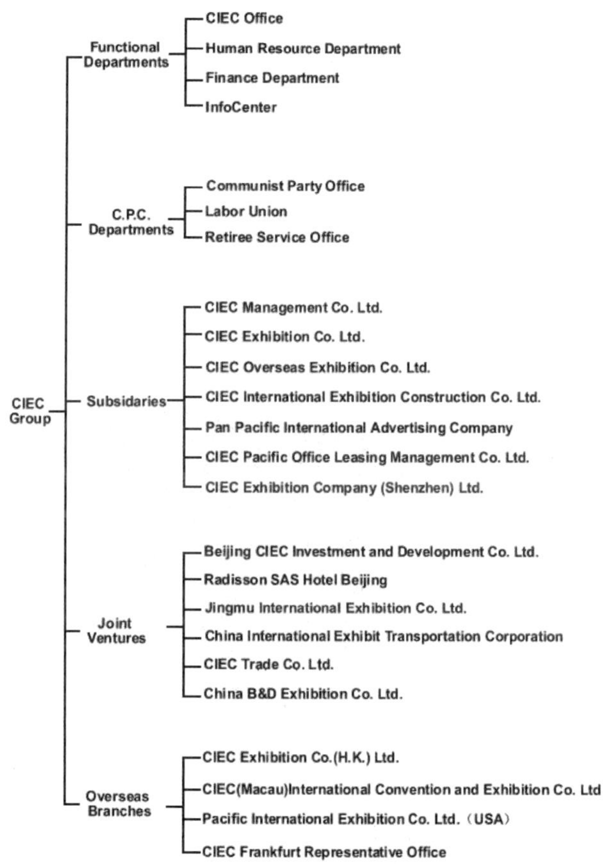

다. 시장 규모

CIEC는 총 개로 전시장으로 구성된 60,000m^2 규모의 실내전시장과 7,000m^{2}의 실외전시장 및 10,000m^{2}의 주차장을 보유하고 있다. 또한 10-500명까지 수용 가능한 세미나실 14개가 있다.

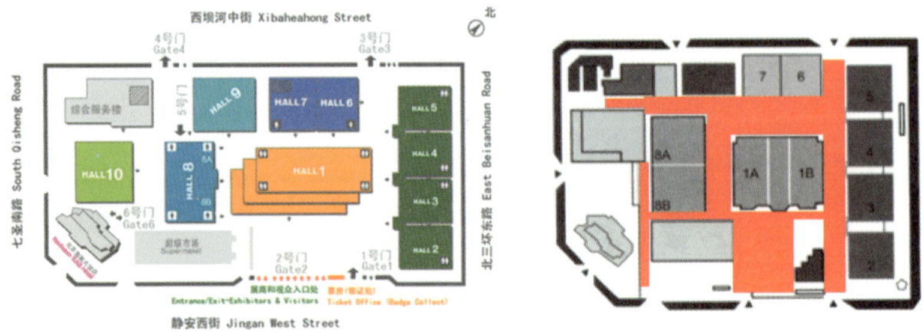

▶ CIEC의 실내 및 실외전시장

한편 두개의 단계를 거쳐 완공될 예정인 NCIEC는 현재 그 일단계로 총 10만m^2 규모의 단층 무주 8개 전시장이 가동 중이다.

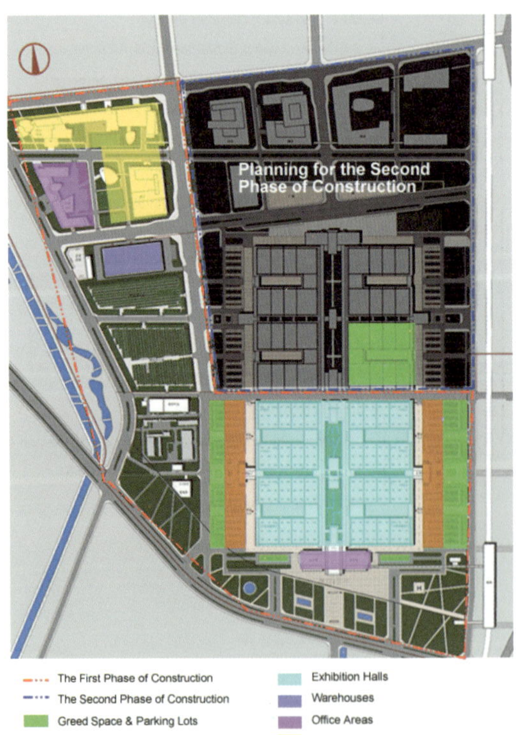

구분			규모 (m^2)	구분		규모 (m^2)
H1	1층	A	4,150	H4	1층	3,426
		B	4,150		2층	1,560
	2층	A	4,150	H5	1층	3,364
		B	4,150		2층	1,260
	3층	A	4,150	H6		3,000
		B	4,150	H7		3,000
H2	1층		3,364	H8	A	4,440
	2층		1,265		B	4,440
H3	1층		3,426			
	2층		1,560			
총			59,005			

■ 연락처 : 6 East Beisanhuandong Rd Chaoyang District Beijing China
전화 : ++ 86 10 8460 0186
팩스 : ++ 86 10 8400 0187
홈페이지 : http://www.ciec.com.cn

11 SHANGHAI NEW INTERNATIONAL EXPO CENTER (중국)

가. 개요

2001년 11월에 개장한 SHANGHAI NEW INTERNATIONAL EXPO CENTER(SNIEC)는 Deutsche Messe AG, Messe Dusseldorf GmbH, Messe Muenchen GmbH 및 Shanghai Lujiazui Exhibition Co. Ltd.의 공동 자회사이다. SNIEC는 20만m^2 규모의 17개 단층 無主 실내전시장과 10만m^{2}의 실외전시장을 보유하고 있다. SNIEC에서는 Shanghai Motor show를 비롯하여 매년 2만 여개 기업들이 참가한 가운데 80여개의 세계적 수준의 전시회가 개최되고 있으며 3백만명 이상의 참관객들이 방문하고 있다. SNIEC의 전례 없는 발전은 독일의 중국과의 합작을 통한 가장 성공적인 전시 비즈니스모델로 평가받고 있다.

▶ Shanghai New International Expo Center

나. 전시장 규모

SNIEC는 20만m^2 규모의 17개 단층 無主 실내전시장과 10만m^{2}의 실외전시장을 보유하고 있다. 각 실내전시장으로 연결되어 있는 3개 입구 로비에는 참관객 등록대, 안내데스크, 비즈니스센터, coffee zone, 오만찬장, cloak room 등 다양한 시설이 갖추어져 있으며 개막식 행사를 하기에도 모자람이 없다. 또한 85~242m^2 규모의 51개 회의실이 있으며 7개의 주차장에서 4,730대의 차량을 주차시킬 수 있다.

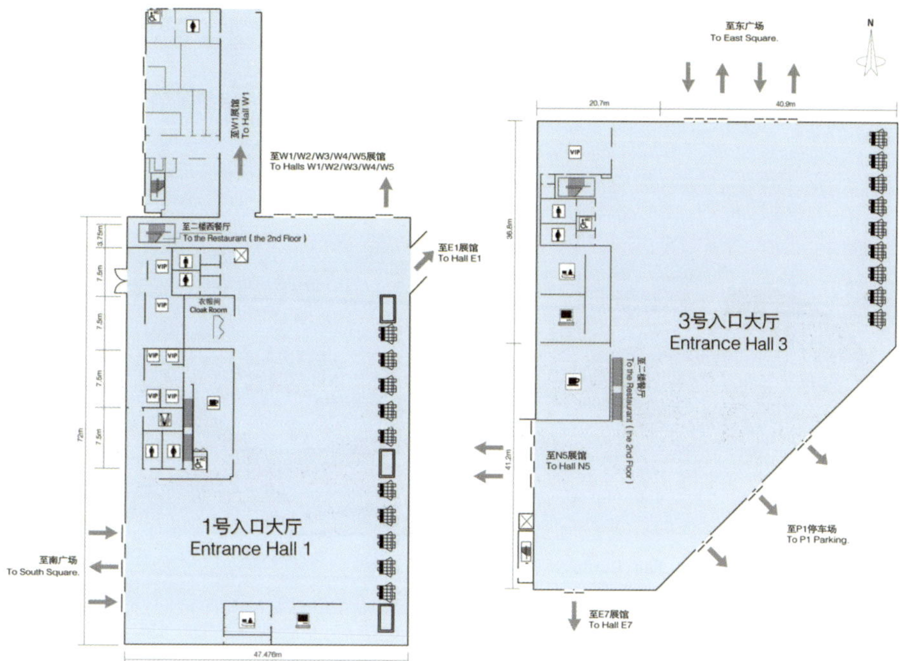

▶ Shanghai New International Expo Center 배치도

■ 연락처 : 2345 Longyang Road, Pudong New Area Shanghai P.R.C. 201204 China

전화 : ++ 86 21 2890 6888

팩스 : ++ 86 21 2890 6777

홈페이지 : http://www.sniec.net

12 China Import and Export Fair Complex (중국)

가. 개요

China Import and Export Fair Complex는 광저우 부근 Panhou섬에 위치하고 있는 아시아에서 가장 큰 현대식 전시장이다. 이 전시장의 총 부지는 110만m^2이며 실내전시장과

실외전시장 면적은 각각 33만8천m^2와 43,600m^2이다. A지역, B지역 및 C지역 등 3개 지역으로 구분되어 있다. 이 전시장에서는 연간 75개 내외의 전시회가 개최되고 있는데 대표적인 전시회로는 1957년부터 일년에 두 차례씩 개최되고 있는 세계 최대의 소비재 박람회인 『Canton Fair』와 사무용 가구 전시회인 『CIFF-Office Show』가 있다.

▶ China Import and Export Fair Complex 전경

■ A 지역 : 전시동 (8동) 1, 2, 3, 4, 5, 6, 7, 8
전시장 (13개) 1.1, 2.1, 3.1, 4.1, 5.1, 6.1, 7.1, 8.1
1.2, 2.2, 3.2, 4.2, 5.2

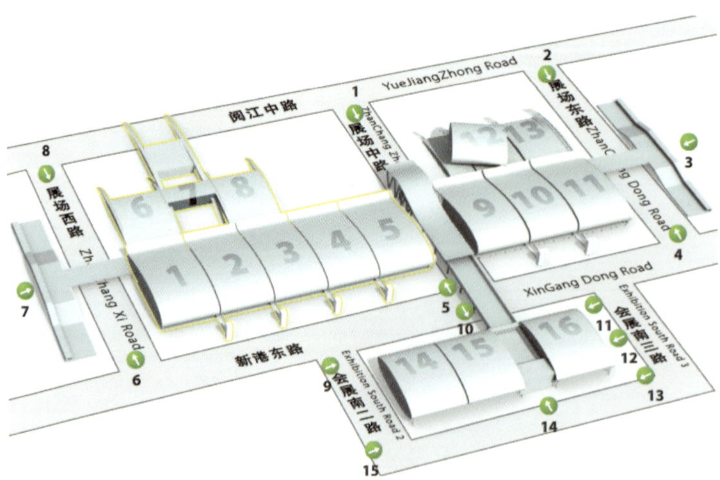

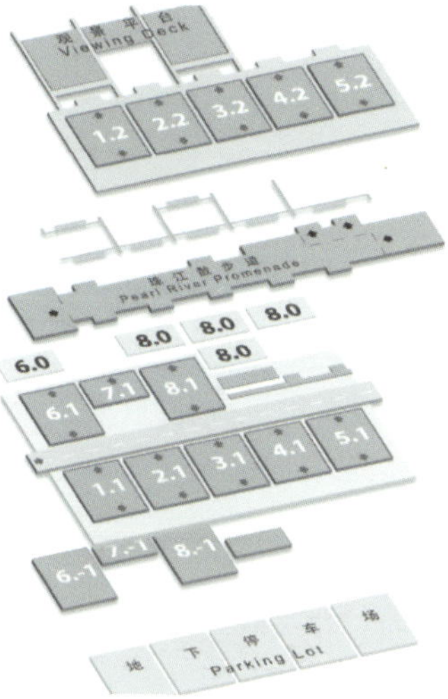

구분	규모 (m^2)	구분	규모 (m^2)
1.1	11,520	5.1	11,520
1.2	11,520	5.2	11,520
2.1	11,520	6.1	9,900
2.2	11,520	7.1	3,690
3.1	11,520	8.2	9,900
3.2	11,520		
4.1	11,520		
4.2	11,520		
총	138,690		

■ B 지역 : 전시동 (5동) 9, 10, 11, 12, 13

전시장 (13개) 9.1, 10.1, 11.1, 12.1, 13.1

9.2, 10.2, 11.2, 12.2, 13.2

9.3, 10.3, 11.3

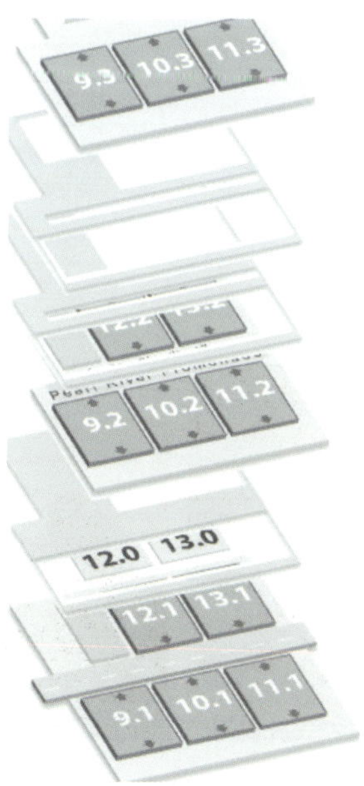

▶ China Import and Export Fair Complex 홀별 규모 및 배치도

13 THE JAVITS CENTER (미국)

가. 개요

1986년에 개장한 JAVITS CENTER은 뉴욕 맨허턴 서쪽에 위치하고 있으며 매년 80여개의 전시회와 70개의 특별행사가 개최되고 있다. 연간 방문객수는 약 350만명이다. JAVITS CENTER의 정식 명칭은 Jacob K. Javits Convention Center이다. JAVITS CENTER는 New York City Convention Center Operating Corporation이 운영 및 관리하고 있다. 2006년 10월 16일, 2010년 완공을 목표로 17억 달러를 투입하여 기존 시설보다 45%까지 확장하기 위한 착공식까지 거행하였으나 예산과 부지 문제로 인해 2008년, 확장 규모 조정과 함께 기존 시설을 수리하는 것으로 계획이 변경되었다. 이에 따라 2010년에는 새로운 전시관인 Javits Center North (North Pavilion)가 완공되었고 기존 시설 수리는 2013년 말에 종료될 예정이다. 이와 별도로 2012년 1월, 뉴욕 주지사는 퀸즈 Aquedut Racetrack에 Javits 센터를 대체할 새로운 컨벤션센터를 건설하고 기존 Javits 센터 부지는 주상복합단지로 대체할 계획이라고 발표한 바 있다.

▶ Javits Center 전경

나. 전시장 규모

JAVITS CENTER는 약 7만m^2 규모의 9개 독립 실내전시관이 있으며 2010년 약 5천m^2 규모의 새로운 전시장인 North Pavilion이 개관되었다. 이와 별도로 특별 행사관에는 3,200개의 극장식 좌석이 비치되어 있다. 또한 1,700여명을 수용할 수 있는 리셉션장과 새로 수리된 면적 확장과 축소가 가능한 75개의 각종 회의실을 보유하고 있다.

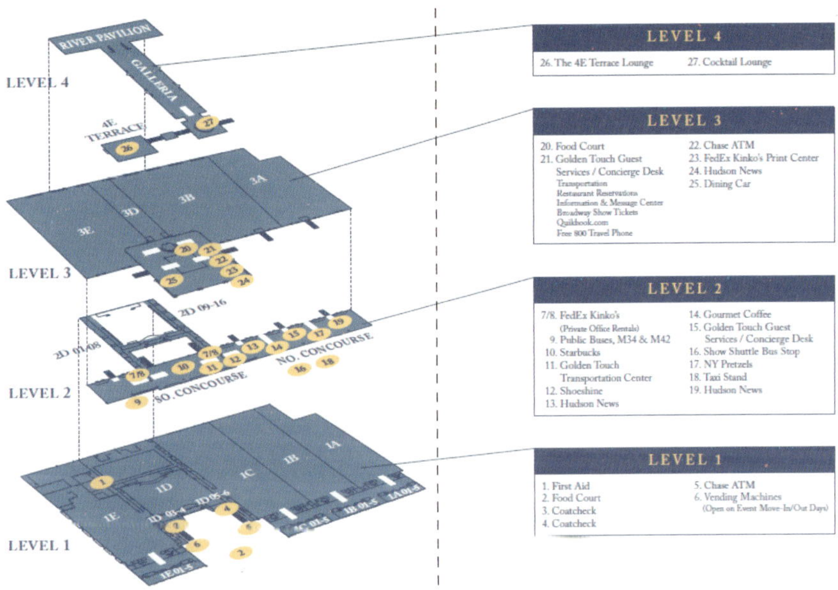

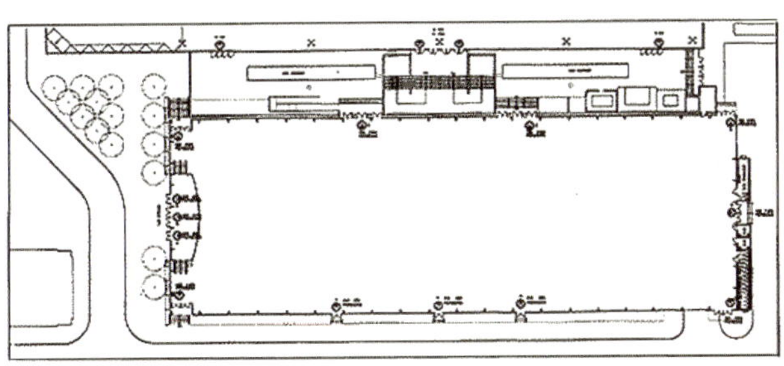

▶ North Pavilion관

구분		규모 (m²)	구분		규모 (m²)
1층	1A	6,503	3층	3A	10,776
	1B	7,432		3B	14,678
	1C	7,432		3D	1,579
	1D	2,787		3E	11,055
	1E	4,181	4층	Galleria River Pavilion	4,181
North Pavilion			5,054		
총		75,658			

■ 연락처 : 655 West 34th Street New York NY 10001 USA
전화 : ++ 1 212 216 2000
팩스 : ++ 1 212 216 2588
홈페이지 : http://www.javitscenter.com

14 McCORMICK PLACE CHICAGO (미국)

가. 개요

1960년에 개장한 McCormick Place는 시카고에 위치하고 있으며 연간 3백만명에 가까운 관람객들이 방문하고 있다. 북미에서 가장 규모가 큰 전시컨벤션 센터이다. 개장 당시 건물은 1967년 화재로 소실되어 그 후 건설된 North(1971년), South(1997년), West(2007년) 빌딩과 Lakeside Center(1971년)등 4개 빌딩으로 구성되어 있다. 주정부 산하 운영기구인 MPEA(Metropolitan Pier and Exposition Authority)가 소유 및 관리 운영하고 있다. 대표적인 전시회로는 『Chicago Auto Show』, 『International Home and Housewares Show』 및 『National Restaurant Association Annual Show』가 있으며 국제적인 회의와 시사회 등 다양한 행사의 개최는 시카고 경제의 원동력이 되고 있다.

▶ McCormick Place 전경

나. 전시장 규모

McCormick Place의 총 실내 전시장 면적은 24만m^2이며 4개 빌딩에 11개 전시관으로 구성되어 있으며 총 5만6천m^2 규모의 173개 회의장을 보유하고 있다. 이외 2,000~9,300m^2 규모의 4개 대형 Ballroom, 4,249석의 극장과 6천대의 주차가 가능한 시설이 있다.

구분		규모 (m^2)	구분		규모 (m^2)
South Building	A1, A2	78,000	North Building	B1, B2 C1, C2	65,500
Lakeside Center	D1, D2 E	53,900	West Building	F1, F2	42,700
총		240,100			

McCormick Place 홀별 규모 및 배치도

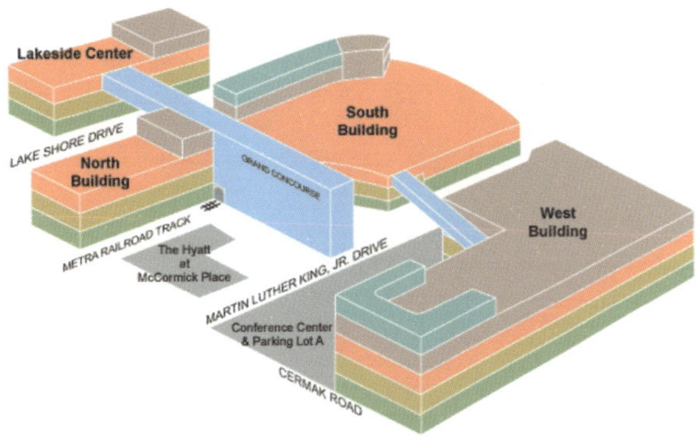

① South Building

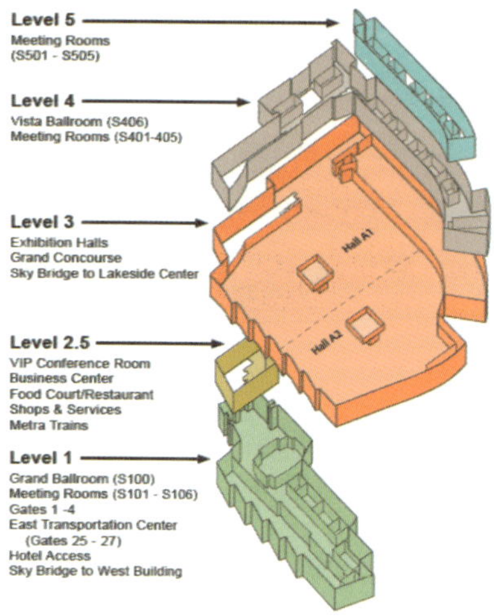

- 홀 A의 면적 : 78,000m^2
- 총 14,500m^2 규모의 43개 회의실
- Grand Ballroom (3,100m^2)과 Vista Ballroom (2,000m^2)

② North Building

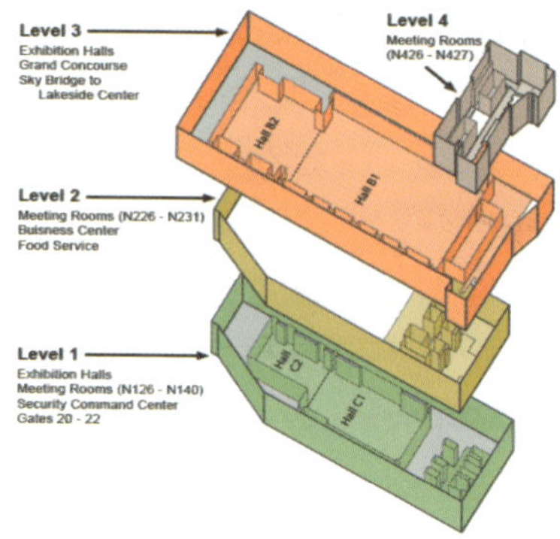

- 홀 B, C의 면적 : 65,500m^2
- 29개 회의실
- 3,300m^2 규모의 Grand Concourse Lobby

③ Lakeside Center

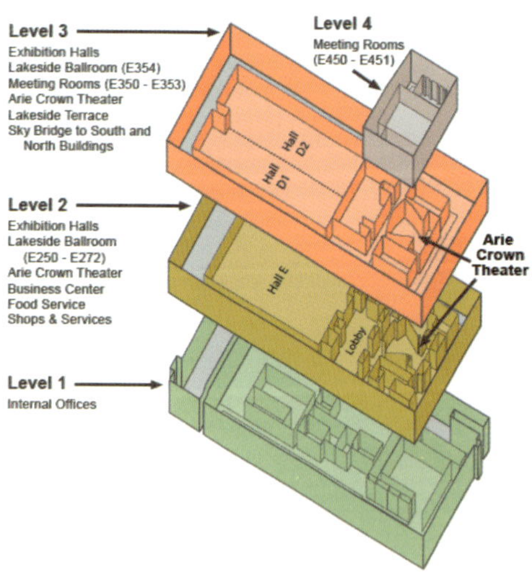

- 홀 D, E의 면적 : 53,900m^2
- 총 13,100m^2 규모의 40개 회의실
- Lakeside Ballroom (4,100m^2)과 4,249석의 Arie Crown Theater

④ West Building

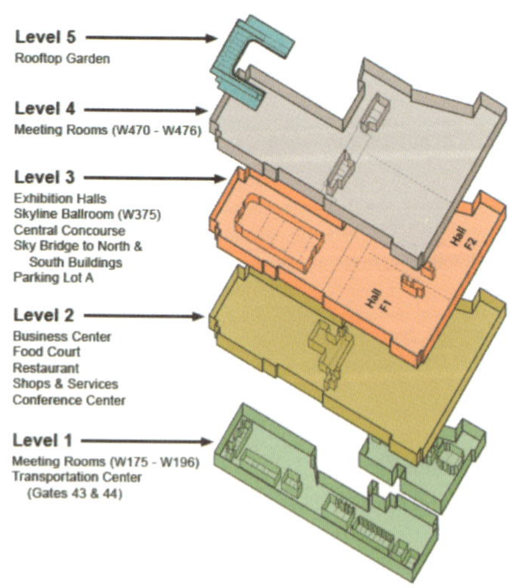

- 홀 F의 면적 : 42,700m^2
- 총 23,200m^2 규모의 61개 회의실
- 9,300m^2 규모의 Skyline Ballroom

- 연락처 : 2301 S Lake Shore Drive, Chicago, Illinois 60616 USA
  전화 : ++ 1 312 751 7000
  팩스 : ++ 1 312 791 6543
  홈페이지 : http://www.mccormickplace.com

15 Las Vegas Convention Center (미국)

가. 개요

1959년에 처음으로 문을 연 Las Vegas Convention Center (LVCC)의 전체 건축 면적은 30만m^{2}로 세계에서 가장 현대적이고 우수한 시설을 갖춘 전시컨벤션센터 중 하나이다. 연간 약 20만개사가 이곳에서 개최되는 전시회에 참가하고 있으며 LVCC에서 개최되고 있는 유명한 전시회로는 『CES : Consumer Electronics Show』, 『SEMA Auto Industry Show』, 『Las Vegas Magic Shows(남성 의류박람회)』 및 『COMDEX : Computer Dealer's Exposition Fall』 등이 있다. 라스베이거스에서는 매년 4백만명 이상이 참석하는 2만개를 상회하는 각종 회의가 개최되고 있다. 이중 LVCC에서 매년 개최되는 전시회 및 각종 회의는 2만건 정도 된다. 특히, LVCC 인근에는 10만개 이상의 객실을 갖춘 다양한 호텔들이 밀집해 있어 전시회 및 회의 유치에 유리한 환경을 조성해주고 있다. LVCC는 Las Vegas Convention and Visitors Authority (LVCVA)가 운영하고 있으며 World Trade Center Las Vegas로도 불리운다. LVCVA는 준 정부기관으로 주법 (洲法)에 따라 설립되었으며 카운티 내 호텔 객실에 부과되는 세금으로 운영된다. 아울러 LVCVA는 자치 이사회[40]에 의해 관리되고 있다.

40) LVCVA 이사회는 총 14명의 이사로 구성되어 있다. 이중 6명은 Las Vegas Chamber of Commerce와 Nevada Resort Association에서 지명하며 Clark County와 City of Las Vegas에서 각 2명 그리고 North Las Vegas, Henderson, Mesquite와 Boulder City에서 각 1명을 임명한다. LVCVA는 미국에서 가장 성공적인 민간-공공부문 혼성 조직으로 평가받고 있다.

▶ 라스베이거스 컨벤션센터 전경

LVCC는 2010년부터 8억9천만 달러를 투입하여 시설 확장과 기존 건물 디자인 개선을 위해 공사 중이다. 선체 확장 규모는 4만6천m^2인데 이중에는 8천m^2 규모의 회의실 확장도 포함되어 있다.

나. 전시장 규모

LVCC에는 총 18만m^2 규모의 16개 전시장으로 구성되어 있는데 벽을 변형시켜 전시장 넓이를 조절할 수 있다. 이 전시장은 모두 단층이며 냉난방 시설을 물론이고 화재 스프린클러도 갖추고 있다. 이외 면적이 1만m^2가 넘는 로비 및 중앙 홀과 20명에서 7천5백명을 수용할 수 있는 144개의 회의실이 있으며 야외에는 5천대 이상의 차량을 주차시킬 수 있는 시설을 보유하고 있다.

구분	규모 (m^2)	구분	규모 (m^2)
C1	8,510	N2	9,270
C2	7,064	N3	9,424
C3	16,560	N4	9,822
C4	7,042	소계	38,003
C4.1	7,043	S1	20,897
C5	6,525	S2	20,335
C5.1	5,138	S3	22,518
소계	57,882	S4	20,649
N1	4,077	소계	84,399
N1.1	5,410		
총	180,284		

LVCC 홀별 규모 및 배치도

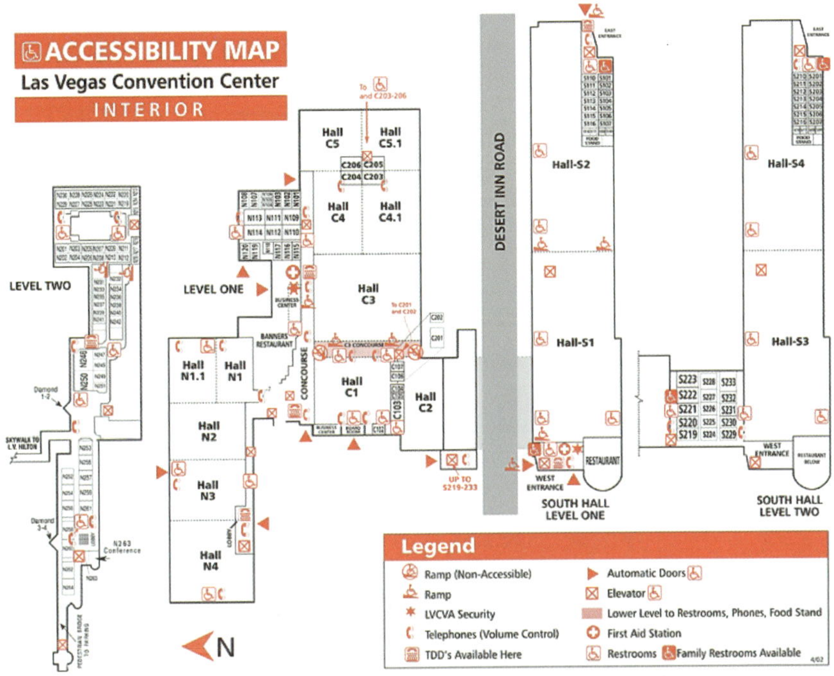

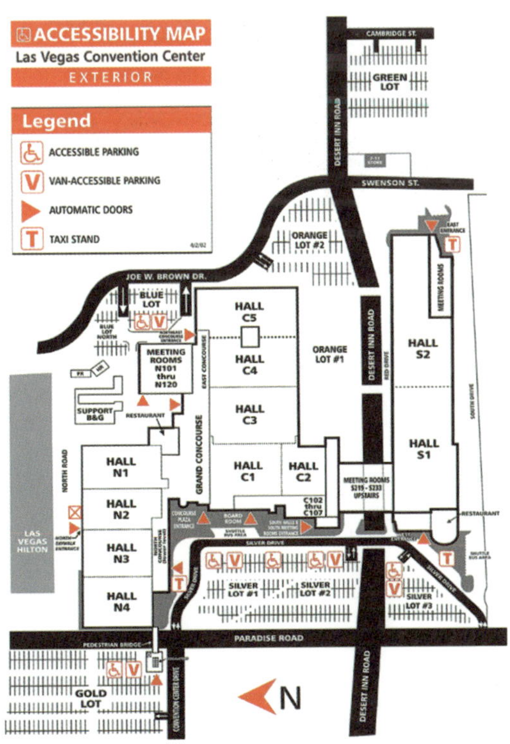

부록

LVCVA는 LVCC 이외 라스베이거스 시내에 소재해 있는 총 4만5천m^2 면적의 Cashman Center를 운영 및 관리하고 있는데 이 센터에는 1만석 규모의 야외운동장과 1,922석의 실내 극장, 약 40~448명까지 수용할 수 있는 14개 회의실 (100~414m^2) 및 약 9천m^2의 전시장이 갖추어져 있다.

Cashman Center 전경 및 배치도

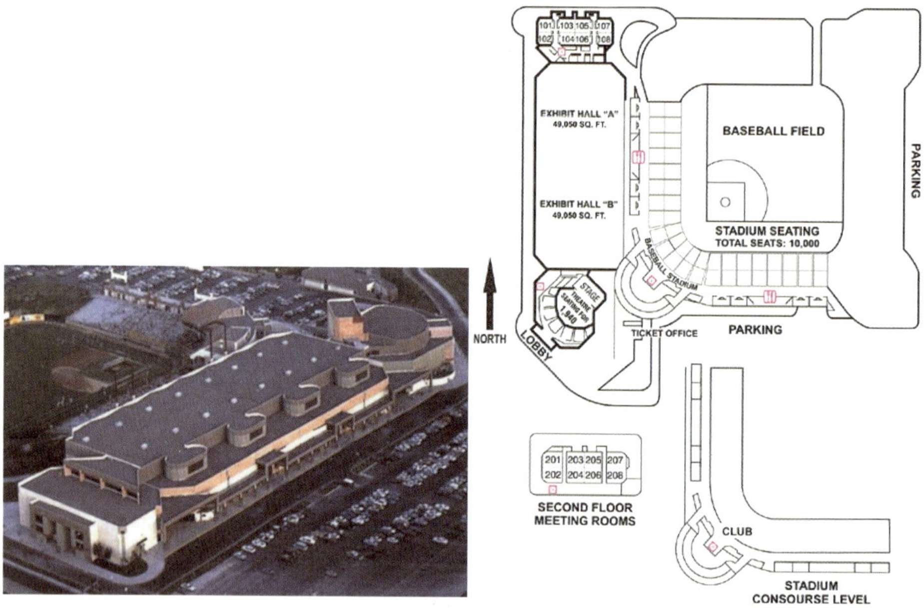

■ 연락처 : 3150 Paradise Road las Vegas NV 89109 USA
전화 : ++ 1 702 892 0711
팩스 : ++ 1 702 892 2933
홈페이지 : http://www.lvcva.com

16 FIERA MILANO (이태리)

FIERA MILANO

가. 개요

Fiera Milano Spa는 1923년에 개장된 Fieramilanocity와 2005년 신축된 Fieramilano 2개 전시장을 운영, 관리하고 있다. 또한 Fiera Milano Spa는 이태리에서 유일하게 주식시장에 상장되어 있는 전시관련 기업이며 비영리기관인 Fondazione Fiera Milano의 자회사이다. 동사는 세계적으로도 유명한 전시주최자로서 연간 70개 가량의 전시회를 국내외에서 개최하고 있으며 3만여개 국내외 기업들이 이들 전시회에 참가하고 있다. 또한 Fiera Milano Spas는 전시장치업체인 Fiera Milano Nolostand, 연 500건 가량의 컨벤션을 유치하고 있는 Fiera Milano Congressi, 커뮤니케이션 회사인 Fiera Milano Media를 비롯하여 인도, 중국, 러시아, 터키 등에도 전시관련 회사를 운영하고 있다.

▶ FIERA MILANO 전경

Fieramilano와 Fieramilanocity 2개 전시장에서는 매년 60여개 전시회가 개최되고 있는데 그중 Fieramilano에서 개최되고 있는 대표적인 전시회로는 『Salone de Mobil』, 『Mila Furniture and Craft Fair』, 『Milab Motorcycle Show』 및 컴퓨터 전시회인 『SMAU』 등이 있다.

나. 전시장 규모

Fiera Milano는 2005년, 기존 전시장의 협소로 밀라노 외곽인 Rho로 이전하였는데 새 전시장명은 Fieramilano이다. 그러나 밀라노 시내에 소재하고 있는 종전 전시장도 위치상의 잇점을 살려 Fieramilanocity라 불리며 여전히 전시회가 개최되고 있다. 신축 전시장인 Fieramilano는 총 325,640m^{2}규모의 8개 전시동, 20개 실내 전시장으로 구성되어 있으며 이와 별도로 6만m^{2}의 실외 전시장과 14,000대의 차량을 주차시킬 수 있다. 또한 1천명이 착석할 수 있는 극장과 81~728명을 수용할 수 있는 9개의 회의실이 있는 컨벤션 센터인 Stella Polare가 있다.

한편 기존 전시장 Fieramilanocity의 경우, 2007~2008년 일부가 철거되었지만 54,246m^2 규모의 전시장과 유럽에서 가장 큰 규모의 컨벤션센터인 Milano Convention Center가 있다. MCC에는 총 1만 8천명을 수용할 수 있는 70개의 회의실과 1,500명이 착석 가능한 극장이 들어서 있다.

FIERA MILANO 위치 및 홀별 규모, 배치도

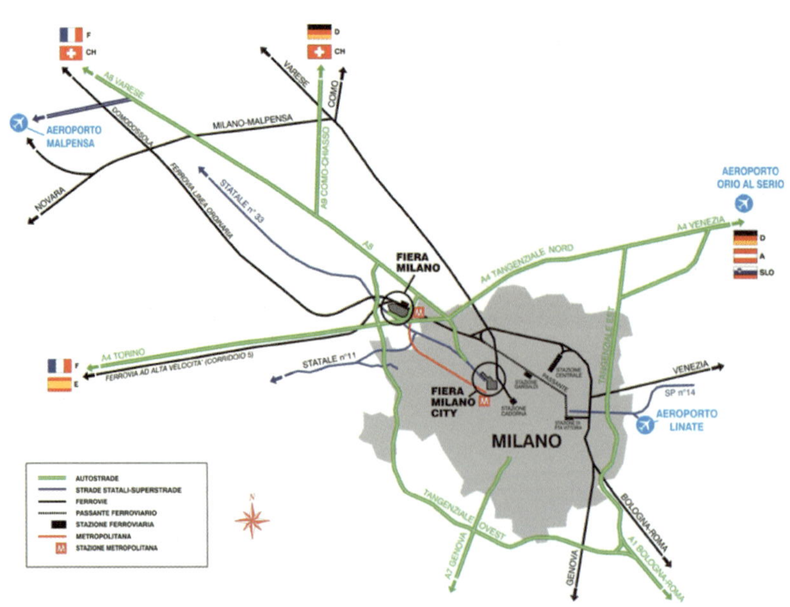

구분	규모 (m^2)	구분	규모 (m^2)
1	17,130	11	17,130
2	17,130	12	14,951
3	17,130	13	17,130
4	17,130	14	15,069
5	17,130	15	17,130
6	15,069	16	14,951
7	17,130	18	15,069
8	14,951	20	14,951
9	17,130	22	17,130
10	15,069	24	17,130
총	325,640		

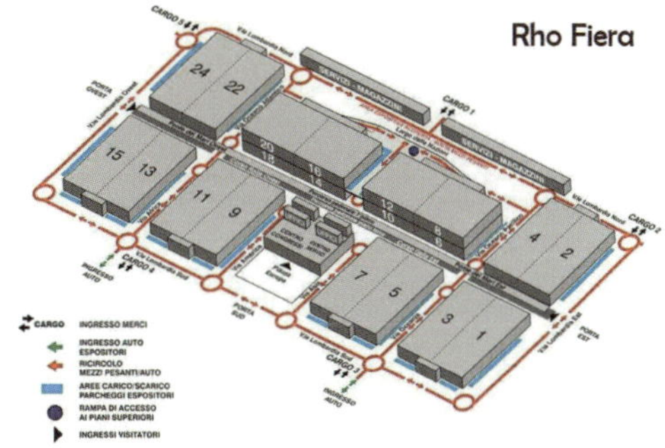

구분	규모 (m^2)	구분	규모 (m^2)
1	10,455	4	16,109
2	10,378	C4/6	552
3	16,200	C2/4	552
총	54,246		
Milano Convention Center			7,394

■ 연락처 : Piazzale Cario Magno 1 20149 Milano Italy
전화 : ++ 39 02 4997 7625
팩스 : ++ 39 02 4977 7349
홈페이지 : http://www.fieramilano.it

부록 5 2012 레바논 국제 건축자재 및 장비 박람회 종합결과 보고서

무역관명	암만	담당자	홍길동

1. 해외전시회 개요

ㅇ 전시회명(국문 및 영문) : (국문) 2012년 레바논 국제 건설자재 및 장비 박람회
(영문) Project Lebanon 2012

ㅇ 개최기간 및 장소 : 2011. 06. 05~2011. 06. 08
BIEL(Beirut International Exhibition and Leisure Center)

ㅇ 주 최 자 : IFP Lebanon

ㅇ 개최규모 : 25,000m^2(실내 : 24,000m^2, 실외 : 1,000m^2)

ㅇ 개최주기 : 매년

ㅇ 성 격 : 건설기자재 및 인테리어, 건설장비 및 부품, 중장비 전문전시회

ㅇ 주요전시품목 : 건설기자재 및 인테리어, 건설장비 및 부품, 중장비

2. 한국관 참가개요

ㅇ 참가연혁 : 2012년 최초 참가

ㅇ 참가규모 : 120m^2(홍보관 12m^2포함)

ㅇ 참가기업 수 : 9개사

ㅇ 전시품목 : 크러셔, 유압브레이커, PVC 타일 등

ㅇ 한국관 위치 : Hall 2

3. 참가준비

가. 참가기업 현지 업무협의회

• 일 시 및 장소 : 6월 4일, Oriana Hall(Crowne Plaza Hotel 1층 소재)

• 내 용 : 전시회 한국관 운영에 관한 일반사항 전달, 시장동향 설명 등

나. 참가기업 지원사항

- 사전 상담주선을 위한 바이어유치
- 출장안내자료, 전시회안내자료, 시장동향자료 전달
- 한국관 운영 간 행정지원

4. 한국관 운영

가. 한국관 관리요원 구성

- 한국관 관장 : 조기창 관장
- 한국관 관원 : 조상재 과장, Mr.Akram Al Basha
- 사무보조원 및 안내원 : 각 1명 총 2명
- 경비원 : 0명

나. 한국관 구성

구분	면적 (m^2)	비고
참가기업	108	실전시면적
안내부스	12	홍보안내
공용면적	0	통로
합 계	120	

다. 장치공사

- 시공기업 : Circle exhibitions(공식장치업체)
- 시공기간 : 6.3(일)~6.4(월)

라. 전시품 통관 및 진열

- 통관기업 : B.C.C Logistics(공식통관업체)
- 전시품 입고 : 6월 3일(일)

마. 시장개척 및 홍보활동

- 전시 개막 1개월 전부터 레바논을 비롯한 요르단, 시리아 등 주변 바이어모집
- 참가업체로부터 상담희망 업체 리스트 획득 후 연락 및 상담주선

바. 사후처리(전시품 및 전시장)

- 과세통관으로 삼영종합기기, 재창산업을 제외한 7개사는 현지 폐기
- 삼영종합기기 및 재창산업은 샘플 판매완료
- 8일 오후 10시 이후 전시장 철거 시작

5. 한국관 참가성과

ㅇ 종합

NO	참가기업명	전시품목	참가규모 (S/M)	상담액 (천불)	계약액 (천불)	상담건수 (건)
1	XXX에프	PVC타일	12	401	0	15
2	XX산업(주)	소형건설장비	12	3	2	6
3	XX화학	산화철안료	12	1,000	0	8
4	(주)XX	샌드위치판넬	12	60	0	16
5	XX플랜트(주)	건설장비	12	10,280	0	12
6	XX종합기기	저온, 냉동기기	12	700	0	12
7	XX중공업	유압 브레이커	12	0	0	8
8	XXX	스틸 루프	12	0	0	7
9	(주)XX판넬	알루미늄 컴포지트 판넬	12	265	0	12
	계		108	12,709	2	96

ㅇ 대표적인 성공사례(20개사 미만 : 1건 이상, 20개사 이상 : 2건 이상)

참가기업명	바이어명 (기업명)	성공내용(성과)	공개 가능 여부
ㅇㅇ산업(주)	M. Ahmet (가명)	ㅇ 상담품목 : Vibrator 등 소형건설기계 ㅇ 결과물 : USD 2,400 성약 ㅇ 요지 - 직접 사용 및 향후 해당품목의 현지 시장 조사를 위해 샘플을 직접 구매함. - 재창산업 담당자에 의하면, 샘플을 구매한 바이어가 유력한 에이전트는 아니나 엔드 유저들이 관심을 많이 보이고 있어 시장성이 확인된 만큼 향후에는 유망 에이전트를 찾을 수 있을 것으로 기대하고 있음.	미공개

6. 종합분석

가. 전시회 현장 르포

- 레반트지역 최대의 건설 및 건축 전문전
  - 레바논, 이라크, 시리아, 요르단을 아우르는 레반트 지역 최대의 전문전시회로서 시리아 사태, 레바논 정정불안에도 불구하고 2011년 대비 올해에도 참가규모가 약 20% 증가함.
  - 해당 전시회 초기부터 꾸준히 참가한 독일, 이탈리아, 프랑스, 벨기에, 포르투갈 등 EU지역의 단체관과 터키, 이집트 등의 신규 참가단체관을 비롯하여 지멘스, 볼보, 삼성, LG 등의 다국적기업의 참가로 풍성한 볼거리를 제공한 전시회였음.
- 아시아권 국가 중 한국이 유일한 국가관 구성
  - 4~5개 중국기업이 개별 참가하기는 했으나, 아시아에서는 한국이 유일하게 국가관을 구성하여 참여함

나. 한국관 주요 전시품목 동향

- 한국관 전시품목은 주로 건설관련 중장비(골재 크러셔, 소형건설장비, 유압브레이커)와 건설자재(알루미늄 복합 판넬, 샌드위치 판넬, PVC 타일)가 주를 이루었으며, 산업용 냉장, 냉동기기와 산화철 안료도 참가함.
- XX기기(생산품목 : 산업용 냉장, 냉동기기)와 (주)XX산업(생산품목 : 소형건설장비)의 경우는 반송에 대한 부담에도 불구하고 전시품을 진열하였으며, 타 참가기업도 샘플을 운송 또는 핸드캐리하여 전시회를 준비함.
- 플랜트, 건설장비 등이 상대적인 강세
  - 한국관 참가업체 중 건축 내외장재 보다는 골재 크러셔, 바이브레이터 등의 건 설장비가 상대적으로 인기를 끌었음.
  - 골재 크러셔를 생산하는 XX플랜트의 경우는 레바논 중심의 중동바이어들이 중동시장과 함께 아프리카 시장에도 공급이 가능하다고 함.

다. 기타

- EU지역 국가관 강세
  - 독일, 프랑스, 이탈리아 국가관이 금번 전시회에서 가장 바이어들의 관심을 많이 받았으며, 이들 국가관가 인접해 있던 터키관도 부수적인 효과를 거두었음
- 이집트 국가관 처음 참가
  - 작년 말부터 안정되기 시작한 이집트가 올해는 레반트 지역의 적극 진출을 모색하기 위해 처음으로 참가함.

【종합결과 보고서(평가부분)】

1. 해외전시회에 대한 평가

o 전시회 성장성(추이 혹은 발전 방향)

- 1995년 처음 개최이후, 금년 17회째를 맞이한 동 전시회는 레반트 지역내에서 가장 짜임새 있는 전문전시회로 자리를 잡아가고 있음.
- 특히, 접경국인 시리아사태와 함께 주변 중동정세가 여전히 불안한 가운데, 독 일, 프랑스, 이탈리아 등의 EU지역에서 해마다 국가관을 구성하여 대규모로 동 전시회에 참가하고 있고, 이집트 등의 중동국가도 새로이 참가하는 등 향후 중 동정세 안정 시 동 전시회의 인지도는 더욱 상승할 것으로 기대됨.
- 또한, 동 전시회의 주최측인 IFP는 레바논내 타 유명전시회를 비롯하여, 카타르, 사우디아라비아, 이라크, 요르단 등 중동 주변국에서도 전시회를 다수 주최하고 있는 중동지역 유력 전시주최자로서 해당전시회 참가업체 및 바이어유치에 다양 한 네트워크를 활용하고 있는 것도 동 전시회의 향후 전망을 밝게 하고 있음.

o 주재국 내외 동종 전시회와의 경쟁 상황

- 주재국내에서 건설관련 전시회로는 동 전시회가 독보적인 위치를 차지하고 있으며, 주변국인 시리아, 이라크, 요르단에도 동 전시회의 인지도를 능가하는 전시회는 없는 상황임. 시리아의 BILDEX가 자리를 잡아가는 과정이었으나 해당 국가의 내전에 가까운 시위사태로 인해 2011년 올해 동 전시회가 취소되어 향후에는 동 전시회가 레반트 지역 최대의 전시회 발돋움할 수 있을 것으로 판단됨.

o 국가관 참가 현황

- 독일, 프랑스, 이탈리아, 벨기에, 룩셈부르크, 포르투갈 등의 EU지역 국가관이 전시회의 메인을 차지하고 있으며, 그 외에 한국, 터키, 이집트, UAE, 폴란드 등 의 국가관이 참여함.

o 관람객 현황

- 주최측의 공식 관람객 발표는 없었으나, 약 2만명 내외의 관람객이 입장한 것으로 추산됨.
- 방문객 구성은 바이어 및 학계, 학생 및 일반인으로 구성되어 있으며, 전시회 1,2 일차는 학생 및 일반인의 출입을 통제하였음.

o 주최자 동향

- 동 전시회 주최자는 레바논 외에 사우디아라비아, 카타르, 이라크, 요르단 등에 서도 다수의 전시회를 주최하고 있는 유력 전시주최자로서 향후 중동내에서 전시주최자로서의 입지가 더욱 강화될 것으로 판단됨.
- 한국관이 참가결정이 매우 늦은 1월초에 확정되었음에도 불구하고 상대적으로 좋은 위치에 한국관을 배정하는 등, 한국관에 대한 배려가 눈에 띄었음.

2. 한국관에 대한 평가

o 규모(한국관 규모의 적정성을 축소, 유지, 증가 등으로 구분하고 사유 명시)

- 타 국가관과의 비교 및 한국관의 이미지를 고려해 볼 때, 10개사 120S/M의 규모가 적절할 것으로 판단되며, 차년도 2회차 참가 결과를 본 후 한국관 규모의 증가를 고려해 볼 필요가 있을 것으로 판단됨.

o 위치(한국관 위치의 적정성, 위치 개선책)

- 타 유력국가관이 전년도 전시회가 끝난 후 바로 전시회 참가를 결정하여 좋은 위치를 배정받는데 비해 한국관의 경우는 금년 초 최종 참가가 확정되어 메인홀이 HALL 1이 아닌, HALL 2에 포르투갈, 브라질, 이집트 등과 함께 배치되어 다소 아쉬움이 남음.
- 내년에 참가하는 경우, 가능한 조속히 참가여부를 확정하여 메인홀에 배정된다면 금년 보다 훨씬 좋은 성과가 날 것이라는 것이 참가기업들과 무역관의 공통된 의견임.

o 장치수준(경쟁국과 비교, 새로운 장치 트랜드, 장치 개선책)

- 이집트, 터키 등 非 유럽 국가관에 비해서는 상대적으로 한국관의 장치수준이 나았다고 할 수 있으나, 프랑스, 이탈리아 등의 유럽관에 비해서는 장치수준이 매우 떨어짐. 향후, 이들 유럽 국가관이 있는 메인홀로 진출할 경우 국가관간의 비교가 더욱 극명해 질 것이므로 장치수준을 개선할 필요가 있음.
- 최근 장치 트렌드를 보면, 국가관내의 기업체들을 부스별로 파티션으로 막는 것 보다는 국가관 전체를 하나의 독립된 OPEN부스 형태로 꾸미고 있음.

o 차년도 한국관 참가기업 구성 시 필수 고려 사항(전시품, 지방관 구성 등)

- 건축 및 건설관련 내장재 및 기계, 플랜트 위주로 참가기업을 구성하는 것이 좋을 것으로 판단됨.
- 동 전시회의 국내 인지도가 낮은 관계로 3~4개사 수준의 지방관을 구성하는 것을 고려할 필요가 있으며, 한국 플랜트산업협회 등과의 단체관 구성을 협의할 필 요가 있음.

o 공동주관인 경우 공동주관기업 평가

- KOTRA 단독으로 추진하였으며 한국관내 홍보관을 설치하여 한국관 참관 바이어들에게 한국을 알리는 유용한 수단으로 활용함.

3. 전시품에 대한 평가

o 전시회 전반적인 전시품 경향

- 건설, 건축 관련 장비 및 내외장재, 관련 산업기계 등의 품목이 골고루 전시된 것이 전시회의 가장 큰 특징이었음.

o 한국관 전시품의 경향(기업 품목의 적정성, 경쟁력, 호응도 등)

- 한국관의 경우도 플랜트, 내외장재, 기계류 등이 고루 참가하였으며, 지붕재 및 외장재의 경우는 바이어들에게 생소하였거나, 바이어들의 관심이 다소 떨어졌음.

o 경쟁국 전시품 경향

- 이탈리아와 프랑스의 경우는 부엌, 욕실용품 등 인테리어관련 품목이 상대적으로 많이 참가하였으며, 중국은 발전기 등 기계류 등이 많이 참가함.

4. 참가기업에 대한 평가

o 차년도 지속 참가 유망/중단 기업 및 사유

- 유망 : 유럽과 중동, 아프리카 등 다양한 지역의 바이어들을 만날 수 있는 좋은 기회가 되는 전시회이고, 참가기업 중 많은 기업이 만족하다는 반응을 보였으며, 주최 측 또한 한국관 지원에 호의적임.

o 공사 지원에 대한 기업 반응(우호, 비협조, 불만 피력 기업)

- 참가업체 모두 본사 및 무역관의 행정지원, 현지지원에 대해서는 불만이 없이 만족해하였으며, 다만, 동양중공업은 현지시장침체, 페루프는 바이어들의 품목에 대한 인식부족으로 인해 성과가 저조한 것에 대해 다소 실망한 분위기였음.

o 잠재 핵심고객 및 관리대상 기업

- XX산업 : 현지에서 샘플을 모두 판매하고 무역관의 현지지원에 대해 매우 만족해함.
- XX : 전시회 참가경험이 많지 않은 기업으로 한국관 등 단체관이 아닌 단독 참가는 언어능력, 마케팅능력부족 등으로 어려운 만큼 상대적으로 타 기업에 대해 무역관의 지원에 대한 만족도가 높았음.

5. 운송기업 평가 : 90점

o 전시품 전시장 반입 등 운송기한 준수 (50%) : 50점

o 전시품관리 (30%) : 30점

o 현장대응서비스 (20%) : 10점

- 진열을 위한 전시품 운송상자 해체 시 필요한 전동공구 및 기타 장비가 부족하여 몇몇 기업체가 어려움을 겪었음.
- 전시품 반송을 위해 재포장 시, 폐막 당일 전시품 재포장을 현지 운송업체에 몇 차례 요청했으나 자신들의 일정상 어렵다며 거절함.

6. 종합 의견(건의사항, 기타사항 등 자유롭게 기술)

ㅇ 한국관 재참가 기회 부여희망

- 국내에서의 인지도는 다소 약한 전시회이나, 현지 레반트 지역에서는 인지도를 탄탄히 구축한 실속 있는 전시회이고, 주최 측에서도 한국관의 참가가 신속히 확정된다면, 메인홀로의 한국관 이동도 긍정적으로 검토하고 있으므로, 2013년에도 참가할 수 있도록 적극 지원해 주시기를 요청드림.
- 아울러, 지자체 및 유관기관 등에서 2013년 전시회 지원계획 확정이전에 단체관 참가를 협의할 수 있도록 가능한 빠른 시일 내에 한국관 재참가 여부를 결정하여 주실 것으로 요청드림.

ㅇ 장치비 단가 상향조정 요청

- 타 선진국 국가관에 비해 장치수준이 빈약하여 한국관의 이미지를 오히려 손상될 수 있으므로, 장치비를 기준단가를 상향 조정하여 주실 것을 요청드림.

*첨부 : 전시장 및 한국관 관련사진. 끝.

▶ 전시장 메인홀

▶ 한국관 사진

참고문헌

1. 전시기획론(2012 조기창)

2. 21세기 떠오르는 전시산업(2003 송성수)

3. 박람회가 1등 기업을 만든다(2006 송성수)

4. 해외전시회 참가메뉴얼(2006 코트라)

5. 해외전시마케팅(2012 박해열)

6. Global Exhibition Industry Statistics(2012 UFI)

7. 국내전시산업통계조사(2008, 2009, 2010, 2011 한국전시산업진흥회)

8. 주간무역

9. Global Exhibition Portal

10. 국내 각 광역단체 홈페이지

11. 주요 국내전시장 운영자 홈페이지

12. 지역 중소기업 지원을 위한 지자체 공무원 워크샵 자료(2012, KOTRA)

13. 제5회 국제전시마케팅전략세미나 자료(2012, 한국전시주최자협회)

14. 서울국제식품산업대전 결과보고서(2011, 2012)

15. 주요 해외전시장 운영자 홈페이지

16. 해외전시회 지원 업무 규정(2010 KOTRA)

저자 약력

조기창

필자는 서강대학교 경제학과와 동 대학 경제대학원을 졸업하였다. 코트라에 입사한 이래 부산국제전시장 (현 BEXCO) 건립추진전담반 과장, 전시사업팀 차장, 해외전시협력팀과 전시컨벤션총괄팀 팀장을 역임하면서 주로 전시 · 마케팅 분야에서 근무하였으며 특히, 2002년 한국전시산업진흥회 창설에 실무자로 산파 역할을 하였다.

『서울국제식품산업대전』 『서울생활용품박람회』 및 『Preview in New York』를 비롯하여 다수 국내외전시회를 개최하였다.

런던 (91–94), 이스탄불 (97–01), 뉴욕 (03–07 : 부관장) 및 암만 무역관 (09–12 관장)에서 근무하였으며 현재는 연간 100건이 넘는 해외전시회 참가를 총괄하는 코트라 해외전시팀장으로 재직하면서 대학에서 『전시기획론』을 강의하고 있다.

(저서)
『요르단 비즈니스 세계로 들어가기 (2011)』
『전시기획론 (2012)』

전시마케팅기법

초 판 1쇄 인쇄 —— 2013년 2월 25일
초 판 1쇄 발행 —— 2013년 2월 28일
지은이 —— 조 기 창
펴낸이 —— 전 두 표
펴낸곳 —— 도서출판 두남
서울시 강동구 성내로6길 34-16 두남빌딩
신고 : 제25100-1988-9호
TEL : 02) 478-2065, 2066, 2067, 2311
FAX : 02) 478-2068
E-mail : dunam1@unitel.co.kr
http://www.dunam.co.kr

정가 22,000원

ISBN 978-89-6414-402-2 93320